존중, 책임, ,는 단계적 레슨

학교적응
사회적 기술

Corwin
A SAGE Company
2455 Teller Road
Thousand Oaks, California 91320
(800) 233-9936
www.corwin.com

SAGE Publications Ltd.
1 Oliver's Yard
55 City Road
London EC1Y 1SP
United Kingdom

SAGE Publications India Pvt. Ltd.
B 1/I 1 Mohan Cooperative Industrial Area
Mathura Road, New Delhi 110 044
India

존중, **책임**, **결과**를 받아들이는 토론 기술을 기르는 단계적 레슨

학교적응
사회적 기술

초등 고학년 · 청소년용

Harvey "Smokey" Daniels, Nancy Steineke 지음

송길연, 유봉현 옮김

35단계
레슨
슬라이드 제공

Σ 시그마프레스   Corwin Press

학교적응 사회적 기술

발행일 | 2016년 11월 30일 1쇄 발행

지은이 | Harvey "Smokey" Daniels, Nancy Steineke
옮긴이 | 송길연, 유봉현
발행인 | 강학경
발행처 | (주)시그마프레스
디자인 | 김은경
편집 | 문수진

등록번호 | 제10−2642호
주소 | 서울특별시 영등포구 양평로 22길 21 선유도코오롱디지털타워 A401~403호
전자우편 | sigma@spress.co.kr
홈페이지 | http://www.sigmapress.co.kr
전화 | (02)323−4845, (02)2062−5184~8
팩스 | (02)323−4197

ISBN | 978−89−6866−818−0

TEACHING THE SOCIAL SKILLS OF ACADEMIC INTERACTION, GRADES 4-12
STEP-BY-STEP LESSONS FOR RESPECT, RESPONSIBILITY, AND RESULTS

＊ 책값은 책 뒤표지에 있습니다.

이 도서의 국립중앙도서관 출판시도서목록(CIP)은 서지정보유통지원시스템 홈페이지(http://seoji.nl.go.kr)와 국가자료공동목록시스템(http://www.nl.go.kr/kolisnet)에서 이용하실 수 있습니다.(CIP제어번호 : CIP2016028030)

추천의 글

"우리는 얼마나 많이 아이들에게 서로의 말을 경청하고 서로에게 친절하게 대하라고 말했는가? 얼마나 자주 우리는 학년 말에 애석해하며 '내년에는 함께 작업할 수 있는 집단을 갖게 되겠지?'라고 생각하는가? 협업과 협동은 마법으로 생기는 게 아니다. 우리는 협업행동의 사회적 전략, 주의 깊게 경청하고, 추후질문을 하며, 예의 바르게 반대하는 사회적 전략을 아이들에게 분명히 가르쳐야 한다. 이 책이 바로 그것이다. 여기에 포함된 일련의 슬라이드, 레슨, 활동들을 통해서 아이들은 중요한 SEL 전략들을 배우고 연습한다. 그 전략들은 더 많은 학습, 더 큰 성취를 가져오고, 아이들이 협업적이고 독립적으로 작업하고, 작용감(sense of agency)을 발달시키는 기분 좋고 재미있는 학급 분위기를 만든다. Smokey와 Nancy는 이것을 정말 빨리 가기 위해서 느리게 가기에 대한 것이라고 이해한다. 우리가 아이들에 상호삭용하고 함께 작업하는 방법의 모델을 분명하게 보여주고 가르치고 연습하는 시간을 주느라 시간을 쓸 때, 나머지 대부분은 딱 맞아떨어진다. 이 책은 늦은 감이 있다. 교사들은 이 책이 필요하고 이 책을 좋아할 것이다. 그러나 더 중요한 것은 아이들도 그럴 것이라는 점이다!"

— STEPHANIE HARVEY, *Comprehension Toolkit*의 공저자

"이 책은 정서적으로 건강한 교실을 만드는 것의 중요함을 깨닫게 해준다. 그 교실은 학생들이 그들의 정서를 관리하고, 관계를 쌓고, 다른 사람과 효과적으로 작업하는 걸 배우는 곳이다. 이 책 속의 쉽게 사용할 수 있는 레슨들은 학생들에게 더 많은 책임, 더 많은 조절, 더 많은 선택을 부과한다. Daniels와 Steineke는 최상의 교실은 학생들이 그들이 되고 싶은 사람으로 대우받는 곳이라고 말한다. 이 책은 교사가 그러한 교실을 만드는 것을 돕는다. 나는 이 책을 강력 추천한다!"

—KELLY GALLAGHER, *Write Like This*의 저자

"Harvey 'Smokey' Daniels와 Nancy Steineke는 각 학년마다 학생들의 다양성을 조화로 이끄는 도전에 대해 유머와 상식을 가지고 책을 쓴다. 이 책은 교실이 작동하는 방식을 바꾸기 위한 연구와 도구를 담고 있다. 35개 레슨(일주일에 1개 레슨)과 사려 깊고 체계적인 지도, 각 레슨에 대해 중요성과 있을 수 있는 장애물을 설명하는 똑똑한 동료들과 함께, 교사들은 학생집단을 생산적이고 역동적인 방식으로 지도하는 방법을 배울 것이다.

—PENNY KITTLE, *Book Love*의 저자

"소집단 작업을 할 때 움츠러드는가? 학생들이 파트너와 토론할 기회가 주어질 때 작업시간이 너무 제멋대로여서 감당할 수 없다는 걸 발견하는가? 만약 그렇다면 여러분은 이 책이 필요하다. 대화의 왕과 여왕인 Smokey와 Nancy는 교사가 교실에서 목표지향적 대화가 일어나도록 허용하는 시스템과 구조를 만들도록 가이드한다. 학생들을 CCSS 말하기와 듣기 기준에 대해 준비시키는, 그리고 더 중요하게는 학교 밖의 세상에 대한 효과적인 의사소통자가 되도록 준비시키는 방법을 깊이 생각하는 교사들은 이 책이 제공하는 모든 것에 감사하게 될 것이다."

—CRIS TOVANI, *So What Do They Really Know?*의 저자

"교실에서 집단작업은 더 이상 시작되고 끝나지 않는다. 그것이 현실이다. 책에서 내가 좋아하는 부분은 여러분이 무엇을 가르치던 이것이 효과가 있다는 점이다. 작업 내용이 교실에서 일어나고 있는 일을 반영하는 반면, 레슨들은 학생들의 상호작용에 초점을 둔다. 그래서 이것은 여러분이 이미 만든 긴 교수목록에 '또 다른' 어떤 일을 하는 것이 아니다. 훌륭하고 창의적인 이 책은 모든 과목 교사들에게 가치 있다.

—AIMEE BUCKNER, *Notebook Know-How*의 저자

차례

제1부	사회적 학업 기술 : 잃어버린 연결	

제1장　문제와 기회

사회정서적 학습과 학업적 몰입	3
학교개혁에서 빠진 것은 무엇인가	4
우리는 왜 지금 사회적 학업 기술을 가르쳐야 하는가	5
이러한 문제들을 다루고 그 기회를 포착하는 방법	13
모든 사회적 기술 프로그램이 다르다	13
우리의 행동 이론	15

제2장　사회적 학업 기술 훈련에 대한 이론과 연구

연구기반	18
반영	19
파트너와 시작하기	20
친분 공동체 구축하기	21
존중, 통합, 감사하는 공동체 구축하기	22
개인적 책임지기	22
대인간 기술을 명확히 가르치기	23
사회적 기술 학습 단계	24
긍정적인 상호 의존	25
반성과 축하	26
요점	26

제3장　이 책의 사용법

개관	29
슬라이드에 대한 지침	30
레슨의 구조	30
레슨의 순서	31

팁　　　　　　　　　　　　　　　　　　　　　　　32

레슨과 팁의 작용 방식　　　　　　　　　　　　　33

평가와 등급 매기기　　　　　　　　　　　　　　34

문제유발 질문　　　　　　　　　　　　　　　　　35

제2부　사회적 학업 기술 기르기 레슨

제4장　친해지기

레슨 1.　파트너 만들기　　　　　　　　　　　40

레슨 2.　파트너 인터뷰하기　　　　　　　　　44

레슨 3.　홈코트 어드밴티지　　　　　　　　　49

레슨 4.　친절과 지지　　　　　　　　　　　　52

레슨 5.　교실 분위기 포스터　　　　　　　　58

제5장　협업 기술 기르기

레슨 6.　침묵 신호　　　　　　　　　　　　　64

레슨 7.　조용한 목소리로 말하기　　　　　　68

레슨 8.　추후질문하기　　　　　　　　　　　73

레슨 9.　생각하라-쌍-공유하라　　　　　　　77

레슨 10. 좋은 파트너의 특성　　　　　　　　80

제6장　향상된 파트너 작업

레슨 11.　적극적 경청　　　　　　　　　　　86

레슨 12.　대화 확장하기　　　　　　　　　　90

레슨 13.　약속시계를 가지고 친교 확장하기　94

레슨 14.　퍼즐 조각을 섞어라　　　　　　　99

제7장　소집단으로 이동하기

레슨 15.　멤버십 그리드 면접　　　　　　　106

레슨 16.　분위기 공유하기　　　　　　　　109

레슨 17.　마지막 말을 아끼기　　　　　　　113

레슨 18.　쓰기-소통　　　　　　　　　　　118

레슨 19.　미술관 가기　　　　　　　　　　124

제 8 장   토론집단 진행하기

레슨 20. 집단의 기본 규칙 확립하기   130

레슨 21. 과제 외 행동 촉발 요인 극복하기   134

레슨 22. 집단 향상을 위한 목표 설정하기   138

레슨 23. 테이블 카드로 협력 강화하기   143

레슨 24. 칭찬 카드   148

제 9 장   기분 좋게 논쟁하기

레슨 25. 텍스트 덩어리 : 증거 찾기   154

레슨 26. 인간 연속체   158

레슨 27. 여러분은 어디에 위치하고 있는가?   163

레슨 28. 모든 이의 아이디어를 먼저 듣기   167

레슨 29. 양측 입장을 주장하기   172

레슨 30. 교양 있는 반대   180

제10장   소집단 프로젝트

레슨 31. 평가 기준 개발   188

레슨 32. 집단 프로젝트 계획하기   193

레슨 33. 개별 프로젝트 일지 기록하기   198

레슨 34. 중간 수정   203

레슨 35. 경청하는 관중 되기   207

레슨 자료   211

참고문헌 및 더 읽을거리   220

제1부

사회적 학업 기술 :
잃어버린 연결

제1장

문제와 기회

사회정서적 학습과 학업적 몰입

여러분의 학생이 **행동**하길 바라는가? 우리가 의미하는 바는 다음과 같은 것이다.

- 다른 사람에게 친절하고 지지적이길 바라는가?
- 파트너와 함께 그리고 팀 안에서 생산적으로 작업하길 바라는가?
- 소집단 안에서 활기차고 사려 깊은 토론을 계속하길 바라는가?
- 집중과 생산성을 유지하길 바라는가?
- 교과과정 주제를 깊이 파헤치도록 서로 돕길 바라는가?
- 급우를 존경하고, 공격성을 보이지 않고, 헐뜯지 않길 바라는가?
- 호기심 충만하고, 집중하며, 재미있는 학급 분위기를 만들길 바라는가?
- 좋은 시험 성적을 받고 좋은 사람이 되길 바라는가?

우리도 그렇다. 지지적인 교실공동체를 만드는 일은 우리가 앞서 함께 저술한 7권의 책을 쓴 의도다. 여기서 그것을 제일 앞에 놓았다.

우리가 어느 학교에서 일하든지(지난해에 23개 학교) 교사들이 했던 첫 번째 질문은 "어떻게 이런 아이들을 함께 작업하게 만들 수 있나요?"이다. 종종 그들은 미묘한 눈굴림과 함께 "당신은 내가 여기서 마주 하고 있는 일이 무엇인지 몰라요."라고 말하며 이런이라는 단어에 강세를 준다.

우리가 이것을 얼마나 품위있게 말하는지와 상관없이, 우리 아이들이 전혀 협조하지 않는 것은 계속되는 문제다. 그들은 쉽게 함께 작업하지 못한다. 아이들은 너무 자주 다투고, 무시하며, 헐뜯는다. 아이들을 파트너와 함께 있거나 집단으로 있게 할 때, 그들은 빈둥거리고 시간을 허비하며 수업에 태만해지고 서로 괴롭힌다. 우리는 이것이 불편함의 수준을 높이고, 성내는 행동과 부적응적인 행동으로 끝나는 것을 본다. 잠시 후에 우리는 상호작용적 교실에 대한 우리의 꿈을 접을 수밖에 없다고 느끼고, 아이들을 진정시키기 위해 책상을 줄세워 뒤로 밀어두며, 몇 장의 워크시트를 나누어준다. 만약 우리가 상당히 좌절했다면, 우리는 지난해 담임이나 아이들 부모나 아이들 주변에 있는 사람들을 비난할 것이다. 우리는 스스로 생각한다. "아마도 내년에는 협업할 수 있는 학급을 맡겠지."

우리가 어느 학교에서 일하든지 교사들이 했던 첫 번째 질문은 "어떻게 이런 아이들을 함께 작업하게 만들 수 있나요?"이다.

그러나 어떻게 좋은 친구가 되고, 지지적인 파트너가 되며, 책임감 있는 팀원이 되는지를 태어날 때부터 아는 사람은 없다. 이런 기술들은 학습해야 한다. 또는 바꾸어 말하면 이 재능을 가르쳐야 한다! 그것을 고치려고 하기 전에 우리 학급의 혼란스러움이나 낮은 도덕성에 대해 불평하는 건 온당하지 못하다.

지금 우리는 교사들이 '좋은 집단'과 '나쁜 집단'이라고 부르는 것의 실체를 완전히 부정하지 않는다. 때로는 교육구의 컴퓨터가 우리에게 진짜 뛰어난 학급 리스트를 보낸다. 여러분은 궁금해하기 시작한다. 그들은 내게 벌을 주고 있는 건가? 그러나 대부분 좋은 집단 — 함께 작업을 잘하는 아이들 학급 — 은 만들어지는 것이지 태어나는 건 아니다. 이 책에서 말하려는 것은 제비뽑기의 희생자가 되지 않고 우리 교실에서 상호작용을 요구하는 것이다.

책임감 있는 팀원이 되는 방법을 태어날 때부터 아는 사람은 없다. 이런 기술들은 학습해야 한다. 우리는 이 소질을 가르쳐야 한다!

학교개혁에서 빠진 것은 무엇인가

수십 년 동안의 아동낙오방지(No Child Left Behind)와 최고를 향한 경쟁(Race to the Top)같은 학업기반 개혁 후에 교사들은 정말 중요한 무엇인가를 잊고 있었다는 걸 깨달았다. 성공적인 학업을 위한 매우 중요한 사회적 기술들은 오늘날의 교실에서 무시되고 있고 그 대신 대학과 경력에 대한 준비가 중심이 되었다. 아이들은 다른 사람과 효과적으로 협업하는 습관을 갖지 못한 채 학교에서 생활하고 (그리고 떠나고) 있다. 그들은 어떻게 예의바르고, 우호적이며, 협동적이고, 공감을 할지 배우지 않고 있다. 아이들은 책임감 있는 팀원, 지지적인 파트너, 믿을 수 있는 근로자로 자라지 않고 있다. 아이들은 학교, 대학, 혹은 그들을 긴장시킬 어느 곳에서든 성공으로 이끄는 사회적 기술을 실습하고 있지 않다.

어떤 사람들은 이 간과된 영역을 '정서지능', '소프트 스킬'[1], '대인간 기술', '긍정적 기술', 혹은 심지어 '21세기 기술'이라 부른다. 이러한 다양한 표제 아래 전국의 교육구들은 뒤늦게 학생들의 정서상태, 학교 분위기, '긍정적 행동 중재 및 지원', 사회적 기술, 협업의 이슈를 언급하기 시작했다. 매우 다양한(그리고 그렇지 않으면 분극화된) 학교직원과 (아마도 프로그램을) 파는 사람(vendor)들이 참가했다.

우리는 '사회정서적 학습(social-emotional learning)'에서의 붐을 즐겼다고 말하는 것이 맞는 것으로 보인다. 일상적으로 SEL에는 일손이 부족하다. 이러한 운동 확산은 넓은 범위의 상업적 프로그램과 비영리적 프로그램 모두를 포함한다. 이 프로그램들은 아이들에게 개별적으로, 그리고 팀 동료 모두를 이용해 감정을 관리하고, 관계를 쌓고, 효과적으로 작업하는 방법을 가르친다. 이러한 모델들에 대한 초기 조사는 매우 유망했다. 213개 연구의 주요 메타분석(major meta-analysis)은 그런 지도를 받은 아이들의 학업수행이 평균 11% 향상했음을 보여주었다(Durlak et al., 2011).

---

1   역주 : 소프트 스킬이란 보통 리더십이나 책임감같은 대인간 기술을 말하며 비특정적이고 수량화하기 어려운 개인적 기술이다. 이에 반대되는 개념으로 하드스킬이 있는데, 이는 사람 사이에 관련되는 것이 아닌 기술적 기술(technical skill)을 말한다(출처 : Wiktionary).

우리는 왜 지금 사회적 학업 기술을 가르쳐야 하는가

SEL의 인식을 주입하고, 우리의 절박함을 불러일으키며, 그리고 오늘날 학교에서 이것을 실행하도록 부추기는 다양한 요인이 출현했다.

공통적인 핵심 주(州) 기준 요구

말하기와 듣기에 대한 CCSS(common core state standards) 기준(2010)은 학업적 상호작용의 사회적 기술을 발달시킬 것을 모든 학생에게 분명히 요구한다. 고정 기준(anchor standard)은 학생들에게 유치원에서부터 고등학교까지 '쌍, 소집단, 대집단 토론에서' 효과적으로 협업할 것을 요구한다. 학년이 올라감에 따라 학년 수준 기준(grade level standard)은 더 분명해지고 도전과제가 된다. 유치원에서 CCSS는 아동이 다음과 같이 행동하길 기대한다.

- 소집단 및 대집단으로 또래와 어른들과 함께 유치원 주제 및 텍스트에 대해 다양한 파트너와 협업대화에 참여한다.
- 동의한 토론 규칙을 따른다(예 : 토론할 때 다른 사람의 말을 경청하기, 주제 및 텍스트에 대해 돌아가며 말하기).
- 여러 번의 대화 주고받기를 통해 대화를 지속한다.
- 소리내어 읽은 텍스트의 이해, 구어적으로 제시되거나 또는 다른 미디어를 통해 제시된 정보의 이해에 동의한다. 이 정보들은 중요한 상세사항에 대해 묻고 답하는 것과 이해되지 않는 것을 명료화해 달라고 요청하는 것에 대해 제시된 것이다.
- 도움을 구하기 위해 또는 이해되지 않는 것을 명료화하기 위해 질문을 하고 답한다.

5학년경에 아이들은 다음과 같이 해야 한다.

- 5학년 주제와 텍스트에 대한 협업적 토론(일대일, 집단, 교사 주도) 범위 안에서 다른 사람의 아이디어에 근거하여 자신의 아이디어를 명확히 표현하며 다양한 파트너와 효과적으로 참가한다.
- 준비된 토론을 한다. 요구된 자료를 읽거나 공부하고 그 준비 사항과 토론하여 탐색할 아이디어의 주제에 대해 알려진 다른 정보를 분명히 이용한다.
- 동의한 토론 규칙을 따르고 주어진 역할을 수행한다.
- 토론에 기여하고 특정 질문에 대해서는 다른 사람들의 의견을 정교화하여 말함으로써 태도와 반응을 보여준다.
- 논의된 핵심 아이디어를 토론에서 얻은 정보와 지식의 관점에서 개관하고 결론을 끌어낸다.
- 소리내어 읽은 글이나 다양한 미디어나 형태로 제시된 정보를 요약한다. 제시된 형태는 시각적, 양적, 구두적으로 제시되는 것을 포함한다.
- 화자가 말하는 것을 요약하고 각 주장이 논리와 증거에 의해 어떻게 지지되는지 설명한다.

그리고 11학년과 12학년 학생들에게는 다음 사항이 요구된다.

- 11~12학년 주제, 텍스트, 이슈에 대해 다양한 파트너와 함께 협업적 토론(일대일, 집단, 교사 주도)을 주도하고 토론의 전 범위에 효과적으로 참여한다. 다른 사람의 아이디어

에 기초해 그들 자신의 아이디어를 명확하게 그리고 설득적으로 표현한다.

- 사려 깊고 논리적인 아이디어 교환을 촉진하기 위해 읽고 조사한 공부 자료들을 가지고 준비된 상태로 토론에 참여한다. 그리고 텍스트, 주제나 이슈에 대한 다른 연구에서 나온 증거를 참고하여 그 준비를 분명히 한다.
- 정중하고 민주적인 토론과 의사결정을 촉진하고, 명확한 목표와 종료 시점을 설정하며, 필요한 개인적 역할을 확립하기 위해 또래들과 함께 작업한다.
- 추론과 증거를 찾는 질문을 제기하고 질문에 답하면서 대화를 한다. 주제나 이슈에 대해 전체 범위의 입장을 듣도록 보장한다. 아이디어와 결론을 명확하게 말하고, 증명하고, 도전한다. 확산적이고 창의적인 관점을 촉진한다.
- 다양한 관점에 사려 깊게 반응한다. 주제의 모든 측면에서 만들어진 말, 주장, 증거를 통합한다. 가능하면 모순을 해결한다. 연구를 심화하거나 과제를 완수하는 데 요구되는 부가적 정보나 조사는 무엇인지 결정한다.
- 심사숙고하여 결정하고 문제 해결을 위해 다양한 형태의 미디어(예 : 시각적, 양적, 구두)로 제시되는 여러 개의 정보원천을 통합한다. 각 원천의 신뢰도와 정확성을 평가하고 데이터 사이의 어떤 불일치라도 주의하면서 통합한다.
- 화자의 관점, 추론, 증거와 수사(rhetoric)를 평가한다. 자세, 전제, 아이디어 사이의 연결, 단어 선택, 강조점, 사용한 톤을 평가한다.

이제 우린 실제적인 '대학 및 경력 준비'를 말하려고 한다. 비판자들은 일부 CCSS 목표들은 관련 없거나 구식이라고 불평하고 있지만, 위의 목표들은 그 이상 더 적합하고 실제적일 수 없다. 이러한 말하기와 듣기 기술을 숙달하고 학교를 졸업한 학생들은 이후의 공부, 경력 달성, 인생에서 훨씬 앞서게 될 것이다.

45개 주가 이 지침을 초기에 채택했으므로, CCSS는 분명한 사회적 학업 기술을 강력하게 밀어붙였다. 심지어 몇 개 주는 전혀 참여하지 않았거나 국가 기준과 의견을 달리했음에도 불구하고, 그런 주들 각각은 CCSS와 매우 유사한 그들 자신의 목표가 있다. 예를 들어 텍사스 주의 기준은 5학년 학생들이 '다른 집단 구성원으로부터 제안을 유도하고 검토하게 하는 학생 주도 토론에 참여'할 것을 요구한다. 그리고 고등학교에서는 '다른 사람의 아이디어에 의거하고, 관련 정보를 보태며, 합의를 이루기 위한 계획을 발전시키고, 의사결정의 기본 원칙을 만들면서, 팀의 다른 사람들과 생산적으로 일하는 것'을 요구한다(Texas Essential Knowledge and Skills, 2008).

이제 우리는 실제적인 '대학 및 경력 준비'를 말하려고 한다. 비판자들은 일부 CCSS 목표들은 관련없거나 구식이라고 불평하고 있지만, 위의 목표들은 그 이상 더 적합하고 실제적일 수 없다.

학교 분위기, 폭력, 집단따돌림에 대한 염려

공립학교의 사회정서적 분위기와 학교에 있는 사람들 사이의 관계는 최근 수년 동안 뉴스의 헤드라인을 차지했다. 콜럼바인과 샌디훅의 공포스러운 학교 총격사건은 우리에게 학교가 안전한 피난처가 아니고 너무 자주 범죄현장이 된다는 걸 상기시킨다. 그리고 미국 학교에서의 주요 폭력률은 1993년 이래 실제로 줄어들고 있지만, 여전히 아이들의 안전에 대해 걱정할 이유가 충분히 있다.

미국 질병관리본부(Center for Disease Control, 2013)는 9~12학년의 전국 청소년 표본에서 다음과 같은 보고를 했다.

- 12%가 조사 전 12개월 동안 학교 안에서 계속 신체적 싸움을 하고 있다고 보고했다.
- 5.9%가 조사 전 30일 동안 학교와 등·하굣길이 안전하지 않다고 느껴 하루 이상 학교에 가지 않았다고 보고했다.
- 5.4%가 조사 전 30일 동안 하루 이상 학교에 무기(예 : 총, 칼, 곤봉)를 가져갔다고 보고했다.
- 7.4%가 조사 전 12개월 동안 한 번 이상 학교에서 무기로 위협을 받거나 상처를 입었다고 보고했다.
- 20%가 조사 전 12개월 동안 학교에서 집단따돌림을 당하고 16%가 사이버 집단따돌림을 당했다고 보고했다.
- 2010년 동안 12~18세 학생들 사이에서 학교에서 치명적이지 않은 폭력행동이 약 828,000건 있었다.
- 교사의 약 7%가 자기 학교 학생으로부터 부상을 입히겠다는 위협이나 신체적 공격을 받은 적이 있다고 보고했다.
- 2009년 12~18세 학생의 약 20%가 학년 동안 자기 학교에 갱이 있었다고 보고했다.

CDC가 보고서에 포함시킨 바와 같이

모든 부상을 볼 수 있는 것은 아니다. 청소년 폭력과 학교폭력에의 노출은 폭넓은 부정적 건강행동 및 결과를 가져올 수 있다. 여기에는 알코올과 약물 사용, 자살이 포함된다. 우울, 불안, 그리고 공포를 포함하는 많은 다른 심리적 문제들은 학교폭력의 결과일 수 있다(CDC, 2013).

이 모든 이슈 중에서 집단따돌림은 긴급한 행동 주제로 우선순위가 매겨졌다. 사실 많은 주가 지금은 각 공립학교구가 집단따돌림 예방 프로그램을 적소에 실시할 것을 요구한다.

십대 자살에 대한 우려 또한 증가하고 있다. 미국심리학회(APA)에 따르면 십대 자살은 15~24세 사이 젊은이 사망의 세 번째 원인이다. 사망 원인에서 살인과 사고만 십대 자살보다 많다. CDC는 매년 고교생의 20%가 심각하게 자살을 고려하고, 14%가 계획을 세우며, 8%가 자살시도를 한다고 보고했다. 무엇이 특정 아이들을 위기로 내모는가? APA는 한 가지 설명을 제공한다.

자살위험은 위기에 처한 십대를 압도하는 것처럼 보이는 외부 환경에서 자주 발생한다. 위기에 처한 십대들은 정신장애같은 선행 취약성을 갖고 있어서 청소년기 도전을 극복하는 것이 불가능하다. 스트레스의 예에는 훈육 문제, 대인 간 상실, 가족폭력, 성적 지향 혼란, 신체적 및 성적 학대, 집단따돌림 피해자가 되는 것이 있다(APA, 2013).

차별적 훈육 실제

많은 전통적 학교훈육 정책이 지금은 어떤 학생 집단에게는 불공평한 것으로 보인다. 정부와 사적조사연구 모두 소수민족 학생들은 학교로부터 불공평하게 배제됨을 보여준다. 이것은 넓은 훈육 실제 배치를 통해 이루어지는데 신체적 처벌, 정학, 제적, 심지어 경찰에 의뢰하여 체포하는 것이 여기에 포함된다. 예를 들면 백인 학생과 비교해서 흑인 학생들은 신체적 체벌을 2배 받고, 정학이나 퇴학, 학교 관련 사고로 체포될 가능성은 2.5배, 여러 번 교외정학을 받을 가능성은 4배였다. 비슷하게, 원주민 미국 학생들은 학교에서 정학, 퇴학, 법 집행에 의뢰되거나 체포, 신체적 처벌을 받을 가능성이 2배였다(American Institutes for Research, 2013).

이 모든 요인은 소수민족 학생들을 교실의 자리에서 벗어나 교육받을 시간을 놓치고, 또래보다 뒤처지며, 자신을 지지해줄 기술을 갖추지 않은 채로 학교를 그만둘 가능성을 더 높아지게 하고, 그래서 오늘날의 학교에서 감옥으로 가는 가속화된 경로로 흘러들게 만든다. 이런 누적된 보고에 대한 반응으로 교육부 장관인 Arne Duncan은 행동을 약속하기 위해 하워드대학교에 갔다.

> 아마 가장 경고가 되는 연구결과는 훈육 주제를 포함한다. 슬픈 사실은 미국 전역의 소수민족 학생들은 심지어 같은 학교 내에서도 비소수민족 학생들보다 더 엄한 훈육을 받는다는 점이다. 일부 예들―아프리카계 미국인 학생(특히 남학생)들은 또래들보다 정학을 받거나 퇴학당할 가능성이 훨씬 더 많다(Holland, 2012).

이런 자료는 새로운 것이 아니다. 학교훈육정책의 불평등에 대한 보고는 수십 년간 발행되고 있다(Skiba et al., 2001). 볼티모어같은 어떤 도시는 아이들을 계속 학교에서 학습하도록 하는 쪽으로 정학정책을 바꾸어오고 있다. 2000년부터 볼티모어는 재학 중 훈육 접근으로 이동했고 정학률을 58%로 낮추었다(Cichan, 2012). 다른 교육구와 주들은 마침내 공평하고 덜 배제적인 다양한 훈육 접근을 실험 중이다. 그것은 회복적 정의, 십대법정, 또래중재를 포함한다.

최상의 실제 지도는 사회적 학업 기술을 필요로 한다

최상의 실제라는 용어가 종종 모호한 의도로 사용되긴 하지만 수십 년 동안 이루어진 신중한 연구는 최선의 교실지도는 어떤 것인지에 대한 분명한 합의를 만들어냈다. 그리고 그것은 교사의 말을 들으며 반듯하게 줄지어 놓은 책상에 두 손을 모으고 앉아 있는 아이들은 아니다. 최상의 실제 교수는 유연하고 탈중심화된 교실에서 일어난다. 그곳에서는 아이들이 다양한 형태로 행동을 하고, 책임을 당연히 받아들이며, 자부심을 갖고 일을 하고, 자신이 책임을 지며, 서로 지지한다. 최상의 실제 : 미국 학교에 생활 기준 도입하기(*Best Practice : Bringing Standards to Life in America's Schools*)(Zemelman, 2012) 제4판에서 Harvey와 공저자인 Steve Zemelman과 Art Hyde는 가장 효과적인 교육에 대한 최근 연구결과들을 종합했다.

전 범주의 교육연구센터, 학과목 관련 기관, 기준 설정 전문가들로부터의 보고와 권장사항들에 근거해 결론 내리며, 저자들은 학생중심적, 인지적, 상호작용적인 강력한 학습 모델을 제안한다. 이러한 최상의 실제에 대한 합의된 버전은 다음 페이지에 있는 차트로 요약될 수 있다. 차트는 관습적 교수로부터 더 학생중심적인 교수로의 발달을 보여준다.

여러분이 알 수 있듯이, 좋은 지도의 연결 조건은 하향식 학교훈육의 낡은 명령―통제 모델 하에서는 생길 수 없다. 새로운 패러다임은 교실 안에 있는 모든 사람의 상호 의존을 요구하고 만드는 것을 포함한다. 최첨단 교수의 특징적인 구조와 활동은 학생 자기인식, 자율성, 책임감, 협업, 반성이 널리 스며 있는 분위기를 필요로 한다.

최상의 실제의 지표

이 차트는 교사주도적 교실에서 학생중심적 교실로의 이동을 보여준다. 이 연속선을 따라 성장하는 것이 이미 확립된 지도 접근을 완전히 거부함을 의미하는 것은 아니다. 그보다는 교사가 넓어진 선택목록에 새로운 대안들을 추가하는 것으로, 그들이 더 풍부한 활동배열로 이동하게 하고, 더 다양하고 복잡한 균형을 만들게 한다.

교실 배치 : 학생 협업을 촉진하라

- 교사중심적 지도(분리된 책상들) ▶ 학생중심적 배열(테이블들)을 준비하라
- 책상줄 ▶ 전체 학급, 소집단, 독립적 작업을 위한 다양한 학습공간
- 꾸미지 않은 공간 ▶ 상업용(광고용) 장식 ▶ 학생들이 만든 미술작품, 결과물, 작업 전시
- 자료가 거의 없음 ▶ 교재와 프린트물 ▶ 다양한 자원(책, 잡지, 가공품, 손으로 다루는 물건들 등)

교실 분위기 : 적극적으로 몰두하는 학생

- 결과와 보상에 의한 관리 ▶ 개입과 공동체에 의해 유지되는 질서
- 교사가 규칙을 만들고 집행한다 ▶ 학생들이 기준을 정하고 집행한다
- 학생들은 조용하고, 움직이지 않고, 수동적이며, 통제된다 ▶ 학생들은 반응적, 적극적, 목적적, 자율적이다
- 능력에 따라 정해지는 학생 집단화 ▶ 과제와 선택에 따라 이루어지는 유연한 집단화
- 일관적이고 변하지 않는 스케줄 ▶ 활동에 근거해 이루어지는 유연하지만 예상 가능한 시간 사용

목소리와 책임감 : 교사지향과 학생지향 사이의 균형

- 교사가 혼자 확립된 교과과정에 의존한다 ▶ 일부 주제와 탐구들은 학생들 자신의 질문으로부터 만들어진다
- 교사가 모든 활동을 선택한다 ▶ 학생들이 종종 탐구 주제, 책, 글쓰기 주제, 청중 등을 선택한다
- 교사가 모든 숙제를 지시한다 ▶ 학생들이 책임을 받아들이고, 의사결정을 하며, 교실생활 운영을 돕는다
- 전체 학급 읽기 및 쓰기 숙제 ▶ 독립적 읽기(SSR, 읽기 워크숍, 북클럽)와 독립적 쓰기(저널, 작문 워크숍)
- 교사가 평가하고, 등급을 매기고, 모든 기록을 한다 ▶ 학생들이 자신의 기록을 유지하고, 자신의 목표를 세우며, 자기평가를 한다

언어와 의사소통 : 심화된 학습

- 침묵 ▶ 목표지향적 소음과 대화
- 짧은 반응 ▶ 정교화된 토론 ▶ 학생 자신의 질문과 평가
- 교사 강의 ▶ 학생-교사 대담 ▶ 학생-학생 대담＋학생과 협의하는 교사

- 대담과 쓰기의 초점 : 사실 ▶ 기술 ▶ 개념 ▶ 통합과 반영

활동과 과제 : 전통적인 것과 더 상호작용적인 것이 균형을 이루게 하라

- 교사가 자료를 제시한다 ▶ 매일 학생들이 읽고, 쓰고, 말한다 ▶ 학생들은 개념을 능동적으로 경험한다
- 전체 학급 교수 ▶ 소집단 지도 ▶ 개별작업, 소집단 활동, 전체 학급 활동이 균형을 이룬 폭 넓고 다양한 활동
- 모든 학생에게 동일한 교과과정 ▶ 조각으로 맞춘(퍼즐) 교과과정(다르지만 서로 관련된 주제로 아이들의 요구나 선택에 따라 이루어짐)
- 넓은 범위의 주제를 가볍게 다룸 ▶ 선택된 주제를 집중적으로 깊이 있게 공부
- 짧은 기간의 수업, 단 하루, 단 한 번 ▶ 확장된 활동, 여러 날, 여러 단계의 과제
- 분리된 과목수업 ▶ 통합된, 주제에 따른, 과목 간 탐색
- 사실의 기억과 회상에 초점을 둠 ▶ 지식의 적용과 문제 해결에 초점을 둠
- 짧은 반응, 빈칸 채우기 연습 ▶ 복잡한 반응, 평가, 쓰기, 수행, 작품 만들기
- 모든 학생에게 동일한 과제 ▶ 모든 유형과 능력에 대한 차별화된 교과과정

학생 작업과 평가 : 교사, 학생, 부모에게 알려라

- 교사와 등급을 매기기 위해 만들어진 생산물 ▶ 실제 사건과 청중을 위해 만들어진 결과물
- 교실/복도 전시 : 학생 작업이 게시되지 않음 ▶ 'A'를 받은 과제만 게시됨 ▶ 모든 학생의 작업이 게시됨
- 동일한, 모방된 결과물들이 전시됨 ▶ 다양하고 독창적인 결과물이 전시됨
- 교사는 점수나 등급으로 피드백을 줌 ▶ 교사 피드백과 회의가 실제적이고 공식적임
- 생산물이 교사에 의해서만 보여지고 등급이 매겨짐 ▶ 공적인 공개와 수행이 통상적임
- 자료는 교사의 등급수첩(gradebook)에만 사적으로 보관됨 ▶ 작업은 학생이 유지하는 포트폴리오에 들어 있음
- 모든 평가는 교사가 함 ▶ 학생 자기평가가 공적 요소 ▶ 부모가 포함됨
- 등급을 매기는 중에 기준이 만들어짐 ▶ 기준이 미리 만들어질 수 있음 ▶ 학생과 함께 기준을 개발함

교사 태도와 견해 : 전문적 주도성을 취하라

학생과의 관계

- 거리감 있는, 비정한, 두려운 ▶ 긍정적, 따뜻한, 존중하는, 격려하는
- 판단하기 ▶ 이해하기, 공감하기, 요구하기, 인도하기
- 지시적인 ▶ 조언을 주는

자신에 대한 태도

- 무력한 작업자 ▶ 모험을 하는 사람/실험자 ▶ 창의적, 능동적 전문가
- 고독한 성인 ▶ 학교에서 다른 성인들과 팀을 이루는 멤버 ▶ 학교를 넘어서는 네트워크의 멤버
- 직원 자기계발 수혜자 ▶ 자신의 전문적 성장의 주도자

역할 관점

● 전문가, 제시자, 감시자 ▶ 코치, 멘토, 모델, 인도자

교사는 사회적 학업 기술을 가르치는 데 지원이 필요하다

사회-정서적 학습 요구의 목소리가 커질 때조차도, 정확히 말해서 교사들은 그 운동을 이끌기 위해 앞으로 도약하지 않는다. 이것은 주 공무원, 학교개혁자, 출판사들이 시동을 걸었기 때문만은 아니다(그들이 그렇게 하긴 했지만). 우리 교사들도 한때 학생이었음을 잊지 말자. 우리는 사회적 기술에 대한 좋은 가르침을 반드시 받아야 할 필요가 없었다. 우리들 대부분은 권위주의적인 훈육체계하에 있는 학교에 다녔다(그리고 미래의 교사들도 역시 학교에 다닐 것이다). 우리는 규칙, 보상, 처벌 이외의 다른 접근을 많이 경험하지 못했다. 특히 우리가 얼마나 잘했나를 생각하면서 우리가 그 패러다임에 제기한 것으로부터 벗어나는 걸 우리가 편하게 느끼거나 그것을 열망하는 이유는 무엇인가? (그리고 마침내 교사가 된 우리들 대부분이 '좋은 아이'였고 훈육체계의 가장 호된 채찍질을 맛볼 만큼 그 훈육체계와 충돌하지 않았다는 걸 인정할 만하다.)

우리들 대부분은 권위주의적인 훈육체계하에 있는 학교에 다녔다. 그 패러다임으로부터 벗어나는 걸 우리가 편하게 느끼거나 그것을 열망하는 이유는 무엇인가?

워크숍에서 우리는 종종 학교에서의 협업적 작업, 파트너 작업, 집단작업 경험을 돌아보라고 교사들에게 요구한다. 많은 교사들이 웃으며 솔직히 말한다. "난 그걸 싫어했어요!" 그들이 기억해낸 가장 고통스러운 문제는 소집단으로 작업할 때 자신이 좋은 성적을 받기 위해 대부분의 작업을 마음이 내키지 않는데도 게으름뱅이들을 결승선으로 데려가면서 해야만 했다는 점이다. 이제 우리는 이러한 사람들, 즉 오늘날의 많은 교사들이 잘못 구성된 협업학습의 희생자이고 이것이 학생들이 함께 일하는 것에 대해 부정적인 태도와 오해를 가져왔음을 깨닫는다. 그리고 나중에 적절한 공식적인 협업학습 훈련을 받았다고 해도, 초기의 부정적 경험을 극복하기엔 그것들이 너무 짧고 약했다. 그래서 사회적 학업 기술을 분명하게 가르치라는 요구를 받게 된다면, 우린 지금까지 제공받은 것보다 더 많은 지원, 훈련, 자료가 필요하다.

그러나 이것은 더 개인적이다. 일부 주들(예 : 일리노이 주)은 잘 구성된 학생협업, 토론, 논쟁을 다루는 교실에 점수를 주는 교사평가규정을 채택하고 있다. 이러한 순위체계는 그러한 상호작용을 일상적인 교수에 성공적으로 포함시키는 교사들을 강화하며 그렇지 않은 교사들에게 벌을 가한다. 예를 들어 널리 사용되는 Charlotte Danielson 교사평가규정은 교사가 가능한 가장 높은 '탁월한' 순위를 받기 위해서는 아이들이 협조적으로 작업할 것을 요구한다. 합리적 근거에서, Danielson은 다음과 같이 썼다.

교사의 학생 다루기가 중요하지만, 학생들이 급우에게서 어떠한 대우를 받는지가 학생들에게는 더 중요하다. 가장 최악의 경우, 잘못된 대우는 학생들이 또래로부터 거부되었다고 느끼게 만든다. 최상의 경우에는 학생들 간의 긍정적인 상호작용은 상호 지지적이고 정서적으로 건강한 학교환경을 만든다. 교사들은 학생들이 서로 존중하며 상호작용을 하는 방법의 모델이 되고 학생들에게 그것을 가르칠 뿐만 아니라, 그러한 상호작용을 인정하기도 한다

오늘날 가장 일상적으로 사용되는 교사평가규정은 교사가 가장 높은 '탁월함' 순위를 받기 위해서는 아이들이 협조적으로 작업할 것을 요구한다.

(Danielson, 2011).

이와 같이 임금과 고용지속이 한 번의 평가에 의해 이루어지기 때문에 교장이 평가하기 위해 가까이 올 때 교사들은 더 친절하게 학생들과 상호작용을 한다.

요점 : 세상은 교사들이 새로운 방식으로 교실을 운영할 것을 요구하고 있다. 그러나 그러한 때때로 불편할 수 있는 큰 변화를 만드는 데 필요한 실제적인 도구를 아직 제공하지 않고 있다.

최근 연구 : 사회정서적 기술은 가르칠 수 있다

사회적 학업 기술을 명시적으로 가르치는 것의 가치를 인정하는 확고한 연구들이 점점 많아지고 있다. 앞서 우리는 Durlak 메타분석에 대해 언급했는데 그것은 핵심적인 사회적 기술을 배운 아이들의 현저한 학업적 향상을 보여주었다. 사회정서적 학습에서 '작업하는 것'의 과학적 증거를 수집하고 보급하도록, 시카고에 기반한 학업적, 사회적, 정서적 학습의 협업(Chicago-based Collaborative for Academic, Social, and Emotional Learning, CASEL)이 제공되었다. 현재 연구들의 전반적인 목록은, 판매하기 위한 많은 상업적 프로그램의 효과성 순위와 함께 www.casel.org에서 찾아볼 수 있다.

여러 연구자들이 학교 분위기와 학생 성취 간의 관계를 주의하여 살펴보았다. 증거들은 좋지 않은 학교 분위기가 낮은 성취 및 시험점수와 관련있음을 지속적으로 보여준다. 학교 분위기 연구 요약(School Climate Research Summary)에서 국립학교분위기센터는 최근 연구결과를 다음과 같이 요약한다.

> 학교 분위기는 중요하다. 긍정적이고 지속적인 학교 분위기는 긍정적인 아동 및 청년발달,
> 효과적인 위험 예방 및 건강증진 노력, 학생 학습 및 학업성취, 학생 졸업의 증가, 교사 보유
> 를 예언해준다(Thapa et al., 2012).

관련된 조사연구 하나는 시카고대학교의 시카고학교연구협회에서 나왔다. 일련의 연구 전반에서, Anthony Bryk과 동료들은 "관계적 신뢰는 학교 향상을 이끄는 다른 모든 요인들의 효력을 더하는 '접착제' 또는 핵심 요인"임을 보여주었다(Bryk et al., 2010; Bryk & Schneider, 2002). 다시 말하면 친절과 상호 지지를 길러주는 학교에서 아이들은 더 잘 배운다.

사회정서적 학습에 대한 일반적 연구에 추가적으로 별개의 학업 분야에서의 조사연구들이 이러한 결과를 교차검증한다는 사실에 주목하는 것이 중요하다. 예를 들어 선구적인 교육(읽고 쓰기) 연구자인 Richard Allington은 학생들이 또래들과 정기적으로 독서토론을 할 때 몰입과 이해가 좋아지며, 부담이 큰 읽기 검사에서 증진을 나타낸다는 것을 보여주었다(2012). 수학 세계에서는 유사한 관련성이 사회정서적 기술과 학업성취 사이에서 발견되었다. 여러 연구에서, 예 일아동연구센터의 연구자들은 사회적 유능성과 학업성취 사이에 강한 연결을 발견했다. 연구자들이 보고한 바와 같이 "학생들의 자신 및 타인에 대한 지식과 수학성취 사이의 관계 강도가 강력함이 발견되었다"(Haynes et al., 2003).

우리 아이들, 지금 바로

교실에서 사회적 기술을 가르칠 필요가 있는 한 가지 이유가 더 있다 — 이것은 우리의 인생이다. 9개월 동안 어떤 종류의 관계를 맺으며, 우리들 각자는 한 집단의 아이들(또는 5개 집단의 아이들)과 함께 실제 교실에 있다. 각자의 도덕, 안전감, 소속에 대한 갈망, 모험과 성장에 대

한 요구를 충족시키기 위해 우리는 교실이 친절하고 지지적인 장소가 되게 해야 한다. 우리는 오늘 아침 모든 사람이 얼굴에 미소를 띠고, 차이를 인정하고 맛보면서, 우리의 결속을 느끼며, 다른 사람의 에너지를 이용하면서 교실문을 통해 들어오길 바란다.

우리는 복잡하고 분리된 사람들이다. 그리고 우리는 그 문을 통해서 어떤 쓰레기를 가지고 올 것이다. 하지만 만약 우리가 우리의 상호작용을 올바르게 언급하고 함께 사회적 행동을 실천한다면, 친구들의 지지를 받아 우리는 잡음을 가라앉히고, 우리의 케케묵은 생각을 치우며 성장할 수 있다. 서로를 깎아내리는 대신, 우리는 서로의 어깨 위에 모두 설 수 있다. 학교 게임에서 우리는 홈코트의 유리함을 누릴 수 있다. 그리고 우리는 지금 바로 이것이 일어나는 것을 좋아한다.

이러한 문제들을 다루고 그 기회를 포착하는 방법

이 책에서 우리는 교실에서 사용할 수 있는 35개의 수업을 제공한다. 그 수업들은 문제와 기회를 모두 언급한다. 이 수업들은

- 말하기와 듣기의 공통적인 핵심 기준과 직접적인 관련이 있다.
- 학생들이 소속감과 개인적 중요성을 체계적으로 기르는 경험을 하게 만든다.
- 아이들이 더 안전하고 더 연결되어 있다고 느끼게 만들어서, 다른 아이들을 무시하거나 집단으로 따돌리는 경향이 줄어든다.
- 여러분 교실에서 성공하는 매우 상호작용적이고 학생주도적인 최상의 실제 지도를 가능하게 한다.
- 여러분이 편안하게 느끼고 새로운 이 교수과제와 씨름할 준비를 하도록 돕는다. 그리고 도전을 즐기게 한다.
- 학생들이 부드럽고 유연하게 집중해서 함께 일하는 것을 보여줌으로써, 여러분 자신의 교실에서 평가되는 것을 준비하게 해준다.
- 더 오랫동안 확립된 관련 요구 영역뿐만 아니라, 최근 생겨난 사회정서적 학습 분야의 강력한 연구 및 지식기반을 가지고 여러분의 기초를 세운다.
- 여러분이 지금 교실 분위기를 성장시키거나 개선하도록, 관리와 도덕적 문제를 해결하도록, 그리고 장기적인 정신과 결속을 기르도록 돕는다.
- 모든 학생이 미래 교육, 근로자, 공동체 구성원, 시민으로서의 삶에서 필요하게 될 사회적 학습기술을 확실히 습득하게 한다.

모든 사회적 기술 프로그램이 다르다

오늘날의 붐비는 학교시장에서는 사회적 기술, 정서적 기술, 행동적 기술, 협업 기술, 대인간 기술을 가르친다고 약속하는 수많은 프로그램이 있다. 우리는 그중에서 많은 것들에 깊은 관심이 있다. 반응적 교실, 마주보는 역사(Facing History), 아동발달센터, 회복적 정의 등은 놀라운 친사회적 작업을 한다. 몇몇 다른 SEL 프로그램들은 성인 지시 규칙, 경고, 유관된 보상, 즉각적인 처벌에 기반한다. 노골적으로 말해서, 복종을 유도하는 훈육은 이 시장 영역을 여전히 주도하고 있다.

예일아동센터의 연구자들은 사회적 유능성과 학업성취 사이에 강한 연결을 발견했다.

가장 널리 채택된 SEL 프로그램 중 하나인 Second Step은 높게 도식화된 수업으로 이루어진 교사 키트를 구비하고 있다. Second Step의 부모조직인 아동위원회는 이것의 '자기조절' 프로그램의 핵심 기술을 확인시켜준다.

> 아주 간단히 말하면 자기조절은 정서, 사고, 행동을 모니터하고 관리하는 능력이다. 자기조절은 시끄러운 급우, 휴식시간에 있었던 문제, 다가올 생일파티에 대한 흥분 때문에 어수선할 때 학생들을 수업에 집중하도록 돕는 것이다(아동위원회, 2011).

신은 아이들이 생일에 대한 기쁨을 분출해야 하는 것을 용서하신다!

이 문화 안에서 자기조절 습관과 만족지연의 마음가짐이 어떤 종류의 성공에 기여한다는 현실을 문제시하는 건 아니다. 그러나 우리가 조사한 많은 SEL 프로그램은 즉각적 만족을 즉각적 복종과 바꾸어서 아동들의 순수한 정서를 죽인다. 만약 사회정서적 학습이 낡은 학교훈육으로 가는 뒷문이 된다면, 이러한 움직임은 혁신으로 불릴 수 없다. 낡은 학교훈육은 날이면 날마다 아이들을 입 다물고 앉아 있게 하며 학교에서 정서적으로 단조로운 톤을 유지하게 한다.

다른 SEL 프로그램들은 자기조절의 쇠주먹을 심리적 용어의 벨벳장갑과 교환한다. 뉴욕타임스는 SEL 운동에 대한 균형 잡힌 장문의 기사를 실었는데, 한 유치원 교실에서 일어난 상황이었다(Kahn, 2013). 교사가 아이들에게 부모와의 문제를 말하라고 했다. 한 소년이 자기 엄마가 자신에게 소리를 지른다고 인정했을 때, 교사는 고함을 지르는 부모 흉내를 내면서 화난 엄마에게 할 대답을 생각하라고 격려한다. 결국 아이들은 해낸다. "엄마, 엄마가 나한테 고함 지를 때 난 그게 싫어요." 교사는 만족하며 예측한다. "그러면 아마도 엄마가 '미안해'라고 말할 거야." 그러나 반대로 엄마가 그런 말대꾸를 좋아하지 않아서 집에서의 상황이 더 안 좋아질 수 있다.

교육주간은 일반적으로 사회정서적 학습에 감탄할 만한 또 다른 부분을 운영한다(Heitlin, 2013). 한 수업에서 5학년생들은 자신의 얼굴을 마커와 종이를 사용해 그리라는 요구를 받았다. 그리고 교사는 매우 화나고 헐뜯는 이야기를 소리내어 읽는다. 이야기 속의 부정적 대목마다 교사는 학생들이 그린 그림에서 그들의 얼굴 조각을 찢어내라고 지시한다. 이야기가 끝나기도 전에 교실의 많은 아이들이 눈물을 흘렸다.

우리는 이러한 우려할 만한 예들이 전체 SEL 운동을 부적당하다고 선언하는 건 아니라고 말한다. 하지만 손상된 결과를 예측할 수 있는 프로그램의 무비판적인 채택에 대해 경고를 하는 것이다. 그리고 이것은 우리가 하는 것이 아님을 말하는 것이기도 하다. 우리가 볼 때 우리가 명백히 심리적이긴 해도, 우리는 교실 집단치료, 행동수정, 심리극, 정서적 협박을 유발하지(또는 용서하진) 않는다.

젊은이들이 행동하고 상호작용하는 새로운 방식을 실제로 배울 수 있게 해주는 프로그램, 실제로 좋은 행동이란 어떤 것인지를 보여주고, 분명히 가르치고, 가까이서 연습을 지도하는 프로그램은 오늘날 사라지고 거의 없다. 그것이 이 책이 하려고 하는 것이다.

우리는 기준(standards)의 세계에서 살고 있다. 그래서 우리가 하나를 제안한다 — 여러분 교실에 있는 모든 학생이 다른 모든 아이들과 학년 내내 주기적으로, 즐겁게, 지지적으로 작업한다. 아무도 "나는 걔하고 작업하지 않을 거야."라고 말하지 않는다. 그것이 우리가 여러분이 충족하길 바라는 기준이다.

우리의 행동 이론

그러면 우리의 이론적 배경은 무엇이고, 가정과 연구바탕은 무엇인가? 다음에 있는 짧은 장은 여러분에게 그 정보를 더 상세히 알려줄 것이다.

여기 대략의 내용이 있다—우리는 사회심리학, 집단역학, 협업학습의 세계에서 시작했다. 제한하기, 강압하기, 통제하기가 아닌 더 많은 책임, 통제, 선택 부여하기를 통해서 우리는 아이들의 사회적 학업 기술을 길러준다. 우리는 아이들을 그들이 되고 싶은 사람처럼 대한다. 우리는 우리가 아이들이 실천하길 바라는 행동의 본을 보이는 일을 책임으로 받아들인다. 우리는 분명한 시범, 실습지도, 밀착된 코칭, 피드백, 체계적 반성을 제공한다. 우리의 행동 이론은 이것이다—친교는 우정을 가져오며, 그것은 다시 지지행동을 하게 한다. 여러분이 만들 수 있는 교실공동체 안에서, 단정하건대 아이들은 개인적 및 협업적 사회적 전략을 습득한다. 그 전략은 자동적이고, 오늘 학교에서 그리고 그들의 생활 전체에 걸쳐서 아이들에게 도움이 될 것이다.

그리고 또 하나—이 수업들은 재미있다. 아이들은 이 수업들을 좋아한다.

제2장

사회적 학업 기술 훈련에 대한 이론과 연구

어떤 종류의 교수 악몽이 한밤중에 여러분을 두렵게 하는가? 낸시는 지옥같은 학급에서 벗어나려고 하면서 식은땀을 흘리며 깨어난다. 지옥은 자기 자리에 앉아 있지 않고, 그녀의 고무적인 강의계획을 무시하며, 전화를 멀리 두라고 요구하면 욕설을 하고, 화가 날 때마다 교실을 뛰쳐나가는 아이들이다. 고속도로 순찰대원이 John Ross에 대한 실제 기억 때문에 떨고 있다. John Ross는 잘못된 행동을 해서 신참내기 교사에게 꾸지람을 들은 후 2층 교실 창문에서 뛰어내렸다. (이것은 잘 계획된 못된 장난으로 밝혀졌고, 그 아이는 상처를 입지 않았다.) 그런데 가르치는 일에서 우린 위와 같은 일을 모두 보았다(또는 꿈에서 보았다).

가르치는 일은 정말 어려운 일이고 종종 아동들은 예측할 수 없다는 걸 알 수 있다. 우리에겐 최상의 실습수업으로 보이는 것이 큰 하품, 멍청한 눈, 뒷줄에 앉은 친구와의 열띤 대화로 돌아올 수 있다. 일단 우리가 집단 활동을 시도하면 전에 수업을 방해했던 아이들이 이제는 신이 나서 전체 아이들 집단이 진행을 못하고, 과제를 못하며, 수업을 못하게 만든다. 그에 대한 반응으로 우린 전체 학급 지도로 물러선다. 왜냐하면 그것이 더 안전해 보이기 때문이다. 그러나 이젠 이 전체 사회정서적 학습 운동이 우리를 숨막히게 한다. 어떻게 사려 깊은 사람이 될지를 가르치지 않고 공부내용만 가르치는 것은 충분히 좋은 것이 아니다!

SEL 운동 안에 있는 강력한 프로그램과 실제는 모범적인 것에서부터 모호한 것까지의 범위에 걸쳐 있으며(13~15페이지 참조), SEL을 보증하는 조건은 이론의 여지가 없다.

SEL 기술을 갖춘 학생들은 학업수행이 더 좋다. SEL 기술 훈련을 받은 학생들은 훈련을 받지 않은 학생들보다 성취검사에서 평균 11% 점수가 더 높았다.

- 공통적인 핵심 주 기준(Common Core State Standards)는 학업적 용어와 사회적 용어로 대학 준비와 경력 준비(College and Career Readiness)를 규정한다. 모든 학생들이 지지하는 텍스트 디테일(세부 주제)을 가지고 자신의 주장을 방어할 수 있어야 하는 한편, 그들은 또한 잘 경청하고, 아이디어를 덧붙이며, 존중을 보여주고, 정중하게 다툴 줄도 알아야 한다(CCSS, 2010).

- 더 많은 주들이 SEL 기준을 채택하고 있는데 그것은 전형적으로 다음 세 가지 기술요소를 포함한다 — 자기인식 및 자기관리, 사회적 및 대인간 인식, 의사결정 및 책임 있는 행동(Performance Descriptors, 2003).

연구는 아이들에게 가장 효과적인 사회적 기술 훈련은 전교적인 거대한 프로그램이 아닌 교사주도의 간단한 학급 프로그램이라는 것을 보여준다.

- 학교는 학업 기술에 큰 중요성을 두는 반면에 고용주들은 의사소통, 협업, 비판적 및 창의적 사고, 독창성, 혁신, 도전도 마찬가지로 중요시한다(Carter, 2013).
- 해마다 여론조사를 했을 때 고등학교 학생의 약 66%가 매일 학교가 지루하다고 보고한다(Yazzie-Mintz, 2009).
- SEL 기술을 갖춘 학생들은 학업수행이 더 좋다. SEL 기술 훈련을 받은 학생들은 훈련을 받지 않은 학생들보다 성취검사에서 평균 11% 점수가 더 높았다(Durlak et al., 2011).
- 사회정서적 기술의 향상은 파괴적인 교실행동을 줄여준다(Weissberg & Cascarino, 2013).

마지막 두 항목을 이해했는가? 아이들이 사회적으로 숙련될 때, 그들은 더 잘 배우고 더 잘 행동할 수 있다. 그래서 SEL의 일부 형태는 우리로 하여금 대안적인 교사 꿈을 살릴 수 있게 해 준다. 그 꿈에서 아이들은 지시를 따르고, 다른 사람을 존중하며, 자신의 학습에 주인의식을 갖는다.

여기에는 정말 흥미로운 부분이 있다. 연구는 아이들에게 가장 **효과적인 사회적 기술 훈련**은 전교적인 거대한 프로그램이 아닌 교사주도의 간단한 학급 프로그램이라는 걸 보여준다(Durlak et al., 2011). 우린 반복한다—우리 교사들이 교실에서 하는 것은 많은 법규적인, 패키지 프로그램들보다 학생들의 행동 및 시험점수에 더 큰 긍정적 영향을 줄 수 있다.

연구기반

우리는 오랫동안 이것을 알고 있었다. 1,200개 이상의 연구를 반영했을 때, 협동학습—말하자면 **집단 상황에서 사회적 기술을 명시적으로 가르치는 것**—은 아마도 지난 반세기 동안 교육에서 단 하나의 잘 연구된, 그리고 가장 효과적인 혁신일 것이다(Johnson & Johnson, 2009). 그것은 사회심리연구에 기반을 두고 있는데 그 연구는 Kurt Lewin의 1940년 **집단역동**이라 불리는 현상의 발견까지 거슬러 올라간다. Lewin은 집단역동을 소집단과 개인이 반응하고 상호작용하는 방식으로 정의한다. 그의 중요한 통찰은 집단이 단지 집단을 구성하는 개인들의 결합이 아니고, 상이하고 훨씬 더 복잡한 존재(entity)라는 것이다. 인간집단의 힘과 잠재력을 설명하려고 Lewin은 실제로 "전체는 부분의 합 이상의 것이다"라고 말했다.

Morton Deutsch는 사회적 집단 안에서 사람들의 행동이 상호 관련되는 방법을 연구함으로써 Lewin의 연구를 계속했다. Lewin과 Deutsch 모두 발견한 것은 항상 움직임이 없는 인간집단은 없다는 점이다. 구성원들은 자신들의 개인적 행동을 바꿈으로써 역동을 **바꿀** 수 있다. 이 뜻밖의 사실은 학교 상황에서 집단의 긍정적인 힘을 견인하려는 시도를 유발했다. 그 결과 협동학습이라 불리는 모델이 만들어졌다. Schlomo Saharan, David Johnson, Roger Johnson, Robert Slavin 같은 연구자들이 선도한 초기 협동학습 모델은 집단에서 일하는 사람들—학과목을 공부하고 있는 학생들 같은—의 노력이 최대화될 수 있는 방법을 증명할 수 있었다(학교 안에서의 사회적 기술발달에 기반한 75년간의 연구에 대해 더 많은 것을 알려면 이 책의 마지막 부분에 있는 참고문헌 목록을 참고하라).

협동학습이 개별학습이나 경쟁학습 접근보다 훨씬 더 효과적이긴 하지만(Johnson & Johnson, 2009), 이행하는 것도 도전이 된다. 이 학습은 교사로 하여금 자신의 역할을 다시 구성하도록 요구한다. 사회적 기술과 협업 기술을 가르치기 시작할 때 우리는 실제로 말하는 사람일 뿐만 아니라 모델과 코치가 되어야 할 필요가 있다. 우리는 실제로 '객석의 안내자(부분적인 역할 강조)' 대 '무대 위의 현인(모든 것을 다 알고 있는 사람이라는 의미)'이 될 필요가 있다. 잘 예상할 수 있듯이, 교사가 아이들에게 협동학습을 처음 소개할 때 첫 번째 학생집단이 항상 잘하는 것은 아니다. 왜인가? 우린 아이들의 나쁜 가정교육을 탓할 수 있다. 그러나 실제로 협동 작업은 실패로 끝날 수 있다. 왜냐하면 어떤 것이든 새로운 것을 배우는 일은 숙달하는 데 시간이 걸리기 때문이다. 우리 교사들은 그것이 불완전한 수업이 될 때 매우 조급해질 수 있다. 그리고 특히 이런 날에는 결과를 빨리 내야 한다는 큰 압박을 느낀다. 그래서 아이들에게 사회적 목록에 새로운 행동을 추가할 충분한 시간, 연습, 피드백을 주기 전에 도망칠 수 있다. 또한 학교에서 자주 일어나는 것처럼, 우리 지역의 사회적 기술 훈련 지원은 갑자기 없어질 수도 있다. 이것은 교사로 하여금 중앙부서에서 내려온 상명하복식 지시의 범위를 스캔하게 만든다.

그러나 학생에게 협동을 가르치는 도전을 피하는 대신에 장애물을 알아보자. 우리는 많은 장애물을 직접 알고 있다.

잘 예상할 수 있듯이, 교사가 아이들에게 협동학습을 처음 소개할 때 첫 번째 학생집단이 항상 잘하는 것은 아니다.

반영

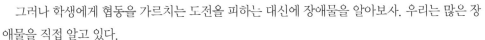

여러분이 가르친 첫 번째 해에 대해 생각해보라. 만약 그날들이 우리가 경험한 날들과 같다면, 여러분은 종종 좌절을 느꼈을 것이다. 우리 모두는 학생들이 깊은 사고, 집중적인 경청, 다른 사람의 관점에 대한 세심한 배려를 보여주는 어떤 학업토론을 기대하면서 그들을 4명 또는 5명의 집단으로 나누었던 걸 기억한다. 그러나 기대와는 달리 우리는 집단이 빠르게 과제 밖으로 기울어지고, 하위집단으로 쪼개지며, 또는—심지어 더 나쁘게—한 학생을 완전히 무시하는 걸 보았다. 우리가 약 4~5피트 떨어진 집단의 중력장 안으로 들어갈 때는 피상적이지만 성실한 대화를 할 준비를 갖춘다. 그러나 우리가 궤도 밖으로 더 멀리 나가면 주제는 축구, 음악, 데이트한 사람으로 바뀐다. 우리가 큰 집단 활동을 하려고 할 때마다 비슷한 일이 일어난다. 이것은 어느 정도 완전히 실패로 끝난다. 어떤 집단은 짤까닥거리고, 다른 집단은 재잘거린다. 우리는 토론학습이 효과가 없다고 느낀다. 여전히 다시 실망을 느끼면서 우린 '과거에 했던' 교사지시적, 전체 학급지도로 되돌아간다.

Johnson 형제의 협동학습 모델과 마찬가지로 우리의 집단역동 연구를 통해서, 집단이 진정으로 협업하게 만들기 위해서 미리 만들어져야 하는 계획과 의사결정을 우리는 나중에야 이해했다. 그게 무엇인지 맞춰보라! 연구는 거의 즉각적으로 우리의 실수 중 하나를 언급했다. 우리는 너무 큰 집단을 만들려 했다! 이 책의 시작 부분에 있는 수업의 대부분이 쌍들에 초점을 둔다는 점에 우리가 주목한 이유다. 학생과 교사에게 쌍은 성공적으로 관리하기가 더 쉽다.

우리는 여러분도 우리가 경험했던 동일한 학생협업 좌절을 겪었을 거라고 추측한다. 여러분이 교사로서의 발달에 대해 더 광범위하게 생각한다면, 여러분의 경험이 잠재적 위험을 예측해서 그것을 예방할 수 있게 함으로써 여러분은 더 편안하고 민첩해진다. 여러분은 더 긍정적인 학급 분위기를 만드는 방법을 발견했다. 여러분은 점차 뜻하지 않은 일을 그 자리에서 바로 관리하는 일에 숙련된다. 아마도 여러분은 멘토 교사를 찾았을 것이다. 그는 여러분의 노력을 인정하고 여러분을 난처하게 만드는 문제의 해결에 관심을 갖고 보조해주었던 사람이다. 우리 대부분은 적어도 한 번은 협동학습이나 협업 워크숍에 참가했다. 그러나 그 훈련이 일단 끝나면 우린 참가수료증보다 확실한 실행지원이 더 필요했다. 우리는 이 책과 첨부된 슬라이드가 우리 대부분이 전혀 받지 못했던 것들을 학급에 제공하길 희망한다.

1990년대로 돌아가서, 낸시는 Johnson & Johnson 협동학습 모델의 상급 트레이너가 되었다. 그녀는 Johnson 형제와 함께 미네소타에서 열린 고급훈련(advanced training)에 참가했고 교사-지도자가 되어 시카고로 돌아왔다. 여름방학에 동료들에게 일주일간의 교사훈련을 제공하는 것 외에 낸시는 매달 사후관리(follow-up) 워크숍도 제공했다. 이 워크숍은 문제 해결, 전략화, 축하에 초점을 둔다. 또래들과 만나는 그러한 교사진 발달의 모든 것으로부터 낸시는 많이 아는 사람에서 가이드가 되는 과정에서 우리가 부딪힐 문제들을 차차 예상하게 되었다. 오늘날 거의 수십 년간 이루어진 우리의 아이와 교사에 대한 많은 연구로부터 나온 결과가, 학급 생활에 친절하고, 지지적이며, 상호작용적이고, 협업적인 행동을 가져올 필요가 있는 당신에게 충분한 지원을 제공하길 바란다.

파트너와 시작하기

만약 여러분이 다른 사람 때문에 분산되는 학생집단을 알아챘다면, 가구가 배열된 방식, 아이들이 얼마나 가까이 앉아 있는지, 구성원들이 바라보고 있는 곳을 조사해본다.

학생들을 과제를 계속하게 만드는 가장 간단한 방법은 학생들을 짝지어 주는 것이다. 이것이 우리가 처음 3개 집단에 있는 수업 모두에서 파트너를 사용하는 이유다. 쌍들은 왜 그렇게 생산적인가? 첫째, 학생들은 짝을 지어 작업할 때 전반적인 몰입 수준이 높다. 어떤 순간에도 50%의 집단 구성원은 자료에 대한 이야기를 하고 있다. 둘째, 심지어 거의 협업 경험이 없더라도 학생들은 짝으로 하는 작업을 관리하기가 쉽다. 쌍으로 할 때 여러분이 해야 하는 것은 상대방에게 주목을 하는 일이다. 여러분은 다른 사람들을 숙련되게 포함시키지 않아도 된다. 여러분은 다양한 생각을 결합하기 위해서 잘 경청하지 않아도 된다. 여러분은 대화를 완전히 독차지할 가능성이 더 적다. 이에 더하여 쌍들은 작업을 빨리 할 수 있다. 여러분 자신의 위원회 일에 대해 생각해보라. 위원회가 클수록 모든 일을 받아들이는 데 더 오래 걸린다.

쌍에 대해 중요한 또 다른 점은 모니터링하기 쉽다는 것이다. 특히 파트너가 옆에 앉아 있을 때 그렇다. 우리는 이런 배열을 서로 마주보고 앉아 있는 '얼굴 파트너'의 반대인 '어깨 파트너'라 부른다. 제일 첫 번째 레슨(41페이지)은 어깨 파트너 만들기에 초점을 둔다. 이 레슨은 단지 몇 분이 걸릴 뿐이지만 학급관리에 중요하다. 학생들이 정확히 짝지어지면 가구는 상호작용을 방해하지도, 교실을 쉽고 빠르게 돌아보는 여러분의 능력을 차단하지도 않는다. 지시받은 행동의 기초는 가능한 한 서로 가까이 앉게 하는 방식을 집단에게 가르치는 것이다. 파트너들이 서로 가까이 앉을수록 서로에게 더 잘 주목하고 교실에 있는 다른 학생들에게 관심을 두지 않을 수 있다. 그래서 여기에 바로 사용할 수 있는 팁이 있다. 만약 여러분이 다른 사람 때문에 분산되는 학생집단을 알아챘다면, 가구가 배열된 방식, 아이들이 얼마나 가까이 앉아 있는지, 구성원들이 바라보고 있는 곳을 조사해본다. 다른 집단 구성원에게 말하려고 하는 학생들은 과제 외의 대화를 쉽고 편하게 할 수 있는 각도로 앉는다. 자기 자리가 아닌 다른 자리에 앉는 것도 이런 메시지를 파트너에게 전한다—"나는 너나 네가 말하는 것에 관심이 없어."

아마도 지금쯤 여러분은 궁금할 것이다. "쌍보다 더 큰 집단으로 해본 적이 없나요?" 해본 적 있다. 그러나 쌍보다 더 큰 집단을 선택하기 전에 우리는 이런 질문을 한다—왜 우리는 더 큰 집단을 사용할 필요가 있는가? 물론 좋은 이유가 많다. 텍스트가 작은 크기로 나뉘고, 토론은 다양한 목소리가 필요하며, 혹은 프로젝트가 다면적이다. 우린 여러분이 다른 사람들을 고려할 수 있다고 확신한다. 그러나 더 큰 집단을 사용할 정말 좋은 이유를 생각할 수 없다면 우리는 쌍으로 계속한다.

결석률이 높거나 5번째 구성원이 결석할 것을 확실히 생각할 수 없는 한, 여러분이 더 큰 학생집단을 선택할 때 우리는 4명 이상의 크기는 추천하지 않는다. 동일한 구성 룰이 쌍을 사용할지 더 큰 집단을 사용할지에 적용된다. 구성원들은 가구를 옮겨서 그들이 가능한 한 가깝게 앉고, 서로 마주보며, 다른 집단으로부터의 시각적 및 청각적 분산을 걸러낼 수 있게 해야 한다. 앞에서 언급한 것처럼 의자는 어느 정도까지만 돌려져야 하며 옆으로 앉는 것은 과제 밖의 대화를 하려는 자세다. 여러분이 그들을 더 쉽게 모니터할 수 있고 그들이 서로에게 더 잘 집중할 수 있도록 집단 구성원들이 일어서서 가구를 재배치하도록 돕는 걸 주저하지 말라. 사람이 서로 분산되는 걸 막는 가구와 엄격한 조건으로 집단을 정확히 만드는 방법을 배우는 것은 숙달해야 할 또 다른 기술이다. 더 큰 집단은 나중의 레슨을 위해 아껴둘 것인데 나중의 레슨들은 대인 간 기술 목록이 더 많이 필요하기 때문이다. 그 기술들은 명시적으로 가르치고 정기적으로 연습해야 한다.

친분 공동체 구축하기

우리의 핵심적인 신념은 아이들은 개인적으로 서로 깊이 알게 되어야 한다는 것이다. 이 책의 두 번째 레슨은 파트너 인터뷰다. 이것은 아이들 쌍에게 그들의 개인적 경험, 흥미, 의견을 교대로 공유하도록 요청한다. 그리고 나중에 더 큰 집단들을 만날 때 우리는 멤버십 그리드(Membership Grid)라 부르는 이 친분 쌓기 활동의 한 버전을 사용한다. 집단만남의 처음 5분 동안 학생들은 위험도가 낮은 주제에 대한 그들의 경험과 이야기를 공유한다. 이 또래 잡담은 피상적인 것으로 들릴 수 있으나 그러한 짧은 대화가 학생들이 작업우호성을 구축하는 것을 가능하게 해준다. 여러분이 속한 매우 생산적이고 높은 도덕성을 가진 집단에 대해 생각하라. 그들은 잡담을 할 기회가 있고, 우호적 관계를 즐기고, 개인적 정보와 이야기를 서로 주기적으로 공유한다(결혼사진, 영화추천, 지역 소문을 생각하라).

이러한 아이스브레이킹 대화는 반 친구들을 쉽게 더 많이 알게 해준다. 대부분의 아이들은 자발적으로 어울리기 어렵다. 우리는 아이들이 나이 들면서 점점 더 말이 적어지고 자의식이 증가한다고 생각한다. 교우관계집단은 수년 동안 보수적이어서 아이들은 실제로 망을 확장하지 않는다. 낸시는 화학과에서의 2학년 때를 기억한다. 그녀는 학년 내내 같은 실험 파트너와 함께 했지만 그 남학생과 단 한 번의 대화도 하지 않았다. 그들은 실험을 하고 작업을 완수했지만, 실험지시를 따르는 일이 서로를 조금도 알게 해주진 않았다.

친분 쌓기는 여러 가지 이유로 중요하다. 첫째, 아는 사람들에게 비겁해지는 것은 더 어렵다. 여러분은 트롤(인터넷 토론방에서 남들의 화를 부추기는 사람)들이 인터넷에서 분노를 주저없이 표출하는 이유가 뭐라고 생각하는가? 그 이유는 간단하다. 익명성 때문이다. 비겁한 사람으로 생각되길 바라는 학생은 없다. 그러나 여러분이 누구인지 모르면 그들을 무시하거나 그들의 감정을 경시하기가 훨씬 더 쉽다. 그 외에 우리는 아는 사람을 더 잘 설명할 수 있다. 종종 집단 구성원의 과제 외 행동은 친분이 없어서 생긴 것이다. 큰 죄책감을 느끼지 않으면서 낯선이들을 실망시키는 것은 쉽다. 둘째, 학생들은 다양한 세상에서 기능할 필요가 있다. 선택할 수 있다면 아이들은 그들의 친구들을 떠나지 않을 것이다. 어른들도 똑같은 일을 한다. 컨퍼런스에 가서 새로운 사람을 만나려고 서로 갈라서서 문에 서 있는 친구가 얼마나 많은지 알아보라. 그들은 그렇게 하지 않는다. 파트너를 자주 바꾸는 것은 아이들에게 그들과는 다른 사람과 이야

파트너를 자주 바꾸는 것은 아이들에게 그들과는 다른 사람과 이야기하도록 해준다. 그것은 다시 그 사람들이 그렇게 많이 다르지 않다는 걸 깨닫도록 돕는다. 아이들을 그 사람들이 그렇다고 생각했을 뿐이다.

기하도록 해준다. 그것은 다시 그 사람들이 그렇게 많이 다르지 않다는 걸 깨닫도록 돕는다. 아이들을 그 사람들이 그렇다고 생각했을 뿐이다. 마지막으로, 여러분이 사람을 알게 되면 그들이 생각하는 것에 대해 더 많은 흥미를 갖는다. 어떤 토론이든 구성원들이 서로의 생각에 흥미를 갖는 정도만큼 좋다. 그리고 이것의 당연한 결과는 서로의 생각에 흥미를 가진 학생들은 자신의 생각을 공유하는 모험을 하는 경향이 더 많다는 것이다.

존중, 통합, 감사하는 공동체 구축하기

이 책의 시작 부분에 있는 다른 레슨들은 오로지 학생들이 서로를 대하는 데 필요한 방법에만 초점을 둔다. 이 개념을 연결하는 첫 번째 레슨은 홈코트(Home Court)이다. 목표는 학생들이 유머로 약하게 가장한 혹평을 하지 못하도록 돕는 것이다. 다음 레슨은 명시적으로 친절과 지원의 사회적 기술을 가르친다. 이 기술은 누구든지 알고 입학해야 하는 것으로 보임에도 불구하고, 흔히 그렇지 않다. 학생들은 그들의 가장 가까운 친구에게 친절과 지원을 제공할 것이다. 그러나 그럴 때조차도 그중 많은 게 말로 표현되기보다는 암시적으로 이루어진다. 우리는 아이들이 친절과 지원을 훨씬 더 열심히 그리고 폭넓게 사용하길 바란다. 여러분 집단 내의 누군가가 여러분이 전혀 생각하지 못했던 흥미로운 아이디어를 내놓는다면, 여러분이 그들에게 말해라! 다른 사람들의 고유한 기술과 아이디어에 대해 감사를 분명하게 표현하는 일은 그들이 가치 있음을 구성원에게 보여준다. 구성원들이 가치 있을 때, 존중과 통합은 같이 온다.

우리 레슨에서 여러분이 강조하는 게 어떤 것이든 레슨들 대부분은 집단 구성원이 서로에게 감사하며 끝이 난다. 어떤 사람은 이것을 규범적이고 피상적이라고 볼 수 있겠지만, 우리의 교실 경험은 아이들이 다른 사람의 노고에 대해 그 사람에게 종종 감사하지 않고 자신의 노력에 대해서도 감사받지 못한다는 걸 보여준다. 우리는 학생들이 자주 반 친구-그리고 교사-의 작업에 고마워한다고 생각한다. 그러나 고맙다고 말하는 일은 전혀 일어나지 않는다. 그것이 우리가 바꾸려고 하는 것이다. 사람들의 노고에 대해 고맙다고 하는 일은 좋은 공동체를 만든다. 감사함을 느끼는 사람은 집단에 되돌아와서 다시 함께 일하길 바란다. 아주 최근에 감사에 대한 논문이 월스트리트 저널에 실렸다. '감사하는 태도를 가진 아이로 양육하기 : 연구는 감사하다고 말하는 아이들에게 실제 이득이 있음을 발견했다'는 제목의 이 논문은, 다른 사람에게 고맙다고 하고 감사함을 느끼는 아이들은 학교와 생활에 대해 더 긍정적인 태도를 가지고─기다리시라─더 높은 GPA 점수를 받음을 강조한다(Kapp, 2013). 반면 시간을 그들의 악력을 탐색하는 데 보내는 아이들은 더 낮은 성적을 받고 우울, 질투, 전반적인 불만족 비율이 더 높다. 논문은 또한 아이들은 감사하는 걸 배울 필요가 있다고 강조한다. 이것은 시범을 보여주어야 하고 연습해야 한다. 논문에 따르면 "감사는 근육처럼 작용한다." 더 굽힐수록 더 감사를 느끼게 된다. 그것은 우리 교사들이 개인 트레이너라는 걸 의미한다.

개인적 책임지기

학생들이 그들의 집단을 만날 때 그들은 세 가지 다른 연결점(경우, 위기)에서 그들을 의식적으로 평가할 필요가 있다. 첫째, 만나기 전에 구성원은 능동적으로 결정해야 한다.

- 이 만남을 준비하고 충분히 기여하기 위해 내가 해야 할 일은 무엇인가? 그리고 시간 내에 이 준비를 어떻게 확실히 할 것인가?

때로 모임 전에 교실에서 직접 작업하기에 맞도록 완성하는 기회를 갖는다. (우리는 이 책의 레슨들을 이런 식으로 구성했다. 그래서 레슨들은 수업시간 한 시간이나 그보다 적은 시간 내에 대부분 이루어질 수 있다.) 그러나 학생들이 학년이 올라가면서 이런 준비의 책임감은 숙제의 형태를 취한다. 만약 학생들이 문학 서클에 있다면 각 구성원은 선택한 장을 읽어야 하며 토론 노트를 준비해야 한다. 만약 학생들이 작문 서클에 있다면 각 구성원은 공유할 준비를 한 작문 한 편을 가지고 집단에 와야 한다. 만약 학생들이 연구 프로젝트를 하고 있다면 각 구성원은 다음 모임 시간에 특정 요소를 완성할 책임감을 가져야 한다.

그들의 노력에 대해 감사하는 사람은 긍정적 공동체를 만들고, 감사함을 느끼는 사람은 집단에 되돌아와서 다시 함께 일하길 바란다.

두 번째 책임감 연결점은 **모임 동안**에 생긴다. 이 시점에서 능숙한 협업자는 세 가지 질문을 한다.

- 어떻게 나의 기여가 이 모임에 학구적 차이를 가져올 것인가?
- 집단이 높은 수준으로 기능하도록 돕기 위해 내가 사용해야 하는 기술은 무엇인가?
- 나는 어떻게 이 집단의 다른 구성원들에게서 배울 것인가?

그리고 **모임이 끝났을 때** 각 개인은 다음 모임의 계획을 세우기 시작해야 한다.

- 어떻게 나는 기여와 상호작용을 더 잘할 수 있는가?
- 집단의 나머지 사람들로부터 더 많이 배울 수 있기 위해서 나는 무엇을 다르게 해야 하는가?
- 다음 모임을 준비하기 위해 나는 무엇을 해야 하는가?

학생들이 함께 일할 때 우린 개인적 책임감 문화를 발달시키는 기회를 사용한다. 학생들은 그들이 어떻게 집단에 기여하고 있는지 그리고 마찬가지로 다른 사람들이 기여하도록 어떻게 도왔는지 분명히 말할 수 있어야 한다. 그들은 또한 준비하지 않은 것, 미리 생각하지 않는 것, 향상목표를 세우지 않은 것이 가져오는 부정적 영향을 이해할 필요도 있다. 그것은 개인적 책임감 받아들이다.

사람들이 집단의 말에 괴로워할 때마다 아마도 그들은 구성원들이 책임을 지지 않는 집단 내에서 함정에 빠졌을 것이다. 순환적인 브레인스토밍, 상상력이 없는 사고, 협력적 억제를 하기 쉬운 쓸데없는 시간낭비로 가끔 여러분은 팀워크를 비웃는 기사를 우연히 만날 것이다. 그러나 이런 기사들을 잘 읽어보면 이런 팀들이 개인적 책임감 기대가 분명하지 않아서 실패하고 있다고 폭로하고 있다. 어떤 높은 수준의 집단이라도 충분히 기능하게 하려면 구성원들은 손 안에 최선의 기여와 준비된 최상의 대인간 기술을 갖출 필요가 있다. 이것은 학생집단이 했던 것과 마찬가지로, 작업집단은 개별 구성원을 위한 분명한 목표와 기대를 갖고 있어야 함을 뜻한다.

대인간 기술을 명확히 가르치기

대부분의 학생들은 집단에서 기능하는 데 필요한 모든 기술을 갖추고 우리에게 오지는 않는다. 하지만 우리가 교사인 이래로 우리는 학생들에게 그러한 기술들을 가르치고 아이들이 함께 작업할 때마다 그 기술들을 연습하게 할 수 있다. 그러나 때때로 교사들은 대인간 기술을 드러내 놓고 가르치는 걸 마음 내켜 하지 않는다. 어떤 교사는 이것이 약간 지나치게 '적나라하 학생들은 그들이 어떻게 집단에 기여하고 있는지, 그리고 마찬가지로 다른 사람들이 기여하도록 어떻게 도왔는지 분명히 말할 수 있어야 한다.

다'는 걸 발견한다. 다른 사람들은 그것들이 갖는 내용의 낭만적 관점에 집착한다. 교과과정 자료 자체에 참가하는 것은 좋은 소집단 상호작용을 만들기에 충분해야 한다. 그리고 올바른 아이들이 오기를 기다리는 사람이 있다. 그 아이들은 입학시기인 9월에 나타날 때 그 기술을 이미 갖추고 있다.

만약 여러분이 이런 유형의 저항을 어느 것이라도 느낀다면 우리는 여러분이 그것들을 모두 옆으로 밀어두고 몇 개의 분명한 사회적 학업 기술 레슨을 시도하라고 권한다. 일단 여러분이 시작하면 이것은 힘없는 대피선이 아니라 스마트한 교실관리처럼 느껴질 것이다. 여러분은 더 이상 올바른 아이가 나타나길 기다리지 않게 될 것이다. 왜냐하면 해마다 '좋은 집단'을 갖게 될 것을 확신할 수 있기 때문이다. 그리고 그 훈련에 감사하고, 여러분의 몰입도 높은 교과과정 자료는 훌륭한 토론을 만들게 될 것이다. 왜냐하면 아이들은 그것을 가지고 작업하는 기술을 갖게 될 것이기 때문이다!

사회적 기술 학습 단계

여러분이 우리의 대인간 기술 레슨을 훑어보면, 그 레슨들이 모두 비슷한 형식을 가지고 있음을 알게 될 것이다. 아이들이 기술의 주인이 되게 만드는 일은 아이들이 기술의 필요성을 인식하게 만드는 것으로 시작한다. 그다음 아이들에게 다음과 같은 것들을 상상하라고 요구한다 ─너희들이 이 기술을 사용하면 집단은 어떻게 기능할까? 관찰자는 어떤 종류의 신체언어를 볼 수 있을까? 구성원들을 서로 뭐라고 말할까? 마지막으로 학생들은 새로운 행동을 파트너나 집단에게 실습한다. 이 실습은 시간이 좀 걸린다. 새로운 기술을 배우는 것은 4개의 예상 가능한 단계를 통해 진행된다(Johnson, Johnson, & Holubec, 2008).

1. 불편함과 회피. 실제로 "그건 훌륭한 답이야. 나는 그걸 생각해내지 못했어."라고 말하는 것은 이전에는 또래에게 친절하게 말하고 또래를 지지했던 적이 전혀 없던 학생들에게는 이상하고 불편하게 느껴질 것이다. 처음에 학생들은 기술 사용을 피하려 할 것이고 심지어 그 기술이 그들을 불편하게 만들기 때문에 사용하지 말자고 주장할 수도 있다. 명심하라. 아이들이 강하게 저항할수록, 그 아이들은 그 기술이 더 필요하다. 그런 저항에 대한 반응으로는 단지 인내심을 가지고 미소를 지으며 그 집단으로부터 어떤 특정 기술에 대해 말하는 것을 듣기 전까지는 떠나지 않는다고 주장하라. 그 시점에 구성원들은 여러분을 떼어내고 싶어서 말을 할 것이다. 일단 그 기술을 듣게 되면 그들을 열렬히 칭찬하고 계속한다.

2. 엉터리 사용. 여러분이 견디면 학생들은 싸움을 포기한다. 이제 우연히 집단을 만났을 때 그들은 함께 말한다. "와우, 선생님이 우리에게 사용하길 바란 그 기술을 더 잘 사용해." 여러분이 보고 있으면 구성원들은 누가 어떤 말을 할 때마다 기계적으로 같은 말을 할 것이다. 학생들이 자신들의 목록을 확장할 수 있으면 좋다. 그러나 아이들은 여전히 약간 불편할 수 있다. 그러나 적어도 여러분은 이 시점에 그들을 자극해서는 안 된다. 학생들의 향상된 숙련성을 축하하고 계속한다.

3. 남용. 이 단계에서 집단 구성원들은 마침내 그 기술을 샀다. 사실은 이것은 재미있는 농담이다. 그들은 수업목록에 있는 모든 문구를 사용할 수 있는 사람이 누군지 보도록 서로 요구한다. 그들은 2분마다 하이파이브를 한다. 외부인들에게 이것은 모두 얼빠진 것으로 보일 수 있다. 그러나 그 집단 구성원들은 그들이 이러한 기술을 사용할 때 실제로 더 재미있고 다른 사

과 더 즐길 수 있다는 것을 발견했다. 학생들이 그 과정을 흉내낼 때 기뻐하라. 집단과 하이파이브를 하고 학생들의 대단한 기술 사용에 대해 칭찬하라!

4. 통합된 사용. 학생들이 이 단계에 도달했을 때, 그들은 그 기술을 적절하게 자동적으로 사용할 것이다. 그들은 멈추어 서서 "나는 이 기술을 더 잘 사용할 거야."라고 생각할 필요가 없다. 대신에 또 다른 구성원이 정말 재미있는 것을 말하는 걸 들을 때, "와우, 나는 그런 생각은 하지도 못했는걸!"이라는 말이 바로 튀어나온다. 이 마지막 단계에 학생들이 도달하려면 오랜 시간이 걸린다. 그러나 학생들이 함께 작업할 기회를 더 많이 가질수록 그리고 그들의 기술 사용을 격려해줄수록 그들은 더 빨리 숙달될 것이다!

기술을 소개한 뒤 숙달하게 이끄는 최선의 방식은 아이들에게 이 기술을 사용하라고 계속해서 날마다, 만날 때마다 주장하는 것이다.

긍정적인 상호 의존

기술이 과제와 학습을 강화하려면 학생들이 집단으로 작업해야 한다. 과제가 개별적으로 잘 완수될 수 있다면 학생들을 절대로 함께 두지 마라. 이것이 우리가 학생들에게 개별적으로 토론노트를 준비하라고 요구하는 이유 중 하나다. 우리는 그들이 내용에 대해 깊이 생각하고 자신의 고유한 생각을 축적할 시간을 갖길 바란다. 학생들이 함께 얼굴을 맞대고 토론 준비를 할 때, 그들은 집단에 새 아이디어를 더 적게 가져온다. 더하여 이 단계에서 함께 일하는 것은 종종 팀워크 반대론자들이 자주 인용하는 그런 '협력적 억제'를 만든다. 자신 없는 (혹은 무임승차하는) 학생은 아이디어에 동의하지 않거나 도전하기보다 "좋은 질문이네. 나는 그것을 적어 놓을 거야. 그밖에 무엇을 생각했어?"라는 전형적인 반응을 한다. 집단을 높은 수준으로 기능하게 하려면 개인적 책임도 높여야 하며, 그것은 여러분이 아이디어를 집단과 공유하는 것으로 시작된다는 걸 기억하라. 집단은 모든 구성원이 자신의 맡은 일을 하고 있다고 느낄 때 성공한다.

기술이 과제와 학습을 강화하려면 학생들이 집단으로 작업해야 한다.

집단이 얼굴을 맞대고 만날 때 상호 의존이 어떻게 일어나는가?

첫째, 집단 과제는 혼자서는 완수할 수 없다. 구성원들은 일을 해내기 위해 서로가 필요하다. 여러분 자신과 토론하는 건 어렵다.

둘째, 집단은 구체적인 학습목표를 달성할 책임이 있다. 모임이 끝날 때쯤 우리의 레슨은 종종 각 집단이 가장 흥미로운 토론 아이템을 공유하는 것을 포함한다. 우리는 여러분이 집단이 보고를 할 한 구성원을 지정하게 만들기보다는 여러분이 구성원을 무선적으로 지명하길 항상 권한다. 집단은 모든 사람이 다른 사람들에게 정보를 말할 수 있어야 한다는 것을 이해할 필요가 있다. 집단 토론은 관찰을 공유하고 아이디어에 도전할 기회다. 하지만 이것은 또한 집단의 학습성취 프레젠테이션을 연습할 기회이기도 하다.

셋째, 집단은 그들의 상호작용 기술을 다듬기 위해 함께 작업해야 한다. 이것들은 여러분이 분명히 가르쳐야 할 기술들이며 이제 사용할 기술들을 상기시키고 있다.

반성과 축하

토론의 끝 무렵에 학생들은 멈추고 자신들의 상호작용을 평가할 필요가 있다. 집단이 처음 만났을 때 우린 잘 되어 가는 것을 강조하는 경향이 있다. 우리는 "작업을 완수하고 여러분이 함께 할 수 있도록 여러분 집단이 한 일 세 가지는 무엇인가요?"라고 묻는다. 주기적으로 분명하게 자신들의 성공을 강조하는 집단은 다음 모임을 생각하며 더 빠르게 결속한다. 왜냐하면 이 축하는 우정과 한 팀으로 일을 잘하려는 공통된 욕구를 강화하기 때문이다. 몇 번의 모임 뒤에 우리는 긍정적인 것 찾기를 계속한다. 그러나 또한 우리는 "다음번에 더 잘할 수 있는 것은 어떤 것일까?"라고 묻기 시작한다.

먼저 학생들의 목록에 새로운 기술을 단지 추가하려고 할 때 여러분은 목표 세우기를 지시할 수 있다. "내가 오늘 여러분의 토론을 보았을 때, 추후질문을 하는 걸 대부분의 구성원이 여전히 잊고 있는 걸 알았어요. 여러분 집단으로 되돌아가서 여러분 집단이 다음 번에 추후질문들을 더 많이 하는 걸 기억할 수 있는 세 가지 방식을 생각하세요." 각 집단에게 수업의 남은 부분에 대한 계획을 보고하라고 요구할 때, 여러분은 구성원들이 그들의 계획을 훑어보고 토론에서 그것을 완성하는 동안 다음 모임으로 계속되는 다른 긍정적 상호 의존의 층(layer)을 벌써 구축했다. 이후에 학생들이 좋은 모임을 하려면 꼭 필요한 기술들에 더 익숙해지면서 그들은 자신들의 집단이 조정을 하려면 어떤 기술을 필요로 하는지 토론을 시작할 수 있다. 예를 들면 테이블 카드(143페이지)에 대한 레슨은 학생들에게 이 일을 하는 방법을 가르친다.

요점

우리 교실을 더 우호적, 지지적, 생산적인 장소로 개조하라는 명확한 법규가 있다.

우리가 오늘날 누리는 기회의 종류에 너무 많은 요인이 연합되어 있다는 것은 거의 가르치지 않는다. 우리 교실을 더 우호적이고, 지지적이며, 생산적인 장소로 개조하라는 명확한 법규가 있다. 우리는 그것을 일어나게 만들 연구, 지식, 도구가 있다. 만약 우리가 이 도전을 받아들이면 우리는 학생들의 대학, 경력, 공동체 생활에 더 크게 기여할 수 있다. 그리고 여기 정말 멋진 것이 있다―사교적이고, 지지적이며, 열심히 일하는 공동체는 우리 교실을 한 시간 혹은 하루를 보내는 더 좋은 장소(또는 경력)로 만든다. 왜 사랑하지 않겠는가?

제3장

이 책의 사용법

이 책은 두 부분으로 구성되어 있다. 하나는 책의 웹사이트(www.corwin.com/teachingsocialskills)에서 다운받게 될 것으로 프로젝트를 사용할 수 있는 35개의 기술 레슨이다. 이 것은 각각 6~25개 슬라이드로 구성된다(모두 468개의 슬라이드가 있으며 설명을 하기 위한 것이다). 각각의 레슨은 교실맞춤형 슬라이드쇼이다. 여러분은 이것을 사용해 좋은 파트너 되기, 추후질문하기, 논쟁적 주제의 양면을 주장하기 같은 특정 사회적 학업 기술을 아이들에게 가르칠 수 있다. 이 슬라이드를 PPT로 만들었으나 이 PPT들은 PDF로 제공된다. 그래서 여러분은 어떤 도구를 사용하더라도 이 슬라이드를 보여줄 수 있다.

이 장에서 우리는 각 레슨의 진행을 지원하기 위한 체계적인 지침을 제공한다. 이 지침은 팁, 변형, 각 슬라이드에서 생길 수 있는 문제에 대한 경고를 포함한다. 단계적 팁에 접근한 슬라이드의 간결함은 여러분이 자신의 위치를 지키도록 돕는다. 그리고 레슨의 더 복잡한 단계들로 아이들을 이끌 때 여러분이 실행할 수 있는 특정 교수언어(teaching language)를 고딕체로 표시했다.

마음속으로 우리는 무릎 위(또는 책상 위)에 펼친 이 책으로 레슨을 진행하는 여러분과 여러분이 슬라이드를 넘길 때 다른 손에 있는 클릭버튼(clicker)을 상상한다. 해당하는 페이지를 계속 펼쳐 놓음으로써 여러분은 다음번에는 무엇을 하는지 볼 수 있고 우리가 제공한 지침을 재빨리 탐지해낼 수 있다.

그래서 레슨을 진행하기 전에 여러분이 책의 주의사항 전체를 읽어보고, 여러분의 교수를 조금 연습하여 익혀두며, 있을 수 있는 어떤 함정을 알고, 어떤 꾸밈음을 파악하길 제안한다. 이것이 가치 있으려면 우리는 모든 학교 레슨이 말로 하는, 글로 된, 삽화로 된 지시를 사용하여 아이들에게 제공되어야 한다고 생각한다. 우리는 교수법을 기획하는 것이 언어학습자와 IEP(우리의 시각적/청각적 학습자를 말하는 게 아니라)가 필요한 많은 아이들을 위해 지극히 중요한 조정이라는 걸 이미 알고 있다. 그러나 이제 우리는 다중 양식으로 레슨 지시를 주는 것이 그 방에 있는 모든 사람(스크린에서 유용한 조언을 얻는 교사를 포함하여)의 성공을 촉진한다는 걸 깨달았다.

우리는 무릎 위(또는 책상 위)에 펼친 이 책으로 레슨을 진행하는 여러분과 여러분이 슬라이드를 넘길 때 다른 손에 있는 클릭버튼을 상상한다.

슬라이드에 대한 지침

아이들을 만나라

우리 파트너인 Satya Moses의 놀라운 만화 기술로 우리는 우리가 수년 동안 함께 일한 사랑스러운 젊은이들을 나타내는 학생들의 얼굴을 만들었다. 이 아이들은 효과적인 사회적 기술의 시범을 보이는 상이한 단계의 레슨에서 등장한다. 우리는 여러분이 그들의 독특한 성격을 알아가는 것을 즐기기 바라며 여러분이 결국 좋아하는 학생을 갖게 되리라는 것을 알아채기 바란다.

브리   존   웬디   에이버리 마크   에블린   매트   루페

레슨의 구조

35개 슬라이드 프레젠테이션 각각은 아이들이 특정 사회적-학업 하위기술을 배우고 익히도록 돕는 완전한 레슨을 제공한다. 그 레슨들은 5~45분 정도 걸리며 평균 약 20분이다. 더 정교한 몇몇 레슨들은 두 번 이상의 레슨시간이 필요하다. 그러나 이 레슨들은 여러분의 교과과정에서 훔친 시간이 아니다. 레슨은 아이들을 **아무것도 아닌 것**과 상호작용하도록 배정하지 않는다. 오히려 레슨의 내용(토론 주제, 읽은 기사, 언급되는 논쟁)은 여러분의 학과목 내용으로부터 나온다.

레슨의 내용(토론 주제, 읽은 기사, 언급되는 논쟁)은 여러분의 학과목 내용으로부터 나온다.

전형적으로 문제나 요구를 제시하는 것으로 레슨이 시작된다—좋은 생각을 하는 파트너의 특성은 무엇인가? 어떻게 정중하게 반대할 수 있는가? 우리 집단 내의 지배적인 'air-hog(리더가 아니면서 계속 그 집단에서 말을 많이 하고 자기가 무엇인가를 이끌어가는 것처럼 구는 사람)'에 대해 우리가 할 수 있는 것은 무엇인가? 장기조사연구 프로젝트 동안에 어떻게 초점을 유지할 수 있는가? 그런 다음 매우 구체적인 해결책을 교사가 소개하거나 또는 학생들과 함께 만든다.

아이들은 교사의 철저한 감독아래 새로운 기술을 시작하고 연습한다. 레슨이 끝나고 정규 교실학습으로 돌아갔을 때 학생들은 이 특정 기술을 적용할 수 있다. 만약 여러분이 점진적 책임면제 모델(Gradual Release of Responsibility model)에 익숙하다면 여러분은 우리가 무엇에 가슴

벅차하는지 깨닫게 될 것이다. 각 레슨은 교사에게서 지도받는 훈련으로 시작해서, 활동 공유로 진행하며, 독립적 사용으로 이어진다.

레슨들은 학년 초 활동으로부터 이후의 더 깊은 수준의 협력작업으로 진행하는 순서로 배열된다. (교수순서에 대해 더 짧게) 어떤 레슨들은 다시 되돌아오도록 설계되었다. 어떤 레슨들은 단 한 번만 가르칠 수도 있다. 예를 들면 낸시는 학생들에게 전형적으로 5분 멤버십 그리드(Membership Grid)(106페이지)를 하게 한다. 몇 주마다 계속 친교, 우호성, 지지를 구축하도록 아이들을 교체하면서 1년 내내 그 아이들은 매일 소집단으로 작업한다.

많은 레슨들이 사회적 기술을 가르친다. 그것은 일단 배우면 이후의 레슨에서 모든 도입 단계 없이 사용될 수 있다. 예를 들어 '너는 어디에 서 있니?'는 어떤 극단적인 이슈라도 토론할 수 있고 아이들이 초기 레슨을 배운 뒤에 곧장 이것에 뛰어들 수 있는 좋은 구조이다. '양측면을 주장하기' 같은 다른 레슨들은 반복될 필요가 있을 수 있다. 왜냐하면 포함된 기술들이 매우 도전적이고 반복적인 연습을 요구하기 때문이다. 그리고 어떤 것은 여러분이 건너뛸 것이다. 왜냐하면 여러분의 아이들이 이미 그 기술을 숙달하였거나 또는 그 기술이 지금 당장의 우선순위가 아니기 때문이다.

기억하라! 지금 보내는 순간들이 전학년 동안 학급 분위기와 학생 학습에 큰 배당금을 지불하는 투자이다.

레슨의 순서

레슨들은 대략적인 시간 순서로 제시되며 크게 7개로 나뉜다.

- 친해지기
- 협력 기술 기르기
- 향상된 파트너 작업
- 소집단 안으로 들어가기
- 진행되는 토론집단
- 호감을 주는 태도로 주장하기
- 소집단 프로젝트

여러분은 아마도 학교 개학일에 앞부분의 레슨을 진행할 것이다. 그리고 나중에 있는 레슨들은 더 나중에 진행할 것이다. 각 집단의 4에서 6까지의 레슨들은 순서적이다. 그러나 여러분과 여러분의 아이들에게 어떤 작업이 최선이든 간에 대부분은 다른 순서로 배울 수 있다.

우리는 한 학년 동안 여러분을 지원하도록 이 책을 설계했다. 35개 레슨을 거의 일주일에 한 번씩 하도록 구성했다. 레슨은 단지 5~45분 정도 걸리기 때문에 이것은 여러분 일정에 맞아야 한다. 물론 그 레슨들은 주당 1회 패턴에 적절하게 맞지 않을 것이다. 그렇게 시작하기 위해서 가능하다면 첫 번째 집단의 5개 레슨을 같은 주에 진행할 것을 여러분에게 권한다. 그리고 그다음에 일들이 계속되면서 여러분은 교과과정과 학생들을 위한 옳은 순서와 속도를 찾게 될 것이다. 마지막으로 이런 레슨을 할 시간을 만들면서 지금 보내는 순간들이 전 학년 동안 교실 분위기와 학생 학습에 큰 배당금을 지불하는 투자라는 것을 기억하라.

자유롭게 즉흥적으로 진행하라

이 레슨들을 여러분 자신의 상황에 맞추어 만들 만한 좋은 이유가 있다.

지금이 바로 그해의 시작이 아닐 수 있다. 분명히 첫인상은 강력하고 학교의 첫날들은 아이들의 사회적 기술과 태도를 조형할 특별한 기회를 제공한다. 그러나 상관없다. 이 레슨을 시작할 가장 좋은 시간은 여러분이 교실이 더 사교적이고, 평화적이고, 집중적이고, 효율적이고, 재미있게 되길 원한다고 결정한 날이다. 많은 교사들이 서투른 출발을 한 후에 교실 분위기를 바꾸고 아이들의 사회적 학업 기술을 직접 언급할 필요가 있다고 느끼며 한 학년의 중간쯤에 이 레슨들을 시작했다. 우리가 좋아하는 성공 스토리는 이런 레슨으로 돌아선 교사들로부터 나온다. 왜냐하면 그들은 도전하는 아이들 무리 때문에 '궁지에 몰려 있기' 때문이다.

우리의 매우 일반적인 시간표는 여러분의 학생들에게 맞지 않을 수 있다. 그들은 매우 발전된 사회적 학업 기술을 가지고 여러분에게 올 수 있고 더 나중의 레슨으로 뛰어넘을 준비가 되어 있을 수 있다. 혹은 그들은 상호작용적 작업에 대한 경험이 전혀 없는 채로 도착해서 앞부분의 집단 레슨에 추가로 시간을 쓸 필요가 있을 수도 있다. 또 다른 집단의 학생들은 큰 격차와 결함을 가지고 여러분 문 앞에 나타나서, 여러분이 아이들에게 맞는 레슨을 지금 바로 선택하면서 이 책 주위로 뛰어 돌아다니게 만들 수도 있다. 그러므로 우린 여러분이 이 레슨들을 차례대로 사용하면서 매우 적극적이고 실천적이 되길 부탁한다.

여러분은 모든 레슨을 가르칠 필요가 없다. 우리는 대부분의 아이들은 7개 집단 기술 모두의 훈련에서 이익을 볼 거라고 생각한다. 그러나 그들은 7개 집단 기술의 모든 레슨을 할 필요는 없다. 여러분은 각 영역에서 아이들이 얼마큼의 작업을 해야 할지 판단할 것이다.

여러분은 레슨을 다시 할 수 있다. 사실 아이들이 기술들을 숙달하는 데 한 번 이상의 지도가 필요할 수도 있다. 종종 여러분은 새로운 토론 주제(혹은 기사, 학과목 주제 개념)를 사용해서 다시 레슨을 할 것이다. 그러나 그 기술을 강화하거나 아이들에게 필요한 연습을 시키기 위해 동일한 단계를 따르면서 할 것이다.

여러분 자신의 레슨을 만들라. 레슨을 가르치면서, 여러분은 그 레슨들의 기저 구조가 매우 단순하며 더 나은 레슨을 개발하기 위한 패턴으로 사용할 수 있다는 것을 빠르게 깨달을 것이다. 아이들이 우리가 이 책에서 다루지 않은 사회적 기술 문제나 약점을 보일 때, 여러분 자신의 레슨을 만들라!

팁

'자기교수' 슬라이드에 덧붙여 우리는 또한 35개 레슨 각각에 대해 여러 페이지로 된 지원정보를 제공한다. 이 페이지들은 이 특색 있는 레슨을 왜 가르치고 언제 가르쳐야 하는지를 설명한다. 그다음 각 슬라이드에 대한 지침, 제안, 지원을 제공한다. 다른 팁들은 더 복잡한 종류의 지원을 하는 반면, 이런 팁들 중 많은 것이 빠르고 간단하다(예 : "아이들이 연습할 때 아이들 사이를 반드시 돌아다니도록 하라"). 일부 레슨은 황급한 변화를 요구하고, 예측 가능한 도전을 만들며, 유용한 변형을 제공한다. 그래서 우리가 여러분을 위해 단계의 순서를 만드는 데 최선을 다했음에도 불구하고, 여러분은 여전히 많은 '게임시간 결정'을 하게 될 것이다. 이것들은 모두 팁 안에서 개관했다. 다음 페이지에 있는 예는 팁을 배열하는 방법과 팁이 작용하는 방식을 보여준다.

레슨과 팁의 작용 방식

제목은 가르치는 사회적 기술이나 활동의 이름과 같다.

왜 사용하는가?는 주된 활동의 가치를 설명한다.

언제 사용하는가?는 그 해의 어느 때 또는 아이의 발달에서 어느 시기에 이 레슨이 가장 잘 맞는지를 협업자로서 제안한다.

준비는 여러분이 필요하게 될 자료의 목록과 레슨을 가르치기 전에 고려할 점을 적어둔다.

레슨 19 | 미술관 가기

왜 사용하는가?

미술관 가기는 우리가 즐기는 '긍정적으로 생각하기' 활동으로서 아이들로 하여금 교실 내를 능동적으로 움직이면서 이야기도 하고 생각도 하도록 한다.

각 레슨에서 설명하듯이, 미술관은 사람들이 예술가나 창작자들의 작품에 감탄도 하고 감상도 하려고 가는 장소이다. 이를 학급 교실에 적용한다면, 미술관 가기는 우리가 즐기는 '긍정적으로 생각하기' 활동으로서 아이들로 하여금 교실 내를 능동적으로 움직이면서 교과과정의 주제를 기본으로 한 다른 학생들의 작품에 대해 이야기도 하고 생각도 하도록 한다. 우리가 감상의 윤리를 알려주고 그 절차를 세심하게 알려준다면 — 실제 미술관에서 하는 것처럼 — 아이들이 미친 듯이 자리에서 일어나 제멋대로 하지는 않는다.

언제 사용하는가?

이것은 학생들이 다른 학생들 또는 학급 전체와 공유할 필요가 있는 크거나 도표로 된 작품을 만들었을 때 시행하는 '가서 보는' 구조이다.

준비

* 흥미 있는 짧은 기사나 이야기 또는 시 등을 복사한다. 모든 학생들은 각자의 자료를 보관할 필요가 있다.
* 모든 재료는 시행될 준비가 되어 있도록 한다 — 큰 포스터 종이(이런 것을 구하려면 초등학교 교실로 가야 할 것이다), 컬러 마커, 테이프, 포스트잇 메모지 등.
* 교실(또는 홀)의 어디에 잘 배치된 공간을 만들어야 소집단들이 그 안에서 자유롭게 움직일지를 생각한다.

레슨

슬라이드 1

제목 : **미술관 가기**

슬라이드 2

→ 이것은 미술관의 목적과 문화를 소개하는 것이다. 교사 여러분은 누가 박물관이나 미술관에 갔다 왔는지를 묻고, 자원자들로 하여금 그런 기관들의 목적을 설명하도록 한다.

슬라이드 3

→ 학생들에게 몇 초 동안 사방 벽을 보도록 한다. 벽은 비어 있을 수도 있고, 또는 재료들로 장식되어 있을 수도 있다.
→ 이 벽을 전시관으로 만들려면 무엇이 필요할지에 대해 얘기한다.
→ 교사 여러분은 미리 어디에 학생들의 그림을 배치할지에 대해 생각을 갖고 있어야 한다. 아마도 일부 장식들은 일시적으로 내려지거나 이동시키거나 덮을 필요가 있을 것이다. 전시 장소 주변의 교통흐름이나 잠재적 장애에 대해서도 생각한다.

슬라이드 4

→ 3명으로 된 집단이 이 활동에 적합하다 — 3명보다 많은 아이들에게 같은 종이에(종이가 아무리 크다 해도) 쓰도록 하는 것은 잘 되지 않는다.

슬라이드 5

→ 여기에 있는 단순한 본문–부호 도구(또는 교사 여러분이 선호하는 다른 빠른 주석 전략)를 기사를 다루기 전에 가르친다. 그렇게 해서 지도하기 전에는 아이들이 읽지 않도록 한다.
→ 만일 학생들이 능동적인 독자의 마음가짐인 '정지하고, 생각하고, 반응하라'에 익숙하지 않다면, 시간을 두고 그들에게 읽어가면서 자신의 생각행로를 벗어나는 방법을 보여준다.

각 슬라이드의 레슨 팁은 슬라이드와 동시에 작용하는 고딕체 교수언어와 마찬가지로 지시를 단계적으로 제공한다.

각 슬라이드의 **섬네일**은 학생들이 각 레슨 단계에서 알게 될 것을 보여주고 여러분 위치를 지키도록 돕는다.

평가와 등급 매기기

일반적으로 이러한 짧은 사회적 기술 레슨에서는 공식적 평가를 하지 않는다. 그 대신에 아이들이 교과과정에 있는 다음 작업에 대해 하는 것을 관찰하고, 특히 아이들이 파트너와 일하거나 팀으로 일할 때 관찰해서 우리는 학생들의 '활용'을 추적한다. 관찰할 때 우리는 운영노트를 적거나 간단한 규정을 만들 수 있고, 학생집단이나 쌍들의 말을 들을 때 그것을 클립보드에 끼워 가지고 다닐 수 있다. 그런 규정은 일반적인 것(그림 3.1 참조)이 되거나 책에 있는 특정 레슨의 핵심 목표를 나타내는 것(그림 3.2 참조)일 수 있다.

교과과정 단위 :

날짜 : _____   **기간 :** _____   **시간 :** _____

학생 및 활동	사회적 기술 있음/없음	교사 행동 단계	
		개별	학급
브래드 조사집단	• 자료 잊음	• 그에게 주의점을 써줌	
	• 파트너를 향하지 않음		• 미니레슨?
	• 바꿔 말할 수 없음		
론다 북클럽	• 제프가 웹사이트를 찾는 걸 도움		• 내일 예로 사용함?
	• 토냐에게 말하게 함		
	• 제인의 입장을 요약함		

그림 3.1 일반적인 사회적 기술 관찰 규정

레슨 : 양 측면을 주장하기

날짜 : _____   **기간 :** _____   **시간 :** _____

학생 및 활동	사회적 기술 있음/없음	행동 단계	
		개별	그룹
제시카 '위험한 개' 논쟁	• 계획하는 파트너와 잘 해나감	• 찬성함	
	• 교재의 증거를 사용함		
	• 타협하기 위해서 열정적으로 유지하던 그녀의 입장을 버림		
제리 '위험한 개' 논쟁	• 계획하는 대화를 지배함	• 시간에 대해 이야기하는 것에 대해 집단을 코치함	• 분위기 공유하기 레슨을 다시 함
	• 3번 방해함		
	• 열정은 높음. 교재 증거는 빈약함		

그림 3.2 사회적 기술 레슨 규정

참가 점수

측정 가능함의 목표를 위해 우리는 여러 단계 레슨에 전부 참여하는 아이들에게 간단히 점수를 제공하기로 결정하거나 제공할 필요가 있다. 만약 여러분이 우리의 이전 저서를 읽었다면 여러분은 우리가 그런 활동에 등급을 매기는 데 '성실한 노력' 형식을 사용하는 것을 좋아한다는 걸 알 것이다. 만약 레슨에서 학생들이 준비된 작업을 보여주고 다른 사람들과 충실히 관계를 맺는다면 그들은 10점을 획득한다. 만약 그렇지 못하면 점수는 0이다. 3점이나 7점은 없다. 이것은 전부 아니면 전무 등급 매기기이다.

문제유발 질문

그래서 나는 모든 크기의 학생집단을 만들어야 할까요? 쌍에서나 또는 다른 크기 집단에서조차 만약 숫자들이 나오지 않는다면 어떻게 될까요?

우리는 특정 집단 크기를 매우 강조한다(각 아이의 활동시간과 책임을 최대화하고 싶기 때문이다). 그리고 모든 사람이 합류하도록 긍정적 또래압력을 올려준다. 앞의 4개 레슨집단은 아이들이 한 사람의 파트너(두 사람으로 된 집단의 상대편 사람)와 작업한다. 여러분이 단지 쌍을 만들려고 한다면, 짝수가 좋을 것이다. 만약 숫자가 홀수라면 오직 한 집단만 3명으로 하라 ― 또는 여러분이 혼자 남은 아이의 파트너가 될 수 있다. 4명으로 집단 크기를 올린다면, 어떤 날은 그 숫자가 작용하지 않을 수밖에 없다. 3명 집단이나 5명 집단 두 집단으로 하는 게 좋다. 그러나 숫자는 여러분이 할 수 있는 숫자에 가깝게 유지하라 ― 6명과 2명은 하지 마라. 개입하고 책임을 지기 위하여, 우리는 이 문제를 해결하는 데 더 큰 집단보다는 더 작은 집단을 사용한다.

우리 아이는 이미 서로 잘 알고 있어요. 서로 친해지기 활동을 건너뛰어야 할까요?

우리는 시골의 어떤 사립학교에서 일했다. 그곳에선 아이들이 태어날 때부터 서로 알고 있었고 잘 지내고 있는 것으로 보였다. 이것은 유리한 출발점이다. 그러나 만약 여러분이 더 깊게 본다면, 모든 사람이 모든 사람과 똑같이 정말로 터놓고 이야기하지 않는다. 오래 계속되는 원한은 이 집단들에서 언급되지 않으면서 진행될 수 있고, 종종 교사들은 실제로 모든 사람이 함께 작업하도록 압력을 가하지 않는다는 것을 우리는 인정한다. 그래서 답은 '아니다'이다. 친해지기―우호성―지원 사이클을 건너뛰지 마라. 만약 아이들이 "하지만 난 벌써 랜디를 알고 있어요."라고 불평하면, 아직 모르는 것들을 찾아내며 서로에 대해 새로운 정보, 즉 우리들 각각을 독특하게 만드는 것을 배우고 있다는 점을 반드시 강조하라. 또한 아이들은 그들을 크게 변화시키는 새로운 경험을 하면서 해마다 달라진다. 그래서 우린 우리 앞에서 옳은 쪽으로 발전하고 있는 이런 사람들과 계속 다시 친해질 필요가 있다.

나는 거친 학교에서 가르칩니다. 여기는 많은 아이들이 라이벌 갱단에 가입합니다. 그들은 서로 증오해요. 이 내용이 작용할 수 있게 만드는 방법은 무엇인가요?

우리는 여러분의 현실을 인정한다. 이 일은 더 오래 걸리고 더 불안할지도 모른다. 그러나 이와 같은 프로그램은 해결책의 일부지 문제의 일부가 아니다. 8년 동안 Harvey와 동료들은 시카고에서 고등학교를 운영했다. 그곳에서 많은 아이들이 흑인과 히스패닉 갱단에 가입했다.

학교 밖에서 어떤 나쁜 일들이 일어났다. 그러나 학교 안에서는 갱 사고가 전혀 없었다. 그리고 아이들은 서로에게 친절하고 지지적으로 대했다—왜냐하면 교직원이 모범을 보이고 가르쳤기 때문이다. 그리고 예의 바름이 깨질 때 우리는 또래 중재 시스템을 가지고 있었다. 그것은 갈등이 확대되기 전에 매우 효과적으로 갈등을 진정시켰다. 사람을 알게 되면 증오는 멈춘다. 우리는 사람을 개인적으로 알 때 그들을 악마화하고, 무시하며, 또는 무례하게 대하는 게 점점 더 어려워진다.

준비되었는가? 사회적이 되어 보자!

제2부

사회적 학업 기술 기르기 레슨

제4장

친해지기

5개의 시작 레슨은 상호 지지적으로 관련된 학생 공동체를 구축하기 시작하도록 돕는다. 이런 경험들은 명성이나 과거 역사가 아닌 지금 여기에서 직접적으로 함께 작업함으로써 방 안에 있는 모든 사람이 서로를 알아가게 해준다. 모든 사람이 서로 대면 시간을 갖도록 파트너를 자주 바꾼다. 우리는 계속해서 이러한 직접 경험을 아이들이 반영하도록 요구하고 다른 사람들과 더 재미있고 흥미롭게 학습하게 만드는 특정 행동에 이름붙이도록 요구한다.

여러분은 이러한 레슨들을 학년 초에 사용하거나 또는 여러분 교실의 사회성과 생산성을 서서히 올리기로 결정하는 어떤 시간에서든 사용할 수 있다. 만약 아이들이 이미 서로 잘 알고 있다면, 우리는 '우리가 서로에 대해 아직 모르고 있는' 새로운 정보를 찾아내고 있음을 강조한다. 가장 좋은 효과를 얻기 위해 우리는 이러한 5개 레슨을 연속된 날들 동안 계속적으로 가르치라고 제시한다.

가장 좋은 효과를 얻기 위해 우리는 이러한 5개 레슨을 연속된 날들 동안 계속적으로 가르치라고 제안한다.

> 레슨 1. 파트너 만들기
> 레슨 2. 파트너 인터뷰하기
> 레슨 3. 홈코트 어드밴티지
> 레슨 4. 친절과 지지
> 레슨 5. 교실 분위기 포스터

레슨 1   파트너 만들기

왜 사용하는가?

아이들을 성공적인 협업을 하도록 준비시키는 것은 아이들이 물리적 공간과 그들의 몸을 관리하는 걸 돕는 일로 시작한다.

지지적인 교실 분위기를 만드는 겉보기에 가장 단순한 첫 번째 단계는 아이들을 파트너와 함께 일하게 하는 것이다. 그렇지 않은가? 그러나 이러한 최소한의 협업행동조차 자동적으로 작동하지 않는다. 여러분은 이것을 모두 보았다—5명의 파트너와 함께 하는 아이들, 파트너가 없는 1명의 아이, 서로에게 떨어져 180° 마주보는 쌍들, 다른 사람의 파트너와 말을 하고 있는 아이들. 다른 사람과 함께 일하기 위해 앉아 있는 것은 분명히 배우고 연습해야 할 필요가 있다는 것이 밝혀졌다. 요약하면, 아이들을 성공적인 협업을 하도록 준비시키는 것은 아이들이 물리적 공간과 그들의 몸을 관리하는 걸 돕는 일로 시작한다.

만약 여러분이 더 어린 학생들을 가르친다면, 이 레슨을 러그 위에서 하는 게 자연스럽게 느껴질 수 있다. 만약 여러분이 중학생이나 고등학생과 함께 작업을 한다면, 여러분은 전통적인 학생 상호작용 장애를 극복해야 할 수 있다—아이들을 분리할 의도로 설계된 것으로 보이는 책상 배열. 그리고 테이블 좌석배치는 여러분이 올바르게 준비하지 않으면 아이들을 떨어져 있게 만들 수 있다. 그래서 교육구의 장비 구매자를 저주하기보다는 좋은 대화를 하기 위해서 어떤 종류의 가구라도 조용히 맞추는 방법을 아이들에게 가르칠 것이다. 그렇게 함으로써 여러분은 방을 쉽게 돌아다닐 수 있고 학생 참여를 모니터할 수 있다.

언제 사용하는가?

더 큰 집단으로 나아가기 전에 아이들은 많은 다른 파트너들과 편안하게 작업을 해야 한다.

레슨 1은 몇 분밖에 안 걸리며 학교에서의 첫날에 잘 작용한다. 또는 여러분이 학생들에게 사회적 학업 기술을 소개하기로 결정할 때는 언제든 잘 작용한다. 점차 고독한 경청문화를 떠나서 적극적 참여의 문화로 향하면서, 아이들은 많은 다른 파트너들과 편안하게 작업해야 한다.

일단 학생이 성공적으로 파트너를 만들면, 곧장 레슨 2로 넘어간다. 쌍들이 작업할 때의 상호작용을 관찰하는 것은 여러분에게 아이들이 다음에 필요한 사회적 기술이 어떤 것인지 보여줄 것이다. 레슨 1부터 14는 모두 파트너를 강조한 것들이다. 많은 연습 기회가 바로 시작된다!

준비

- 우리는 기준을 만들 때 무선적(생일, 도면 번호, 웹사이트에서 여러분 레슨에 들어온 목록으로)으로 아이들 파트너를 만들어주는 걸 더 선호한다. 모든 사람이 모든 사람과 함께 작업한다. 학생들은 "나는 쟤하고 함께 작업 안 할 거예요."라고 말할 수 없다.
- 학생 쌍들을 미리 생각하라. 참가한 아이들 수를 센다. 만약 짝수면 모든 사람이 파트너를 갖게 될 것이다. 만약 홀수면 한 집단(그러나 한 집단만)을 3명으로 구성한다. 또는 여러분이 남은 아이의 파트너가 된다.
- 만약 여러분 방의 특정 아이들 사이에 잠재적으로 말썽을 일으킬 수 있는 개인적 반감이 있다면, 우선 필요한 대로 그들을 집단으로 만들어라. 그러나 장기적 측면에서, 서로 좋아하지 않는다고 생각하는 아이들은 좋아하든 좋아하지 않든 반복해서 함께 작업해야만 한다. 아는 사이는 전형적으로 우호감으로 이끌고, 그것은 지지적 행동을 가져온다.

레슨

슬라이드 1

제목 : **파트너 만들기**

슬라이드 2

→ 슬라이드를 보여주고 소리내어 읽어준다.

→ 학생들이 그들의 책상을 함께 옮길 때, 책상이 실제로 닿는지 모니터한다.

→ 쌍들이 가능한 한 가까이 앉도록 요구한다. 이런 조처가 과제와 관계없는 대화를 줄일 것이기 때문이다.

→ 가구 배치가 협상할 수 있는 것이 아님을 분명히 한다.

→ 또한 아이들은 우리가 하는 만큼 관례(ruts)를 즐긴다는 걸 기억하라. 관례적인 방식은 지루하나 예측 가능하고 위험이 거의 없다. 만약 학생들이 혼자서 작업하는 데 익숙하다면, 몇몇 아이들이 불평하더라도 놀라지 말라. 협업 학습 선구자인 Johnson과 Johnson으로부터 우리가 좋아하는 확신 중 하나는 '여러분은 더 나이가 많고 더 현명하다. 여러분은 아이들이 저항하는 것보다 더 오래 밀고 나갈 수 있다'는 것이다. 우리는 아이들에게 미소 지으며 이렇게 말하길 좋아한다. 몇 분 동안만 나에게 맞춰주겠니?

→ 만약 학생들이 책상 대신 테이블에 앉아 있는 방이라면, 책상을 이동하는 방법에 대한 슬라이드를 건너뛰고 진행한다.

→ 다른 테이블에 앉아 있는 자신의 친구 등을 무시하고 자신의 '어깨 파트너'에게만 초점을 두는 방법에 대해 말한다.

→ 의자를 모아 놓는 각도는 다른 학생들을 '봉쇄하는' 것을 돕는다.

→ 백팩 놓은 곳을 정리하도록 한다.

아이들이 책상과 의자를 옮길 때, 백팩은 통로 중앙의 오른쪽에 세워둘 수 있다. 이것은 여러분이 다닐 때 방해가 되어 사고가 날 수 있다. 아이들에게 그들의 여분의 소지품들은 파트너와의 사이에 있는 의자 밑 마루에 모두 놓게 한다. 이러한 가방보관 계획은 쌍들이 가까이 앉는 걸 방해하지 않을 것이고, 부주의한 통행자가 구불구불한 끈에 걸려 넘어지지 않게 만들 것이다.

슬라이드 3

→ 다음과 같이 질문한다 : 전에 만난 적이 없는 어떤 사람에게 여러분을 소개하는 것은 무엇을 의미하나요? 여러분은 좋은 첫인상을 주기 위해 여러분 자신을 새로운 사람에게 어떻게 소개했나요?

→ 조금 설명을 한다.

→ 교사 여러분과 함께 어떻게 소개하는지를 보여줄 모델이 될 자원자를 한 사람 구한다.

슬라이드는 악수(비즈니스 세계에서는 매우 기준이 되는 실제)를 보여주고 있지만, 만약 감기와 독감이 유행이라면 여러분은 낸시가 '위생적인 주먹 하이파이브'라 부르길 좋아하는 것으로 대체할 수 있다.

→ 이제 파트너에게 말할 시간을 2분 준다.

슬라이드 4

집중하면서 여러분의 파트너를
VIP처럼 대하세요!

→ 이 슬라이드를 큰 소리로 읽고 조금 더 덧붙인다.

→ 여러분이 파트너를 VIP처럼 대우할 때 여러분은 함께 더 재미있는 작업을 하게 될 거예요. 그리고 여러분은 자연스럽게 작업을 함께하게 될 것입니다. 또한 실제 직업 상황에서는, 종종 먼저 해고를 당하는 사람들은 다른 사람을 괴롭혀서 같이 지낼 수 없는 사람들입니다. 그래서 여러분이 파트너와 함께 작업을 잘하고 있을 때는, 실제로 여러분의 인생 전반에 걸쳐 이득을 가져오게 될 기술을 실천하고 있는 것입니다!

슬라이드 5

연습하세요.
◆ 서로 도우세요.
◆ 지시를 따르세요.
◆ 서로에게만 말을 하세요.
◆ 조용한 목소리로 말하세요.
◆ 서로의 눈을 보세요.
◆ 미소를 지으세요.
◆ 작업을 동등하게
   공유하세요.

→ 여러분이 추측하는 바와 같이, 우리는 가구를 이곳저곳으로 끌어가는 약간의 연습을 통해 파트너 만들기를 실천하는 것은 아니예요. 우리는 수많은 다른 파트너와 함께 작업을 하게 될 것입니다. 그래서 좋은 파트너들이 하는 행동들의 종류를 알아보겠습니다.

→ 슬라이드에 있는 항목을 읽어준다.

→ 이제 계속 진행해서 파트너를 이용하는 다른 레슨으로 들어간다.

→ 만약 학생들이 처음으로 파트너와 함께 작업을 한다면, 우리는 다음 번 레슨(파트너 인터뷰하기)을 추천한다.

슬라이드 6

여러분과 함께 작업한 것에 대해
파트너에게 감사하세요!

→ 파트너에게 감사하기는 우리 레슨 대부분에서 반복해서 보게 될 주제다. 어떤 사람은 이것을 일부러 넣은 것(자발적인 것이 아니라)이라고 비판하지만, 우리는 아래 두 가지를 믿는다.

◆ 노력에 대해 감사받는 일은 항상 고맙게 여겨진다.

◆ 아이들—또는 어른들—은 종종 감사를 표현하지 않는다. 교실은 학생들이 감사하는 마음자세를 가지고 생활을 시작하는 완전한 기회가 된다.

→ 만약 교사 여러분이 다른 교사와 교실을 함께 사용한다면, 아이들에게 떠나기 전에 가구를 뒤로 밀어놓아 '중립적' 상태로 만들게 한다. 만약 교사 여러분이 혼자 사용하는 초등학교 교실을 가지고 있다면 운이 좋은 것이다!

추가 조언

만약 교사 여러분이 협업 전문가라면, 이 레슨이 공식적으로 '어깨 파트너'라고 부르는 것을 모방한다는 점을 알게 될 것이다. 아이들은 서로 마주 보지('얼굴 파트너'라 불리는 것) 않고 나란히 앉아 있다. 책의 후반부에는 아이들이 4명 집단으로 앉아 있을 때, 각 아이는 두 사람의 다른 파트너를 만날 수 있다. 한 사람은 옆에 있는 사람이고 다른 사람은 마주보고 있는 사람이다. 양 측면을 주장하기 레슨에서, 여러분은 우리가 이것의 이득을 취하는 방법을 보게 될 것이다.

우리는 몇몇 이유로 어깨 파트너로 학년을 시작하는 것을 좋아한다.

- 책상이나 테이블에서 어깨 파트너들은 얼굴 파트너보다 더 가까이 앉을 수 있다. 그러면 모든 쌍들이 참여할 때 여러분 교실의 소음은 더 낮은 수준을 유지할 것이다.
- 어깨 파트너는 그들의 눈 맞춤이 옆에 앉은 사람을 직접 목표로 하기 때문에 과제에 머무는 경향이 더 많다. 다른 앉기 배치의 경우 학생들은 '과제와 관련없는' 잡담을 하기 위해 '파트너 아닌 사람'에게로 더 쉽게 몸을 돌릴 수 있다. 지금 해야 할 작업을 방해하는 이러한 잡담은 또한 '나는 너 아닌 다른 사람과 같이 작업하고 싶어!'라는 신호를 파트너에게 즉각적으로 보내는 것이다.
- 어깨 파트너들은 David Johnson과 Roger Johnson(2009)이 '얼굴을 마주 보는 상호작용'이라고 부른 것의 기초이다. 많은 연구를 한 후에, Johnson은 여러분이 파트너 또는 집단과 가까이 앉을수록 — 무릎과 무릎, 눈과 눈 — 집단 구성원들이 과제를 계속하고 집단 수행을 향상시키려고 노력하는 경향이 더 많다는 걸 발견했다. 우리는 이것에 동의한다.

레슨 2   파트너 인터뷰하기

왜 사용하는가?

좋은 작업관계를 갖고 있는
학생들은 그들에게 제시된
협업적 학업과제에도 투자
하는 경향이 훨씬 더 많다.

파트너 인터뷰하기는 우리의 기술 구축 도구에서 가장 중요한 구조 중 하나다. 학생들이 서로 인터뷰할 때, 그들은 선순환적인 역할을 한다―친분 쌓기는 친절을 가져오며, 친절은 지지적인 행동을 하게 만든다. 여러분이 어떤 사람을 더 많이 알수록 나쁜 파트너가 되는 게 더 어렵다. 왜냐하면 여러분은 그 관계에 개인적으로 더 많이 투자를 하게 되기 때문이다. 그리고 좋은 작업관계를 갖고 있는 학생들은 그들에게 제시된 협업적 학업과제에도 투자하는 경향이 훨씬 더 많다. 인터뷰하기는 사회적 유지에 이익이 되는 것 외에도 중요한 토론 기술(경청, 추후질문하기, 토론 주제 협상하기)을 연습하는 비위협적 플랫폼(기반)을 제공한다.

언제 사용하는가?

우리는 한 가지 이유로 해서 이것을 두 번째 레슨으로 했다―아이들이 인터뷰하기를 빨리 시작할수록 여러분의 교실 공동체는 더 빠르게 성장할 것이다. 우리는 이 레슨을 어떤 쌍이라도 함께 작업하는 첫 번째 시간에 사용하는 것을 좋아한다. 그리고 우린 이후의 레슨을 하는 동안 아이들을 다른 여러 파트너와 만나게 할 것이다. 교사 여러분이 보게 될 바와 같이, 이 레슨의 핵심은 학생 자원자를 파트너로 사용한 교사 모델링이다. 아이들 스스로 파트너를 인터뷰하도록 두기 전에 우리는 아이들에게 주의 깊게 파트너를 인터뷰하는 방법을 보여준다. 이후에 우리는 또한 멤버십 그리드(213페이지 참조) 같은 레슨에서 소집단이 만날 때마다 인터뷰하기를 워밍업으로 사용한다. 오랫동안의 경험을 통해 집단이 잠시 함께 작업할 때조차도 구성원들은 기저의 성격을 건드릴 잠깐의 기회가 필요하다는 걸 우리는 알게 되었다. 이런 기회는 매번 조금씩 서로를 알게 함으로써 토론을 워밍업한다.

준비

- 미리 쌍들을 짝지을 방법을 결정한다.
- 학생들이 인터뷰 기록을 보고할 방법을 결정한다―교사 여러분이 준 종이, 바인더에서 구한 루스리프식(페이지를 마음대로 뺐다 끼웠다 할 수 있는) 종이, 또는 작문 공책.
- 우린 학생들이 그들이 실시한 처음 5번이나 6번의 인터뷰를 기록해서 그것을 그들의 인터뷰 진행 차트에 사용하게 하는 것을 좋아한다. 일단 학생들이 듣기와 질문하기에 숙련되면 기록하기를 뺄 수도 있다.

레슨

슬라이드 1

제목 : **파트너 인터뷰하기**

슬라이드 2

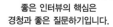

➜ 슬라이드를 보여주고 소리내어 읽어준다.

슬라이드 3

➜ 슬라이드를 보여주고 소리내어 읽어준다.

슬라이드 4

➜ 아이들을 파트너와 함께 앉게 한다.

➜ 이 슬라이드를 가지고 여러분은 기록하기를 시작할 것이다. 우리는 '핫도그 스타일'이 라는 수직으로 종이 접기와 '햄버거 스타일'이라 부르는 수평으로 종이 접기로 시작한다.

슬라이드 5

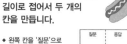

➜ 한 자원자에게 인터뷰 상대가 되어 달라고 요청한다. 학생 서기가 칠판에 기록한다(교 사 여러분은 인터뷰하는 사람이 될 것이다).

➜ 만약 학생들이 자원하는 것을 꺼린다면, 그들에게 이 교실은 배우고 모험을 할 안전한 장소임을 상기시킨다.

➜ 교사 여러분이 그러한 자원자들을 얻게 될 때, 그들에게 크게 감사하고 학급이 그들 각자에게 큰 박수를 치게 한다.

➜ 만약 이 자원자들이 2개의 다른 쌍에서 나온다면, 그들의 현재 남겨진 파트너들을 새로운 작업 파트너로 짝을 만들어준다. 만약 자원자 두 사람이 쌍으로 시작되었다면 조정은 필요하지 않다.

➜ 시범 보이기 위한 의자 2개를 교실 앞쪽에 당겨 놓는다.

➜ 레슨 1에서처럼 의자들을 좋은 파트너 위치로 놓는다.

➜ 학생들이 사용하는 동일한 두 칸 형식을 사용하여 학생 서기를 칠판 앞이나 컴퓨터 앞에 준비시키는 동안 교사 여러분의 인터뷰 파트너를 앉아 있게 한다.

➜ 서기의 일은 교사 여러분이 물은 질문과 인터뷰를 진행하면서 모은 정보를 적는 것이다.

➜ 학급에 다음과 같이 상기시킨다.

◆ 학생 서기의 일은 매우 어렵습니다. 왜냐하면 생각하고 쓰는 걸 아주 빨리해야 하기 때문이지요. 그러므로 서기가 일부 단어들을 쓰는 방식을 걱정하지 마세요. 여러분은 서기가 의미하는 것이 무엇인지 알게 될 것입니다. 그러므로 어떤 실수를 지적할 필요가 없습니다.

슬라이드 6

➜ 파트너들에게 학교에 적합한 어떤 인터뷰 주제를 브레인스토밍하게 한다.

➜ 학생들이 브레인스토밍을 끝냈을 때, 주제 아이디어에 자원해 달라고 쌍들에게 요청하라.

➜ 교사 여러분의 학생 파트너가 인터뷰할 주제를 고르게 한다.

➜ 교사 여러분이 인터뷰를 하기 전에, 관찰하고 있는 학생들을 다음과 같이 상기한다.

◆ 주의 깊게 경청해서 인터뷰를 계속하게 해줄 좋은 추후질문을 나에게 제공할 수 있도록 하세요. 나는 잠시 멈추고 내가 진행할 아이디어를 여러분에게서 받을 것입니다. 또한 이것은 여러분 자신의 인터뷰를 실시할 때 완성해야 할 노트필기의 예입니다. 여러분이 좋은 모델을 가지려면, 노트필기한 사람이 칠판에 쓴 모든 것을 반드시 베껴 쓰세요.

슬라이드 7

➜ 교사 여러분의 학생 파트너에게 선택한 주제에 대해 말을 하기 위해 질문하는 것으로 시작한다.

➜ 그런 다음 멈추고 학급에 묻는다 — 지금까지 우리가 가지고 있는 정보는 무엇인가요? 파트너들에게 의논할 시간을 30초 준다.

➜ 계속한다.

◆ 나는 내 파트너에게서 더 많은 상세한 부분을 얻길 바랍니다. 앞서 언급한 세부 내용에 근거해 내가 할 수 있는 개방형 질문은 무엇인가요? 개방형 질문은 몇 단어(네/아니요)로 답할 수 없는 질문입니다. 여러분의 인터뷰 대상은 실제로 질문에 대한 답에 대해 어떤 설명을 해야 합니다.

➜ 여러분 파트너에게 되돌아가서 2~3개의 잠재적인 추후질문을 브레인스토밍하세요.

➜ 몇 명의 학생에게 부탁해 가장 가능한 질문을 고른다.

슬라이드 8

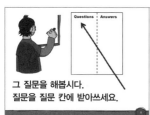

→ 학생이 줄을 긋고 학급이 질문 칸에 추후질문을 쓰는 동안, 파트너에게 조용히 그것에 대해 생각하게 한다.

→ 학급에 말한다.

◆ 여러분이 질문을 받아쓰는 동안 여러분 파트너는 기다리면서 질문에 대해 생각해볼 것입니다. 그 방식은 여러분 파트너가 여러분에게 더 자세하고 좋은 반응을 할 수 있게 해줄 것입니다.

슬라이드 9

→ 파트너가 응답한 후, 필기자와 학급이 응답 칸에 몇 개의 핵심적인 세부 내용들을 적는다.

슬라이드 10

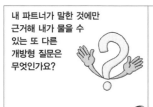

→ 다시 한 번 지금까지의 인터뷰에서 나온 정보에 근거해 질문을 브레인스토밍할 것을 파트너에게 요구한다.

→ 질문을 하나 고르고 브레인스토밍한다.

슬라이드 11

→ 필기는 여러 질문과 응답에 대해 계속된다.

→ 3~4개 질문과 응답이 있은 후 교사 여러분의 인터뷰를 결론짓는다.

슬라이드 12

→ 인터뷰가 끝나면 필기자와 인터뷰 대상은 그들의 파트너에게 돌아가게 한다. 그들에게 감사하고 큰 박수를 쳐준다.

슬라이드 13

➜ 파트너들이 인터뷰를 재검토하여 가장 흥미로운 세부 내용을 알게 된 것은 어떤 종류의 질문인지에 대해 함께 말하게 한다.

➜ 전체 학급과 반응을 공유한다.

슬라이드 14

➜ 공유한 후에, 최고의 질문은 여러분이 실제로 경청하고 있다는 걸 보여주는 질문, 파트너가 한 말을 근거로 한 질문이라는 것을 강조한다.

➜ 좋은 질문은 주제에 대해 더 자세하게 대화를 계속하게 해줄 것이다.

➜ 또한 이것을 분명하게 해둔다.

◆ 할 수 있는 한 철저하게 질문에 응답하는 것이 인터뷰 대상의 일입니다. 만약 한 단어로 응답을 하거나 인터뷰하는 사람이 인터뷰를 하기 어렵게 만든다면 여러분은 좋은 파트너가 아닐 것입니다.

슬라이드 15

➜ 필기하는 방법이나 인터뷰하는 방법에 대해 어떤 질문이 있는지 체크한다.

➜ 학생들이 이 인터뷰 활동을 첫 번째로 연습할 때 누가 먼저 인터뷰할지를 학생들에게 말하면 더 쉽다 — 어두운색 셔츠를 입은 사람, 생일이 7월 4일과 가장 가까운 사람 등. 나중에는 학생들 스스로 결정한다.

➜ 학생들이 인터뷰할 때 개방형 질문과 필기를 모니터한다. 초기 인터뷰들이 느슨해질 때는(2~3분) 타임을 외치고 파트너들의 역할을 바꾼다.

슬라이드 16

➜ 파트너들이 두 가지 역할을 모두 한 후에(약 5~6분), 몇몇 집단이 그들이 말한 것에 대해 공유하는 것으로 끝을 맺는다.

슬라이드 17

➜ 그다음 마지막으로 말하기는 아주 중요한 것이다. 파트너들을 좋은 인터뷰에 대해 서로 감사하게 한다.

레슨 3 홈코트 어드밴티지

왜 사용하는가?

소셜미디어 세상에서 '얼굴과 얼굴을 마주하는' 상호작용이 없는 익명의 기회는 비열함과 인격 암살의 강력한 레시피를 제공한다.

여러분이 주목하지 않은 사실이지만, 많은 TV 코미디가 다른 사람의 불운에 바탕을 둔 것이다. 가장 인기있는 시트콤 중 많은 것이 친구들이 서로에게 강력한 반박을 하지 않는 코미디를 만든다. 불행하게도 우리 학생들은 이 친구들이 '친구'가 아니라는 것을 잊는다. 그 친구들은 배우가 연기하는 꾸며낸 인물이다. 부정적 피드백이 많으면 실생활에서 우정이 오래 지속될 수 없다. 더 나아가 아이들이 소셜미디어 세상에서 서로 비빙하는 오늘날 유행하는 메시지는 부정적이다. 이런 경우에 '얼굴과 얼굴을 마주하는' 상호작용이 없는 익명의 기회는 비열함과 인격 암살의 강력한 레시피를 제공한다. 종종 이런 거친 사회적 세상에서는 우리 교사들이 교실에 보다 더 공감적이고 염려하는 특별한 공동체를 만드는 힘든 일을 해야 한다. 그것은 교실 문을 걸어 들어올 때 아이들이 다른 아이들에게 혹평을 하는 버릇을 버리는 것으로 시작한다.

언제 사용하는가?

가능하다면 우리는 이 레슨을 학년 초에 사용할 것을 권한다. 하지만 항상 학생들이 집중적으로 함께 작업을 시작하기 전이다. 이것은 다른 사람에게 상처를 주는 유머가 얼마나 재미없고 얼마나 상처를 주고 분열을 일으키는지를 학생들이 볼 수 있게 하기 위해서다. 대부분의 아이들은 그들이 매우 풀 죽은 행동을 하더라도 비겁한 것으로 생각되길 바라진 않는다. 실제로 우리가 교실에서 보는 많은 혹평 행동은 충동성의 결과지 비열함의 결과가 아니다. 그러나 '결백한' 혹평조차도 당하는 사람에게는 가혹하고 고통스러운 결과를 주게 된다. 이 레슨은 왜 혹평이 학급 공동체 안에서 설 자리가 없는지에 대한 이유를 보여준다. 그리고 만약 한 학생이 혹평을 받아들인다면, 이것은 즉각적으로 그것을 언급할 맞춤 도구를 제공한다. 이것은 대결을 확대하게 하는 것과 대비된다.

준비

- 미리 어깨 파트너를 짝지어줄 방법을 결정한다.
- 학생들이 목록을 기록할 방법을 교사 여러분이 미리 결정한다 — 여러분이 나누어준 종이, 바인더에서 뜯어낸 루스리프식 종이, 작문 노트.

레슨

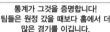

제목 : **홈코트 어드밴티지**

➔ 이 통계 점수를 조금 정교화한다.

◆ 팀은 홈경기에서 더 많은 게임을 이깁니다. 그들이 프로인지 아마추어인지, 성인인지 청소년인지, 게임이 풋볼인지 농구인지와는 관련이 없습니다.

➔ 더 증명을 하기 위해 지역신문이나 학교신문의 스포츠 페이지를 소개하며 홈팀의 통계수치를 지적한다. 물론 만약 시즌이 끝나지 않았다면 원정 대 홈에서 승리한 팀의 마지막 숫자는 아직 결정되어선 안 된다. 만약 이 레슨을 학년 초에 실시한다면, 메이저 리그 야구 통계는 이 시점에서는 매우 강력하다.

➔ 미리 정해진 쌍들은 빨리 함께 움직이게 한다.
➔ 그들이 작업을 할 때, 목록을 매우 짧게 적은 쌍을 격려하면서 시간에 따른 진전도 모니터하라.
➔ 최소한 다섯 가지 이유를 생각해내도록 격려하라.

➔ 학생들은 그들의 목록을 새로운 순서로 다시 적을 필요가 없다. 그들이 해야 할 일은 이유에 순위 번호를 쓰는 것이다.

➔ 함께 공유하고 목록화하기 전에 학생 서기를 지명한다. 이는 학급이 레슨을 공유하는 동안 자유롭게 순서를 섞고(mingle), 모니터하며, 순서를 유지하기 위해서이다.
➔ 목록을 만드는 데 기여하도록 각 쌍에게 요구한다.

➜ 이미 사용된 그들 목록의 항목들을 제외하도록 쌍들에게 권한다.

➜ 쌍들이 자신들의 모든 이유가 이미 게시되었다는 걸 발견하면, 그들은 첫 번째 이유를 공유해야 한다.

➜ 1번 이유가 반복될 때는 언제든지, 서기가 칠판에 써 있는 그 이유 옆에 체크 표시를 한다.

➜ 쌍들 전체를 진행한 후에, 아이들이 생각한 팀이 홈에서 더 많은 경기를 이기는 이유 1위는 보통 팬의 지지, 예측 가능한 경기 컨디션, 높은 기대(팬이 실망하길 바라지 않는)인 것으로 밝혀질 것이다.

➜ 만약 아이들이 그것을 생각하지 않는다면, '여러분의 홈 팬들은 그들의 선수들을 절대로 야유하지 않는다' 혹은 '여러분은 여러분의 선수들을 절대로 헐뜯지 않는다' 같은 이유를 덧붙인다. 이것은 혹평이 시작될 것에 대한 대화를 하게 만든다.

슬라이드 6

➜ 일단 학생들이 팀을 이기게 만드는 것이 무엇인지를 알게 되면, 그 이유들을 교실로 돌려 적용한다.

➜ 이제부터 이 교실은 우리의 홈코트예요. 매일 교실에 들어올 때, 우리는 우리 모두가 같은 팀이라는 걸 기억할 필요가 있습니다. 그래서 우리는 최선을 다해 서로를 도와야 해요. 그와 동시에 우리는 서로의 성공을 열심히 축하해주는 서로의 팬이기도 합니다. 이제부터, 여러분이 큰 소리로 '혹평'을 하려는 충동을 느낀다면, 먼저 생각하세요. 혹평은 이 팀의 어느 누구도 더 잘하고 최선을 다하게 도울 수 없습니다.

➜ 홈코트는 대부분의 혹평을 제거해준다. 그러나 만약 한 학생이 실패하면, 웃으며 아이들에게, "우리가 기억해야 할 것은 무엇인가요?"라고 묻는다. 잠시 후 학생들은 자동적으로 혹평에 대해 "홈코트!"라고 반응할 것이다. 그리고 그 학년 동안 나중에 복도에서 이러한 외침을 듣는다면 놀라지 말라.

슬라이드 7

➜ 교사 여러분은 많은 레슨에서 이 '고마워' 슬라이드를 볼 것이다. 그것은 학생들이 함께 작업을 할 때마다 서로 감사하는 것이 매우 매우 중요하기 때문이다. 수년에 걸쳐 우리는 이것이 교실 분위기에 긍정적으로 영향을 주는 학생들이 서로를 향해 할 수 있는 가장 중요한 제스처 중 하나임을 알게 되었다. 최근의 많은 사회과학 연구들은 감사를 느끼고 표현하는 사람이 더 행복하고 생산적이라는 것을 보여주었다.

◆ 아이들이 교사 여러분에게 그들이 단지 '바보처럼 느껴져서' 소외감을 느낀다고 말하게 두지 말라. 그들은 서로에게 감사하지 않았기 때문에 바보같거나 불편하게 느낀다.

◆ 그들의 불쾌함을 인식하고 그들이 연습을 할수록, 서로에게 더 쉽고 자연스럽게 감사하게 될 것이라고 확신시킨다.

레슨 4 친절과 지지

왜 사용하는가?

이 레슨은 홈코트 어드밴티지가 시작한 일을 확장한다―학생들이 환영받고, 감사받고, 지지받는다고 느끼기 때문에 모든 학생이 최선의 작업을 할 수 있는 집단(공동체)을 만들기. 2장에서 토론한 바와 같이, 모든 학생이 높은 기능, 높은 수행 집단에 참여하는 데 필요한 모든 기술을 갖추고 여러분 교실로 들어올 가능성은 없다. 좋은 소식은 여러분의 학생이 상호작용하는 데 필요한 많은 기술과 여러분의 교과과정을 동일한 T-차트 레슨포맷을 사용해 명확히 가르칠 수 있다는 것이다.

1. 학생들이 필요한 기술을 인식하게 한다.
2. 그 기술의 사용이 무엇과 같을지를 브레인스토밍해서 두 칸으로 된 목록을 만든다.
3. 기술 사용을 연습한다.
4. 그 사용에 대해 돌아본다. 기술의 성공을 축하하고 다음 번을 위해 향상 목표를 세운다.

친절하고 지지적이 된다는 것을 구체적으로 정의하는 일은 여러분 교실에 긍정적인 분위기를 만들고 모든 상호작용에 분명한 행동기대를 만들 것이다.

언제 사용하는가?

이 단원 안에 있는 다른 레슨들처럼 우리는 이 레슨을 협업 토대로 본다. 학생들이 첫 번째 파트너와 함께 막 시작할 때 가르칠 필요가 있다. 친절과 지지는 홈코트 레슨에 가깝게 뒤따라 해야 한다. 우리는 그것들 모두를 같은 주(week) 안에 하고, 그리고 기술들이 연결될 때까지 두 레슨을 반복 실시하는 것을 좋아한다.

준비

- 어깨 파트너가 짝지을 방법을 교사 여러분이 미리 결정한다.
- 학생들이 노트를 기록할 방법을 교사 여러분이 결정한다―여러분이 나누어준 종이, 바인더에서 빼낸 루스리프식 노트, 작문 노트.

레슨

제목 : **친절과 지지**

→ 파트너가 홈코트로 그들의 주의를 돌리게 하는 것으로 시작한다.

→ 다음과 같이 말한다.

◆ 기억하세요. 다른 사람들이 그들에게 혹평을 하거나 그들의 아이디어를 공유하는 걸 미안하게 느끼도록 만들게 될 것을 두려워할 때 사람들은 최선을 다할 수 없습니다. 나는 지금까지 모든 사람이 홈코트를 사용해서 큰 일을 해왔다고 생각합니다.

→ 검토할 때 다음과 같이 말한다.

◆ 친절과 지지 기술은 사람들을 편하게, 소속된 것으로 느끼도록, 그리고 주변사람들과 편안하게 작업하도록 돕습니다. 이 기술이 없으면 사람들은 함께 일하기가 매우 어려워요.

→ 이 기술을 사용하는 것이 정말 중요한 어떤 상황을 기억하기 위해 잠시 시간을 가지세요. 계속해서 여러분 자신의 생활에서 일어난 어떤 사건들을 기억해내려고 노력하세요. 이 사건들은 여러분이 그런 대우를 받았던, 또는 어떤 사람에게 그런 대우를 해주었던, 또는 그런 방식으로 여러분이 대해지길 바랐던 사건들입니다.

→ 1분 동안 조용히 생각할 시간을 가진 후에, 학생들로 하여금 파트너에게 돌아가서 그들이 기억해낸 시나리오에 대해 말하게 한다.

→ 학생들이 2~3분 정도 서로 이야기하게 한 뒤 다음과 같이 묻는다.

◆ 얼마나 많은 상황에서 여러분은 이 기술이 중요했다는 것을 발견했나요? 여러분이 말했던 상황을 들어봅시다.

슬라이드 5

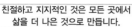

→ 친절과 지지가 도움이 되었던 때의 예를 학생들이 자원해서 말한 후에, 이 슬라이드로 이동해서 말은 아직 하지 않았지만 이 슬라이드에 나타난 어떤 상황을 지적한다.

→ 그다음에 다음과 같이 요약할 수 있다.

◆ 모든 사람이 서로를 친절과 지지로 대할 때, 또 다른 사람과의 어떤 상호작용이든 거의 모두 더 유쾌하고 이익이 될 것입니다.

슬라이드 6

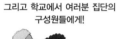

→ 이 방에 있는 다른 사람들을 친절과 지지로 대하는 것은 우리가 언제나 기억해야 할 일입니다!

슬라이드 7

→ 지금은 학생들이 파트너와 함께 구체적인 예를 가지고 친절과 지지를 정의한 기술차트를 만드는 일을 해야 할 시간이다.

→ 일단 그 칸이 만들어지면 학생들은 그 종이를 길이로 반을 접어서 왼쪽 칸만 보이게 해야 한다는 데 주의하라. 이것은 학생들이 한 번에 기술의 한 측면에만 초점을 둘 수 있게 해준다.

슬라이드 8

→ 이 슬라이드를 보여줄 때, 우리는 단지 친절과 지지 기술을 사용하는 집단이나 쌍의 신체언어를 조사하는 것임을 강조한다.

슬라이드 9

→ 쌍들이 브레인스토밍하기 전에, 학생들에게 눈 맞춤이나 미소 짓기같은 1~2개의 예를 준다.

◆ 긍정적인 행동에 초점을 두세요. 우리는 이 기술이 무엇처럼 보이는지, 무엇처럼 보이지 않는지를 말하고 싶습니다. 만약 여러분이 부정적인 행동을 생각하면, 그것을 긍정적인 행동으로 다시 말하세요.

→ 쌍들이 브레인스토밍할 때, 계속 생각하고 쓰도록 그들을 모니터하고 격려한다. 만약 학생들이 처음으로 기술차트를 만드는 것이라면, 그들은 과제에 익숙하지 않아서 어려워할 수 있다.

→ 2~3분 후, 전체 학생들을 모이라고 부른다.

슬라이드 10

➜ 시작을 공유하고 목록을 만들기 전에, 교사 여러분이 수업을 공유할 때 순서를 섞고, 모니터하며, 유지하는 데서 자유로울 수 있기 위해 학생 서기를 지명한다.

➜ 학급마스터 리스트를 만드는 데 기여하도록 쌍들에게 요청할 때, 칠판에 모든 행동을 기록하거나 또는 바람직한 것은 슬라이드로 보여줄 수 있는 워드프로세싱으로 간단히 전환하는 것이다. 교사 여러분이 목록의 영구적인 복사본을 갖게 될 방법이다.

➜ 만약 교사 여러분이 칠판에 직접 쓴다면, 지우기 전에 완성된 '~처럼 보인다' 목록을 스마트폰으로 사진을 찍는다!

➜ 완성된 리스트를 갖게 하기 위해서 학생들에게 '~처럼 보인다' 칸에 새로운 아이디어를 덧붙이게 지시한다. 전형적인 리스트는 다음을 포함할 것이다.

- ◆ 눈 맞춤
- ◆ 미소 짓기
- ◆ 서로 가까이 앉기
- ◆ 자신의 파트너에게 집중하기
- ◆ 교대로 말하기
- ◆ 동의의 뜻으로 고개 끄덕이기
- ◆ 학습하는 동안 똑바로 앉기
- ◆ 엄지 치켜들기
- ◆ 주먹으로 하이파이브 하기

슬라이드 11

➜ 이제는 사람들이 친절하고 지지적일 때 서로에게 실제로 무엇을 말하는지에 대해 이야기 할 시간입니다. 지금 우리는 여러분이 교실에서 다른 사람들과 작업할 때 사용할 수 있는 실제 단계의 목록을 만들고 있습니다.

슬라이드 12

➜ 오른쪽 칸이 앞으로 오게 종이를 뒤집고, 그것에 '~처럼 들린다'라고 이름을 붙인다. 모든 사람에게 쓸 2개의 예가 되는 말을 하는 것으로 시작한다.

- ◆ "안녕, 어떻게 지내니?"
- ◆ "그거 참 좋은 생각이다. 나는 그것을 생각하지 못했어."

➜ 그다음, 쌍들에게 그들이 서로에게 한 친절하고 지지적인 말을 브레인스토밍할 몇 분의 시간을 준다.

➜ 작업을 모니터하고 너무 빠르게 끝낸 쌍들을 격려한다.

➜ 만약 부정적인 단어의 말을 쓴 쌍을 보게 되면, 긍정적 말로 마무리하게 돕는다. "내가 모든 작업을 하게 만드는 걸 멈춰!" 대신에 "나는 여러분의 도움이 필요해요. 그리고 나는 여러분이 좋은 아이디어를 갖고 있다는 걸 알아요!"로 대체한다.

슬라이드 13

→ 학생들이 서로에게 할 수 있는 긍정적인 말의 종합 리스트를 만든다. 각각의 말을 따옴표 안에 넣는다. 학생들의 리스트가 칠판에 적힌 목록만큼 완성되도록, 새로운 아이디어 모두를 적어야 한다는 것을 상기시킨다. 전형적인 리스트들은 다음을 포함한다.

- ◆ "고마워."
- ◆ "천만에요."
- ◆ "그 일에 감사드립니다."
- ◆ "멋지게 했어!"
- ◆ "똑똑하다!"
- ◆ "넌 어떻게 생각하니?"
- ◆ "그거 흥미로운데."
- ◆ "그것에 대해 더 듣고 싶어."

슬라이드 14

→ 일단 이 리스트가 완성되면, 학생들에게 T-차트의 양면을 볼 수 있도록 그들의 종이를 보여달라고 한다.

→ 학생들이 파트너를 대하는 방법이 친절과 지지처럼 보이는, 그리고 친절과 지지처럼 들리는 것과 일치하는지 알기 위해 교사 여러분이 방 안을 걸어다니는 동안, 그들이 할 일은 파트너에게 친절과 지지를 보여주는 일을 교대로 하는 것이다.

→ 학생이 "이것은 정말 가짜다!"같은 말을 불쑥 하게 되는 게 불가피하다. 지금 바로 아마도 그런 방식으로 느낄 수 있다는 걸 허용하라. 하지만 그들이 친절과 지지를 반복해서 연습한다면, 결국은 원활하고 자동적으로 사용할 기술이 될 것이다.

슬라이드 15

→ 학생들이 함께 작업할 때마다 서로에게 감사하는 것으로 모임을 끝내게 하는 걸 잊지 말라. 그처럼 작은 제스처가 교실 공동체에 얼마나 큰 변화를 만들 수 있는지 놀랍다!

추가 조언

홈코트와 친절과 지지 뒤에 있는 행동은 **모든** 협업학습의 기초라는 것을 잊지 말라. 그렇다. 우린 이미 적어도 여섯 번 이것을 말한 걸 알고 있다. 그러나 이 개념은 너무 중요해서 반복할 만하다. 만약 서로에게 잘 대하지 않는다면, 그들은 함께 일하는 데 성공하지 못할 것이다. 덧붙여, 만약 다른 사람들이 그들을 힐끔고 함부로 대할까 봐 두려워한다면, 그들의 학업성취는 마찬가지로 힘들어질 것이다. 두렵고 불편한 상태일 때 최선의 노력을 할 수 있는 사람은 없다.

교사 여러분이 모니터할 때 이 기술들을 강조하는 좋은 방식은 스티커(어떤 종류든 상관없으며, 단순할수록 좋다)를 나누어주는 것이다. 학생들이 홈코트와 친절과 지지를 사용하는 걸 보거나 들을 때마다 학생들에게 노트, 유인물, 혹은 다른 무엇이든 그들이 작업하고 있던 것에 붙일 스티커를 주어라. 물론 아이들은 즉각적으로 물을 것이다(왜냐하면 학생들은 그렇게 하도록 조건화되었기 때문이다). "이것들이 점수를 줄 만한 가치가 있나요?" 우리는 항상 이렇게 대답한다. "나는 몰라. 난 아직 결정하지 못했어. 넌 아직도 스티커를 갖고 싶니?" 지금까지 스티커를 거절한 사람은 없었다. 목적은 그것을 장난스럽게 만들고 아이들의 새 기술을 축하하는 것이다.

또한 교사 여러분이 '결코 낙천적이 아닌' 집단을 우연히 만난다면, 무시하지 말라. 멤버들의 대화를 멈추고 말하라. "여러분 각자에게서 친절과 지지를 들을 때까지 난 떠나지 않을 거예요. 차트에서 뜯어낸 것을 파트너에게 말하세요." 학생들 각각이 몇 번 교대하게 한다. 가장 까다로운 집단이라도 서로에게 좋은 말을 한 후에도 계속 까다로운 상태로 있는 것은 어려운 일이다. 그다음에 학생들이 마침내 싱긋 미소를 지을 때 스티커를 몇 장 준다!

마지막으로 사람들은 다른 사람의 노고를 드러나게 긍정적으로 인정하지 않는다는 것을 명심하라. 학생들이 그러한 친절과 지지의 말을 계속 반복해서 사용하고 상기하는 것은 교사 여러분의 계속적인 조심과 노력을 요구할 것이다. 목표는 그것을 잘해서 누가 촉구하지 않아도 그들이 좋은 말을 하는 걸 기억하게 하는 것이다. 이것은 많은 연습을 요구하지만, 연습은 얼마나 즐거운 일인가.

홈코트와 친절과 지지 뒤에 있는 행동은 모든 협업학습의 기초라는 것을 잊지 말라.

레슨 5   교실 분위기 포스터

왜 사용하는가?

우리는 학생들이 매일 참조할 수 있는 영구적이고 확실한 리마인더를 갖도록 돕기 때문에 포스터를 만든다.

이 기술은 모든 기능집단의 초석이기 때문에(그렇다, 우리는 이것을 반복해서 말했다), 학생들이 매일 참조할 수 있는 영구적이고 확실한 리마인더(reminder)를 갖도록 돕는다. 이러한 기술 중 하나를 광고하는 포스터를 만들기 위해 파트너와 함께 작업하는 것은 학생들로 하여금 그 기술을 다시 찾고 떠올리도록 격려한다. 이것은 그런 기술들을 자신의 영구적인 행동 부분으로 만드는 중요한 단계다. 덧붙여 일단 그 포스터들이 벽에 붙여지면, 그것들은 절차를 만드는 집단의 부분이 된다. 아이들이 함께 작업을 하게 될 때마다, 우리는 항상 학생들에게 벽에 있는 포스터를 보고 그들이 구성원들을 친절과 지지로 대하는 동안 그들 집단을 홈코트로 만들 방법에 대해 생각하도록 상기시킨다. 그리고 만약 한 학생이 틀리면, 누군가 해야만 하는 일 모두를 벽에 게시한다!

언제 사용하는가?

이 레슨은 홈코트 및 친절과 지지 레슨 후에 하기 좋은 추후 레슨이고 복습이다. 이것은 아이들이 약간 정상궤도를 벗어나게 되는 금요일에 하기에 완벽한 레슨이다. 정육점 종잇조각 위에 디자인하고 그리는 것의 진정효과는 인상적이다. 그리고 포스터가 가을에 개최하는 오픈하우스에 맞춰 완전히 준비되도록 하라. 부모들은 항상 교사 여러분이 아이들을 존중하는 친절한 방식으로 대해주는 환경을 만들려 노력하는 것을 보길 즐거워한다.

준비

- 큰 포스터나 신문, 가느다란 컬러마커, 연필, 펜, 포스터를 만드는 쌍을 위한 테이프를 모은다.
- 학생들 쌍을 어떻게 만들 것인지를 미리 결정한다.
- 학생들은 홈코트 및 친절과 지지에 대한 노트를 상기하여 참고할 필요가 있을 것이다.

레슨

슬라이드 1

제목 : **교실 분위기 포스터**

슬라이드 2

→ 홈코트 이점 때문에 팀들은 원정경기보다 홈경기에서 더 많은 게임을 이긴다는 걸 기억하세요. 우리가 이 교실에서 바라는 건 같은 이점입니다. 우리가 함께 작업할 때 우리는 각자의 팀 메이트고 팬입니다.

→ 그리고 함께 작업할 때, 우리 모두는 최선을 다해 친절하게 하고 싶고 서로가 존중받고 감사받고 있다고 느끼도록 돕길 바랍니다.

슬라이드 3

→ 쌍들에 번호를 붙인다. 각 쌍에게 1또는 2의 번호를 준다.

→ 혼동을 피하기 위해 쌍들에게 배정된 번호를 쓰게 한다.

슬라이드 4

→ 모든 쌍이 그들의 번호를 안다는 걸 손을 들어서 이중체크한다.

◆ 1번 쌍, 손을 드세요. 좋아요. 여러분은 친절과 지지 전문가입니다.

◆ 이제 2번 쌍을 봅시다. 훌륭해요! 여러분은 홈코트 이점 전문가입니다.

→ 쌍들이 홈코트 및 친절과 지지에 대한 자신들의 노트를 펼치게 한다.

→ 교사 여러분은 앞선 레슨에서 만든 이러한 기술들에 대한 레슨 노트를 프로젝터로 보여줄 수도 있다.

슬라이드 5

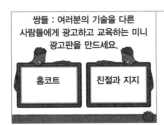

→ 각각의 쌍이 그들이 배정받은 기술에 대한 미니광고판 광고를 만들게 될 것임을 설명한다.

→ 신문용지나 차트종이(만약 모든 사람의 포스터를 벽에 붙일 필요가 있다면, 종이를 반으로 자를 수 있다)와 마커를 나누어준다.

→ 시작하기 위해서, 학생들로 하여금 이 포스터의 앞면 오른쪽 아래에 이름과 성을 깨끗하게 인쇄하게 한다. 그들의 전체 이름을 포스터의 앞면에 적는 것은 통상적으로 예술적인 자격 부여를 제한한다. 예술적인 자격 부여는 전적으로 학교정책에 적합하지 않을 수 있다.

→ 항상 학생들이 색칠을 하기 전에 그들의 디자인을 연필로 스케치하도록 권한다.

→ 마찬가지로 서로의 글씨 쓰기를 교정하도록 쌍들을 격려한다.

슬라이드 6

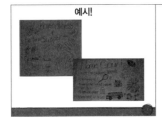

→ 전반적으로 재검토한다. 이것을 프로젝터로 보여주고 소리내어 읽는다.

슬라이드 7

→ 학생들에게 2개의 예를 보여주는 일은 학생들이 시작하는 걸 도울 수 있다.

→ 학생들이 포스터를 완성하는 것은 30분 정도 걸릴 수 있다. 그것은 그들이 얻으려고 애쓴 예술적 수준에 따라 다르다. 그리고 여러분이 제공한 시간의 양에 따라 다르다.

→ 학생들이 끝마치면, 그들이 즉각 포스터를 붙일 수 있도록 테이프를 미리 준비한다.

슬라이드 8

→ 여러분의 창의적인 파트너에게 감사하세요!

슬라이드 9

→ 그들 자신의 작업과 다른 사람의 포스터를 돌아보고 존중하도록 강력하게 격려한다.

추가 조언

다음 레슨을 위한 예로 사용하기 위해 해마다 최상의 포스터를 모은다.

제5장

협업 기술 기르기

일단 우리가 친교와 친절의 범위의 기술을 기르기 시작했으면, 우리는 파트너와 함께 사고하는 기본적인 사회적 기술을 명백히 가르치기 시작할 수 있다. 이것은 목소리 수준을 조절하는 것처럼 간단한 과제로 시작해서 각 파트너의 지식을 더 깊게 알아보기 위한 일련의 질문을 만드는 과제로 이동한다. 이 단원을 끝마칠 때쯤, 아이들은 파트너가 작업을 성공적으로 할 수 있게 돕는 핵심적인 행동을 말하고 목록을 만들 수 있다. 이런 레슨들이 이루어짐으로써 우리는 아이들이 항상 교실 안에서 친교를 확장하며 다른 파트너들과 작업하게 한다.

레슨 6. 침묵 신호
레슨 7. 조용한 목소리로 말하기
레슨 8. 추후질문하기
레슨 9. 생각하라-쌍-공유하라
레슨 10. 좋은 파트너의 특성

이 단원을 끝마칠 때쯤, 아이들은 파트너가 작업을 성공적으로 할 수 있게 돕는 핵심적인 행동을 말하고 목록을 만들 수 있다.

레슨 6   침묵 신호

왜 사용하는가?

협업집단에서 작업을 시작할 때, 교사 여러분의 추가적 지시를 받을 수 있기 위해서 학생들은 일시적으로 대화를 멈출 수 있어야 한다. 학기 초에는 학생들이 교사 여러분에게 주의집중하는 것이 비교적 쉽다. 왜냐하면 학생들은 서로 잘 알지 못하기 때문이다. 그러나 9월 말경에는 다른 이야기가 된다. 홈코트에 맞추어 여러분 교실 공동체는 긍정성으로 와글거리며 ─ 이것을 말하기 미안하지만 ─ 만약 쌍들과 집단들이 작업한다면, 아이들은 교사 여러분의 방해로 이야기가 끊기기보다는 서로에게 이야기를 훨씬 더 많이 계속할 것이다. 그것이 공식적인 침묵 신호가 필요한 이유다. 집단들이 그들의 활발한 토론과 침묵 사이를 원활하게 이행할 수 있게 하는 이 절차는 기어를 바꾸고, 지시를 듣고, 활동을 보고하는 일이 필요하다.

언제 사용하는가?

이것은 학생들이 협업적으로 기능하는 방법을 배우고 있을 때인 초기에 가장 잘 가르칠 수 있는 또 다른 레슨이다. 학년의 첫 주에 필요하진 않지만, 초기에 이 절차를 확립하는 것은 분산이 일어나기 전에 예방하는 걸 도울 것이다.

준비

- 미리 파트너를 짝지을 방법을 결정한다. 이 레슨은 학생들이 더 앞선 파트너 작업이나 인터뷰를 통해 이미 친해진 사람과 파트너가 된다면 가장 잘 작업할 것이다.
- 슬라이드 8을 배울 때, 교사 여러분은 자신의 토론 주제를 대체하길 원할 수도 있다.

레슨

슬라이드 1

제목 : **침묵 신호**

슬라이드 2

→ 교과과정 동안 여러분은 서로 다른 많은 파트너 및 집단들과 서로 다른 많은 활동에 참여하며 함께 작업하게 될 것입니다. 정보에 대해 가장 많이 이야기하는 사람이 기억을 가장 많이 하기 때문입니다. 그것이 선생님이 그렇게 머리가 좋은 이유지요. 우리는 수년 동안 우리의 주제에 대해 이야기해 왔습니다!

슬라이드 3

→ 그러나 수업이 원활하게 이루어지고 여러분이 이 레슨 외에도 많이 배우는 걸 보장하기 위해서, 우리는 침묵 신호가 필요해질 것입니다. 그 방식으로 여러분은 나의 지시와 급우의 의견을 듣게 될 것입니다.

슬라이드 4

→ 이 슬라이드를 프로젝터로 보여주고 소리내어 읽는다.

슬라이드 5

→ 이 슬라이드는 학급을 빨리 주목하게 만드는 공통적인 방식을 보여준다. 학생들에게 조용히 하라는 신호를 보내는 방식은 종류가 많이 있다.

- ◆ 손 들기
- ◆ 불빛을 흔들기
- ◆ 단순한 차임벨 소리 사용하기
- ◆ 호루라기 사용하기
- ◆ 리드미컬하게 손뼉치기

→ 시카고의 Burley School에 있는 우리 친구들은 말한다. "우리는 다섯을 세는 동안에 돌아올 거야. 5…4…3…2…1." 이것은 아이들에게 방향을 바꿀 수 있는 몇 초의 시간을 준다—그리고 필요한 만큼 교사가 카운트다운 속도를 높이거나 낮추게 해준다.

→ 교사 여러분은 자신의 선호를 권유하고 어떤 신호를 사용할지를 학생들에게 말할 수 있다. 또는 더 나은 방법으로 아이들에게 결정하도록 하는 것이다. 위에서 언급한 선택지와 아이들이 지정하고 싶어 하는 학교에 적합한 또 다른 신호들을 고려하라. Smokey는 손에 잡고 쓰는 소리효과 발생기를 가지고 있다. 그것은 기병대 돌격, 자동차 충돌, 사이렌, 그 외의 여러 가지 소리를 제공한다. 아이들은 이것들 중에서 자신들이 좋아하는 침묵 신호를 고르는 걸 즐긴다.

슬라이드 6

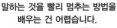

→ 잠시 동안 여러분은 여러분 파트너와 이야기할 기회를 갖게 될 것입니다. 기억하세요. 내가 여러분에게 침묵 신호를 하면, 여러분은 말하는 걸 빨리 멈추고 나에게 주의를 돌려야 합니다. 목표는 5초 이내에 여러분이 대화를 멈추고 조용히 나에게 주목하는 것입니다.

슬라이드 7

→ 이것을 프로젝터로 보여주며 큰소리로 읽는다.

슬라이드 8

→ 만약 교사 여러분이 좋다면 다른 주제로 대체한다.

슬라이드 9

→ 교사 여러분이 선택한 침묵 신호를 사용한다.

→ 파트너들이 토론을 멈추고 학급을 재소집할 때, 교사 여러분은 말하거나 신체적으로 (손가락을 사용해서) 5부터 소리를 내어 카운트다운해서 강조할 수 있다.

→ 침묵 신호를 관찰하는 것이 레슨이 원활하게 진행되고 모든 사람이 존중받고 경청되고 있다고 느끼도록 도울 것임을 강조한다.

슬라이드 10

→ 집단 안팎으로 신속히 이동할 수 있게 되는 것이 중요함을 다시 한 번 강조한다.

◆ 우리가 이것을 모두 계속 함께 작업할 수 있다면 교실은 가장 재미있어질 것입니다.

슬라이드 11

→ 시간을 덜 낭비할수록, 다양한 활동을 할 더 많은 시간을 갖게 될 것이다.

추가 조언

때때로 아이들을 다시 주목하게 만들기 어렵다. 왜냐하면 아이들은 교사 여러분이 제공한 협업 활동에 깊이 개입되어 있기 때문이다. 이렇게 환영할 경우에서 침묵 신호를 무시하는 아이들은 여러분이 받는 가장 큰 칭찬이 될 수 있다. 그들은 너무 열심히 배우고 있어서 멈출 수가 없다!

다른 때에, 만약 교사 여러분이 학급을 다시 주목하게 만드는 데 여전히 문제가 있다면, 그들의 행동이 여러분에게 어떻게 영향을 주는지 학생들에게 설명한다.

> 여러분을 소집하는 데 너무 많은 시간이 걸리면 나는 좌절감을 느껴요. 왜냐하면 오늘 할 재미있는 활동을 많이 가지고 있기 때문입니다. 하지만 난 우리가 모두 해볼 시간이 없을 거라고 생각해요. 우리는 이 문제를 함께 어떻게 풀 수 있을까요?

학생들이 개인적으로 브레인스토밍하고, 그들의 해결책을 카드에 쓰게 해서 카드들을 돌린다. 그런 다음 학생들이 어떤 침묵 속, 개별 작업에 몰두해 있는 동안 카드를 읽고, 가장 효과가 있을 해결책을 고르고, 그런 다음 학급과 한 가지 해결책을 협상한다. 해결책들이 진행되는 한, 우리는 가장 많이 이야기하는 사람에게 침묵 신호를 주는 것이 종종 침묵하게 만드는 좋은 방법임을 발견했다.

대부분의 기술에서, 토론을 빠르고 조용하게 했다 안 했다 할 수 있게 되는 것은 대부분의 학생들이 즉각적으로 숙달하지 못한다. 침묵 신호는 그것이 일상적인 반응이 되도록 지속적으로 연습할 필요가 있을 것이다. 또한 교사 여러분이 쌍이나 집단을 바꿀 때마다 잠깐의 휴식을 요구하라. 그래서 학급이 싸우거나 앉아서 차트를 바꿀 때마다 이 레슨을 다시 하도록 계획을 세워라.

해결책들이 진행되는 한, 우리는 가장 많이 이야기하는 사람에게 침묵 신호를 주도록 하는 것이 종종 좋은 방법임을 발견했다.

레슨 7   조용한 목소리로 말하기

왜 사용하는가?

집단 상호작용에 맞고, 가까이 있는 집단이나 옆 교실을 방해하지 않을 정도로 조용한 소리로 말하는 방법을 아이들에게 가르치는 것은 매우 중요하다.

30명 이상의 아이들 쌍이 레슨에서 함께 작업할 때, 그것은 15명의 학생이 동시에 이야기하는 것임을 의미한다. 그리고 그 많은 사람들이 동시에 이야기할 때 매우 시끄러워질 수 있다. 그러나 명심하라. 이 소음들은 집단 기능을 거의 방해하지 않는다. 오늘날 아이들은 관련없는 대화를 무시하는 걸 정말 잘하는 것 같다. 아마도 아이들의 향상된 무시 기술은 지나치게 오랫동안 귀에 꽂고 있던 이어폰에서 생겨났거나 또는 일을 끝마치라는 부모의 훈계를 수년 동안 무시한 것에서 기원했을 것이다. 그럼에도 불구하고 15명의 '큰소리 화자들'의 소음은 교사 여러분을 짜증나게 할 수도 있고 함께 있는 공간인 교실의 분산을 증가시킬 것이다. 그리고 귀에 거슬리는 환경에서 효과적으로 주목을 하는 데 어려움이 있는 아이들이 많다. 그러므로 집단 상호작용에 맞고, 가까이 있는 집단이나 옆 교실을 방해하지 않을 정도의 소리로 말하는 방법을 아이들에게 가르치는 것은 매우 중요하다.

언제 사용하는가?

학생 토론집단이 명랑한 음조로 말을 할 때 그 소음 수준을 모니터하라. 일반적으로 서로를 더 잘 알수록 학생들은 더 크게 이야기할 것이다. 그 소음 수준의 증가는 실제로 긍정적이다. 왜냐하면 집단 내에서의 에너지 수준 및 말하는 것에 대한 신뢰 수준의 증가를 나타내기 때문이다. 이 레슨을 할 가장 좋은 시기는 그 집단이 응집성의 '큰소리' 단계에 도달하고, 여러분의 옆 교실이 여러분의 '통제가 안 된 학급(out of control class)'에 대해 불평을 하기 전이다.

준비

- 파트너들을 짝짓는 방법을 미리 결정한다.
- 학생들이 노트를 할 방법을 정한다 — 여러분이 나누어준 종이, 바인더에서 뜯어낸 종이, 작문 노트나 태블릿.

레슨

슬라이드 1

제목 : **조용한 목소리로 말하기**

슬라이드 2

➜ 이 레슨의 시작은 학생들이 숙달되고 고기능 집단이 되었음을 축하하는 것이다.

슬라이드 3

➜ 이 슬라이드를 프로젝터로 보여주고 소리내어 읽는다.

슬라이드 4

➜ 이렇게 너무 크게 소리내어 말하는 문제를 해결하는 것이 실제로 좋은 것임을 강조한다. 왜냐하면 교사 여러분도 학생들이 그들의 파트너와 이야기하는 데 몰두하고 집중하고 있다는 것을 주목했기 때문이다.

슬라이드 5

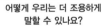

➜ 이 레슨도 교사 여러분에게 예의 바름을 다룰 기회를 준다.
➜ 학생들이 서로의 이야기를 아주 잘 들을 수 있다고 말하더라도, 그들은 다른 사람을 고려할 필요가 있다. 그 소음은 그 소리를 듣고 싶지 않은 다른 교실에도 전달될 것이기 때문이다.
➜ 그리고 어떤 아이들은 정말 큰 소음 속에서 일하는 것이 어려움을 발견한다.

슬라이드 6

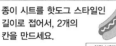

→ 이제 학생들이 파트너와 함께 조용한 목소리로 말하기 기술 차트를 만들 시간이다.

→ 학생들에게 종이를 길이로 반을 접어 왼쪽 칸만 보이게 하도록 지시한다. 이것은 학생들로 하여금 한 번에 하나의 기술에만 집중하게 만들 것이다.

슬라이드 7

→ 이 슬라이드를 보여줄 때, 우리가 조용히 말하고 있는 집단/쌍의 신체언어를 알아보기 위한 것임을 강조한다.

슬라이드 8

→ 쌍들이 브레인스토밍하기 전에, 학생들에게 눈 맞춤이나 가까이 앉기 같은 1~2개의 예를 보여준다.

→ 학생들에게 긍정적인 행동에 초점을 두라고 말한다. 우리는 이 기술이 무엇처럼 보이지 않는지가 아니라 어떻게 보이는지에 대해 말하길 바란다. (부정적인 예를 긍정적인 용어로 재구성하는 일이 리스트에 있는 항목의 원천이 될 수 있긴 하지만 말이다.)

→ 쌍들이 브레인스토밍할 때, 계속 생각하고 쓰도록 그들을 모니터하고 격려한다. 2~3분 후에, 침묵 신호를 주고 학생들이 다시 모이도록 부른다.

슬라이드 9

→ 공유와 목록 만들기가 시작되기 전에 학생 서기를 지정한다. 그래야 학급이 공유하는 동안 교사 여러분이 자유롭게 어울리고, 모니터하고, 초점을 유지하게 된다.

→ 쌍들에게 학급숙달 리스트를 만드는 데 기여하라고 요구할 때, 모든 행동을 칠판에 확실히 기록한다. 아니면 이 슬라이드로부터 프로젝터로 보여줄 수 있는 워드프로세싱으로 잠깐 넘어가는 것이 바람직하다. 그것이 교사 여러분이 영구적인 목록 복사본을 가지게 되는 방식이다.

→ 만약 교사 여러분이 칠판에 직접 쓴다면, 지우기 전에 스마트폰으로 완료된 '~처럼 보인다' 목록의 사진을 찍는다. '~처럼 보인다' 칸에 새 아이디어를 첨부하여 목록을 완성하도록 학생들을 지도한다.

→ 이 리스트는 전형적으로 다음을 포함할 것이다.

  ◆ 함께 가까이 앉기

  ◆ 눈 맞춤

  ◆ 서로를 향해 몸을 기울이기

  ◆ *끄덕이기*

- ◆ 미소 짓기
- ◆ 노트하기
- ◆ 입술에 손가락 대기(침묵 신호)
- ◆ 지퍼 입술(침묵 신호)
- ◆ 서로 가까이 머리 맞대기
- ◆ 한 번에 한 사람만 말하기
- ◆ 다른 집단 무시하기(주 : 다른 집단에 신경을 쓰지 않고 파트너에만 집중한다는 의미에서)

슬라이드 10

→ 학생들이 '~처럼 들린다' 예들을 브레인스토밍할 때 집단 내에서 실제로 조용한 목소리로 서로를 격려하는 말을 할 수 있음을 설명한다.

슬라이드 11

→ 학생들에게 '~처럼 들린다'로 이름붙인 오른쪽 칸을 보고 가능한 말의 브레인스토밍을 시작하라고 말한다. 학생들이 '속삭이기'처럼 모호한 서술어를 포함시키길 원하더라도, 서로에게 조용히 있게 하는 긍정적 기억단서로 그들이 사용할 수 있는 실제적 단계를 향해 계속 진행한다. 우리는 이 말을 사용하는 걸 좋아한다. 왜냐하면 조용한 목소리는 집단을 넘어 전달되지 않는다는 것을 강조하기 때문이다 — 기억하세요, 여러분의 12인치 목소리를 사용하세요.

→ 앞에서와 같이, 같은 종류의 모니터링으로 계속한다. 몇 가지 말(phrase)만 쓴 후에 쓰기를 멈추는 쌍들을 격려하라.

슬라이드 12

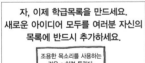

→ 수 분 동안 브레인스토밍을 한 후에, 학생들이 서로에게 말할 수 있는 모든 긍정적인 말의 최종목록(master list)을 만든다.

→ 각각의 말을 따옴표 안에 넣거나 학생들이 따옴표에 넣을 방법을 생각해내도록 돕는다.

→ 만약 긍정적인 서술어인 '~처럼 들린다' 제안들이 있는데 아직은 실제 인용구가 아니라면, 그것들을 버리기보다는 써 놓는 게 좋다.

→ 그들의 개인적인 목록이 칠판에 있는 목록처럼 완성되도록 새로운 제안들 모두를 학생들이 베끼도록 상기시킨다. 아래에 학생들이 생각할 수 있는 '~처럼 들린다'에 대한 전형적인 항목들이 몇 개 있다.

- ◆ "여러분의 12인치 목소리 사용하는 것을 기억하자."
- ◆ "우리가 더 조용히 말할 수 있게 더 가까이 와."
- ◆ "말을 너무 크지 않게 하자."

◆ "더 조용히 말하도록 노력하자."

◆ "다른 집단에게 우리 이야기가 들릴 것 같아."

◆ "멋진 12인치 목소리!"

◆ "나는 너의 조용한 의욕이 좋아."

◆ "자, 작은 소리로 하자."

슬라이드 13

→ 일단 이 목록이 완성되면, 학생들로 하여금 그들의 종이를 펴서 T-차트의 양면을 모두 보게 한다.

→ 이제 학생들이 할 일은 조용한 목소리로 말하기를 시작하는 것이다.

→ 주제를 미리 준비하거나 제안을 요구한다. 그다음 레슨 2(44페이지)의 기술을 사용해서 쌍들이 서로를 인터뷰하게 지도한다.

→ 학생들이 4~5분 동안 말할 때 조용한 목소리인지를 듣는다. 하지만 그들이 인터뷰 기술을 사용해 주제에 균형을 맞춘 대화를 얼마나 잘 유지할 수 있는지도 봐야 한다.

슬라이드 14

→ 그렇다, 깨진 레코드 타임이다. 학생들이 함께 작업을 할 때마다, 서로에게 감사하며 모임을 마치는 걸 학생들이 잊지 않게 한다. 그러한 작은 몸짓이 교실 공동체에 얼마나 큰 차이를 가져올 수 있는지 놀랍다!

→ 잘 경청하고 좋은 질문을 하도록 학생들에게 상기시킨다.

레슨 8   추후질문하기

왜 사용하는가?

학생들이 친절하고 낮은 위험 인터뷰 형식으로 경청하고 추후질문을 하는 연습 기회를 가졌다고 하더라도, 그들은 동일한 이 토론 기법이 목적적, 심층적인 어떤 학업토론에도 초석이 된다는 것을 배울 필요 또한 있다. 학생들은 이미 이 인터뷰 절차를 알고 있기 때문에, 내용 영역 토론으로 연결짓기 위해서 우리는 친숙한 구조를 사용할 수 있다.

언제 사용하는가?

학업토론 중에 원활하게 추후질문을 하는 것은 많은 연습이 필요한 기술이다.

이것은 우리 집단들이 내용 영역 자료에 대한 협업 토론을 갖기 시작할 때마다 사용하는 레슨이다. 학생들이 다른 사람의 아이디어를 잘 듣고 깊게 파고 들어가는 대화에서 중요하다. 학업토론 중에 원활하게 추후질문을 하는 것은 많은 연습이 필요한 기술이다. 우리는 종종 이 레슨을 두세 번 가르친다. 그리고 우리는 집단토론이 주제에서 주제로 너무 빠르게 뛰어넘는 것을 볼 때마다 다시 이 레슨으로 돌아온다. 만약 구성원들이 다른 집단 구성원을 향한 추후질문을 통해 가치 있는 아이디어를 추구하는 걸 잊는다면 토론은 빠르게 피상적이 될 수 있다.

준비

- 파트너들을 짝짓는 방법을 미리 결정한다.
- 아이들이 노트할 방법을 정한다 — 여러분이 나누어준 종이, 바인더에서 뜯어낸 종이, 작문 노트나 그들이 좋아하는 아이패드.
- 이 레슨의 후반부를 위해, 우리는 학생들이 읽고 그것에 대한 질문을 만들 짧은 **텍스트**가 필요할 것이다. 우리는 한 페이지보다 더 긴 글은 추천하지 않으며, 교사 여러분의 내용 영역 및 현재 연구단원과 관련된 것을 추천한다. 만약 교사 여러분이 텍스트 사진을 찍는 걸 선택한다면, 각 학생들이 확실히 복사를 하게 하라. 그러나 만약 텍스트가 생각을 유발하면서 매우 짧다면, 그 텍스트를 학생들이 읽을 수 있도록 프로젝트로 보여줄 수 있다. 또한 우리 — 그리고 공통적인 핵심 기준 — 는 시각적 이미지를 텍스트의 한 형태라고 간주한다. 그러므로 내용 관련 토론을 자극하기 위해서는 미술품, 역동적인 사진, 표, 차트, 혹은 다른 종류의 시각적 자료를 선택할 수 있다.

레슨

슬라이드 1

제목 : **추후질문하기**

슬라이드 2

➔ 파트너 인터뷰 레슨에서 언급한 바와 같이, 우리는 학업토론에 대한 낮은 위험 워밍업으로 인터뷰를 계속 사용한다.

➔ 우리 교사들이 종종 즉각적으로 학업을 시작해야 한다는 압력을 느끼겠지만, 이 5분간의 우호적인 대화는 항상 할 만한 가치가 있다.

➔ 아는 사람보다는 낯선 사람에게 무례하고 도움을 주지 않는 게 훨씬 더 쉽다는 걸 기억하라. 그래서 이러한 워밍업 대화는 여러분이 구축했던 홈코트 및 친절과 지지의 분위기를 굳히는 데 중요하다.

슬라이드 3

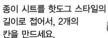

➔ 인터뷰하기를 정기적으로 사용하고 공식적 노트하기를 게을리 하더라도(학생들이 좋은 경청과 추후질문 기술을 숙달했다고 교사 여러분이 생각한다면 괜찮다), 학생들로 하여금 이 인터뷰를 한 페이지로 제출하게 한다. 왜냐하면 우리는 슬라이드 10에서 시작하는 텍스트 토론에서 이 노트하기 유형으로 돌아올 것이기 때문이다.

슬라이드 4

➔ 항상 학생들에게 그들의 인터뷰 주제를 브레인스토밍할 기회를 준다.

➔ 쌍들이 색인카드에 아이디어를 써서 미리 제출하게 할 수 있다. 그런 다음, 파트너 인터뷰를 할 때마다 교사 여러분은 2~3개의 카드를 뽑아서 학급이 그것들 중에서 선택하게 할 수 있다.

➔ 집단마다 다른 주제를 사용하게 하는 것도 좋다. 모든 집단이 동일한 대상을 토론해야 할 이유는 없다.

➔ 누가 먼저 인터뷰를 할지 쌍들이 결정할 방법을 미리 이야기한다.

➔ 만약 아이들 중 일부가 '거친 인터뷰'를 하게 될지도 모른다고 생각한다면, 어떤 심술궂은 영화배우처럼, 아이들에게 다음과 같이 상기시킨다.

◆ 할 수 있는 한 질문에 철저하게 대답하는 것이 인터뷰 대상의 일입니다. 만약 인터뷰가 실시되는 걸 어렵게 만든다면 여러분은 좋은 파트너가 아닙니다. 기억하세요, 여기는 홈코트입니다.

슬라이드 5

➔ 인터뷰를 시작하기 바로 전에 개방형 질문의 개념을 복습한다.

➔ '빈약한', 단답형, 사실 회상 질문("네 생일은 언제야?")과 넓고, 심층적인, 개방형 질문("너희 가족은 생일을 어떻게 축하하니?")을 구별하도록 한다.

➔ 1~2개의 짧은 질문을 하고 쌍에게 다음과 같이 묻는다.

◆ 여러분은 이 질문을 더 길고, 더 상세한 답을 끌어내도록 어떻게 바꾸어 말할 수 있나요?

➔ 최상의 질문은 교사 여러분이 정말로 경청하고 있음을 보여주면서 파트너가 방금 말한 것에 직접 근거한 질문임을 강조한다.

슬라이드 6

➔ 쌍들이 인터뷰를 시작하면, 모니터할 때 가까이서 관찰한다.

➔ 직접 중재하는 것을 두려워하지 말라.

➔ 빈약한, 단답형 질문을 들었을 때 멈추게 하고 인터뷰하는 사람이 질문을 바꾸어 말하게 돕는다.

➔ 아이들이 역할을 바꾸도록 요구하기 전에, 첫 번째 인터뷰에 약 2~3분을 허락한다.

슬라이드 7

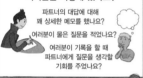

➔ 전체 학급을 재집합하기 전에 파트너들에게 2~3분을 준다.

슬라이드 8

➔ 학생들이 이러한 질문들을 생각하고 마찬가지로 그다음에 특별한 향상목표를 세울 때, 학생들이 자기 자신을 1에서 10까지의 척도로 등급을 매기게 할 수 있다.

슬라이드 9

➔ 다시 한 번, 경청과 사려 깊은 추후질문은 파트너들이 서로의 아이디어를 탐구할 수 있는 질문이라는 걸 학생들에게 상기시킨다.

슬라이드 10

➔ 이 단계는 학생들이 간단한 주석에 익숙해진 것으로 가정한다. 만약 그렇지 않다면, 첫 번째 단락을 소리내어 읽고 교사 여러분의 주석을 보여줌으로써 시범을 보인다. 또는 교사 여러분이 시각적 텍스트를 사용하고 있다면 그것을 소리내어 말하고, 노트하기 시범을 보인다. 그런 다음 학생들 주석과 인터뷰를 위해서 새로운 이미지를 프로젝트로 보여준다.

➔ 이 작업은 조용히 한다는 걸 강조하라. 각 파트너의 목표는 가능한 한 많은 텍스트 관련 아이디어들을 앞으로 할 대화에 가져오는 것이다.

➔ 학생들이 그 자료를 공부할 때, 모든 사람이 연구하고 노트를 하도록 모니터한다. 다른 사람에 앞서 마친 학생들에게는 노트를 다시 읽고 추가할 수 있는 게 무엇인지 생각하게 한다.

슬라이드 11

→ 이제 학생들은 앞서의 워밍업에서 했던 것과 같은 인터뷰 기법과 노트하기를 사용할 것이다. 이 시간을 제외하고 그들은 텍스트와 관련된 생각에 대해 파트너를 인터뷰할 것이다.

슬라이드 12

→ 누가 먼저 인터뷰를 할 것인지 각 쌍이 결정하게 한다. 다음과 같이 말해준다.

  ◆ 결정을 빨리 하세요. 만약 누가 시작할지 결정할 수 없다면, 내가 결정해줄 겁니다.

→ 학생들이 인터뷰를 하면, 개방형 질문하기와 좋은 노트하기를 모니터한다.

→ 인터뷰하는 사람에게 적어도 3개의 추후질문을 할 충분한 시간을 주고 난 다음에 시간 종료를 알리고 역할을 바꾸게 한다.

슬라이드 13

→ 학급을 재소집하기 전에 파트너들에게 몇 개의 추후질문을 허용한다.

슬라이드 14

→ 추후질문을 하는 기술을 보고하기 전에, 몇몇 아이들이 토론 주제에 대해 갖게 된 흥미를 공유하게 한다.

슬라이드 15

→ 이 레슨으로부터 학습을 획득하기 위한 시간을 갖는다. 구체적이고 효과적인 추후질문의 예를 아이들이 제공할 때, 기저에 있는 공통적인 구조를 확실히 강조한다 — 주의해서 경청하기와 더 깊게 탐구하기.

슬라이드 16

→ 언제나처럼 감사하게 하라!

레슨 9   # 생각하라-쌍-공유하라

왜 사용하는가?

'생각하라-쌍-공유하라'는 한 번에 1분간 우리들 자신(교사)의 말을 줄이고 여러분 교실을 분산시키는 가장 좋은 방식이다.

이것은 기저선의 기본적인 교실 상호작용 전략이다. 아이들로 하여금 파트너를 돌아보고 작업 중인 텍스트나 주제에 대해 짧게 말하게 한다. 이것은 또한 우리가 교실에 추가할 수 있는 가장 동시적인 변형 구조이다. 갑자기 사고하기, 말하기, 작업하기가 우리가 하는 모든 것은 아니다. 이제 또한 아이들은 책임감을 받아들이고 학습을 해나간다.

우리 교사들은 말하기, 가르치기, 제시하기에 너무나 익숙해져서 우리의 청중인 아이들의 풍부한 비언어적 단서들을 놓치는 경향이 있다. 아이들은 그것을 이해하지 못하고 있고, 몰입하고 있지 않다. 심지어 아이들은 그것을 의식하지도 않고 있다. 가슴 깊은 곳에서, 우리가 하는 것이 모두 강의뿐이라면 학생들이 많은 걸 기억하지 못한다는 것을 우리는 안다. 하지만 교과과정을 망라하는 절실한 요구는 우리를 위협한다. 그러나 언급하기가 가르치기는 아니다. '생각하라-쌍-공유하라'는 한 번에 1분간 우리들 자신(교사)의 말을 줄이고 우리의 교실을 분산시키는 가장 좋은 방식이다.

언제 사용하는가?

단지 1~2분 동안, 하지만 매일, 하루에 여러 번 한다. 만약 6분이나 7분 동안 아이들이 연속적으로 돌아가며 말하지 않는다면 우리와 함께 일하는 많은 교사들은 좀이 쑤실 것이다. 아이들은 교사들이 보여주고 공유하고 있는 그 모든 좋은 콘텐츠를 동의하고, 분명히 하고, 질문하고, 종합하고, 공고히 할 짧은 기회들이 자주 필요하다. 그것은 한 레슨 동안 4번 혹은 6번 혹은 8번 교대로 말하는 걸 의미한다. 만약 여러분이 5개 반의 수업을 한다면, 그것은 하루에 20~40번을 의미한다. 우리가 '변형적'이라는 말로 무엇을 의미하는지 생각해보라.

준비

- 이 레슨을 위해 흥미 있고, 쉽고, 아이의 마음을 끄는 논픽션 기사를 하나 복사한다. 교사 여러분이 교과과정을 증진시키도록 돕기 위해 콘텐츠와 관련된 기사를 고른다.

레슨

슬라이드 1

제목 : 생각하라-쌍-공유하라

→ 이 도입 레슨에서, 아이들은 그들이 읽게 될 짧은 이야기에 대해 말할 것이다. 그러나 넓고 넓은 학교세계에서 우리는 어느 때나 무언가를 쌍으로 공유하는 아이들을 발견할 수 있다─강의하는 도중에, 과학실험 후에, 영화를 보기 전후에, 집단과제를 숙고하면서.

슬라이드 2

좋은 파트너들이 할 수 있는 일 하나는 서로의 독서를 지지하는 것입니다.

→ 아이들을 쌍으로 짝짓는다. 파트너 만들기 레슨(40페이지)에서 필요했던 것들을 그들에게 상기시킨다.

→ 이와 같은 활동들로 아이들을 계속 섞이게 한다. 교실 기준은 '모든 사람(특별한 몇 명의 친구뿐만 아니라)은 모두와 함께 작업한다'이다.

슬라이드 3

이 짧은 기사를 가지고 연습하세요.
여러분 파트너 옆에 좋은 자세로 앉으세요.

기사를 조용히 읽으세요.
여러분이 읽을 때, 다음과
같은 부분을 표시하기 위해
이 세 가지 코드를 사용하세요.

! 여러분에게 흥미 있는 것
* 중요해 보이는 것
? 질문을 유발하거나 궁금하게 만드는 것

→ 모든 아이들에게 조용히 독서를 마치고 기사에 표시를 할 시간을 충분히 준다. 만약 학생들의 완수 속도가 매우 다양할 것이라고 예측된다면, 학생들에게 미리 다음과 같이 이야기한다.

◆ 만약 여러분이 파트너보다 먼저 읽기를 마친다면, 다시 읽으면서 주석을 달 좀 더 많은 정보를 찾을 수 있는지 보세요.

→ 이 협업 레슨에는 보너스 읽기 기술이 들어 있다. 아이들은 간단한 텍스트 형태를─읽는 동안 반응을 하기 위해 멈추는─세 가지 범주로 연습한다. 이런 종류의 멈추고-생각하고-반응하는 전략은 누군가 그들에게 가르쳐주었든 혹은 그들 스스로 만들어 냈든 간에 가장 숙련된 독자 거의 대부분이 항상 사용하는 전략이다.

슬라이드 4

여러분 파트너를 돌아보고 여러분 중 한 사람 또는 두 사람이 모두 흥미 있다고 생각한 부분에 대해 말하세요. 이 정보가 있는 곳에 ! 표시를 하세요.

→ 그들이 주석을 달았던 세 가지 요소에 대한 일련의 빠른 대화로 아이들이 시작하게 한다.

→ 활기 있게 진행하기 위해서, 자신들이 기사에서 찾은 흥미 있는 내용을 공유할 시간을 쌍들에게 1분 동안 준다.

→ 이 레슨은 실제로 아이들에게 슬라이드 7에서 전체 학급에게 보고를 시작하기 전에 파트너와 3개의 짧은 대화를 하도록 요구한다. 만약 교사 여러분이 이것이 아이들에게 어려울지 모른다고 의심된다면, 속도를 늦추어서 파트너들이 3개 형태의 주석을 각각 토론한 후에 3개의 전체 학급 보고를 하게 할 수 있다.

슬라이드 5

➔ 텍스트의 중요한 부분으로 나아간다. 더 많은 지도가 필요한 아이들을 지원하기 위해 계속 돌아다닌다.

슬라이드 6

➔ 마지막으로 쌍들이 읽기에서 생긴 어떤 질문이나 호기심에 대해 말하게 한다.

슬라이드 7

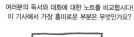

➔ 세 가지 주석 형태를 사용하여 이제 전체 학급 보고를 시작한다.
➔ 먼저 그들이 읽고 토론한 가장 흥미로운 정보를 자원해서 공유할 쌍을 구한다.

슬라이드 8

➔ 다음으로, 쌍들이 읽고 토론한 가장 중요한 정보를 보고하는 것을 듣기로 진행한다.

슬라이드 9

➔ 마지막으로, 아이들이 읽거나 토론하는 동안 생긴 질문들을 공유하게 한다.

슬라이드 10

➔ 아이들에게 파트너를 돌아보고 이야기하는 것의 가치에 대해 생각하도록 권유한다.
➔ 파트너에게 감사하게 하라!

레슨 10   좋은 파트너의 특성

왜 사용하는가?

학생들이 함께 작업을 할 때, 왜 어떤 파트너는 성공하는데 다른 파트너는 실패하는지를 분명히 아는 게 중요하다. 신중한 분석을 하지 않으면, 학생들은 나쁜 파트너와의 경험을 "우린 단지 잘 지내지 못했을 뿐이야." 또는 "걔는 날 좋아하지 않아."와 같은 말로 요약한다. 불행히도 학생들이 연속적으로 '나쁜 파트너'와 짝이 되었을 때, 그 일은 학생들로 하여금 좌절하고 절망스러워서 협업을 꺼리게 만든다. 또한 그들의 불운에 대해 다른 사람을 비난하기 쉽기 때문에, 학생은 자신들의 행동을 분석하는 일을 멈추지 않고 다른 사람과 함께 작업할 때 달리 할 수 있었던 행동에 대해 생각한다. 이 레슨은 학생들로 하여금 그들이 함께 작업하고 싶은 파트너는 어떤 종류의 파트너인지에 대해 생각할 수 있게 해준다. 그리고 그들이 어떤 종류의 파트너가 되어야 할지에 대해서도 생각하게 해준다.

불행히도 학생들이 연속적으로 '나쁜 파트너'와 짝이 되었을 때, 그 일은 학생들로 하여금 좌절하고 실망스러워서 협업을 꺼리게 만든다.

언제 사용하는가?

이 레슨은 학생들이 2주 동안 함께 작업한 후에 가장 효과가 있다. 왜냐하면 교실에서의 최근 협업 경험으로부터 학생들의 통찰이 자라날 것이기 때문이다. 만약 교사 여러분이 특정 급우와 함께 작업하는 것을 피하거나 거절하는 아이를 본다면 이 레슨이 편리하다.

준비

- 학생들을 짝지어주는 방법을 미리 결정한다.
- 학생들이 그들의 목록을 기록할 방법을 결정할 필요도 있다 — 여러분이 나누어준 종이, 바인더에서 뜯어낸 종이, 작문 노트나 크롬북, 나노북 등.

레슨

슬라이드 1

제목 : **좋은 파트너의 특성**

슬라이드 2

➔ 쌍의 구성원이 서로를 돌아보며 슬라이드 2에서 파트너와 함께 작업하는 것이 어떤 것이 되어야 하는지에 대해 말하게 한다. 그리고 다음과 같이 물어본다.

◆ 그 파트너의 표정과 신체언어가 여러분에게 어떻게 느껴졌나요?
◆ 다른 사람의 신체언어를 보고 여러분에 대한 다른 사람의 생각이 무엇인지 생각할 수 있나요?
◆ 여러분이 생각하기에 어떤 파트너가 대부분의 일을 끝낼 수 있나요?

➔ 학생들에게 1분간 토론할 시간을 주고, 반응을 공유할 자원자를 요청한다.

➔ 반응들은 '준비가 안 된', '작업에 관심이 없는', '게으른', '좋지 않은', '다른 사람이 지루하거나 루저인 것처럼 행동하는', '나에게 말하지 않을' 사람으로 파트너를 기술할 것이다.

슬라이드 3

➔ 이제 이러한 학생들의 신체언어가 더 요청되는 이유를 쌍들이 토론하게 한 뒤 질문한다.

◆ 여러분이 편하게 느끼게 만들 수 있는 파트너의 표정과 신체언어는 무엇인가요?

➔ 1분 동안 이야기한 후, 자원자들은 '미소 짓기', '친절하게', '준비된 것처럼 보이기', '여러분 이야기를 듣고 있는 것 같은 왼쪽에 있는 소년', '그들 모두가 작업을 기꺼이 공유하는 것처럼 보인다' 등의 내용을 공유할 것이다.

슬라이드 4

➔ 슬라이드를 소리내어 읽고 질문한다.

◆ 작업 경험을 유쾌한 것으로 그리고 학업적으로 생산적이게 만드는 행동은 무엇인가요?

➔ 그다음에 파트너와 1분간 이야기할 시간을 주고 답을 브레인스토밍하게 한다.

슬라이드 5

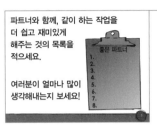

→ 이제 학생들이 종이 한 장 또는 그들의 노트/일지를 꺼내게 하고 파트너와 함께 작업을 잘하게 해주는 모든 행동 목록을 브레인스토밍하게 한다.

→ 학생들에게 그들이 적어도 10개의 다른 행동 목록을 만들 수 있어야 한다고 말한다.

→ 학생들이 파트너의 의견을 들을 때, 두 아이 모두가 아이디어를 확실히 적도록 모니터링한다. 목록의 끝이 가까워지기 시작하면 레슨을 정리한다.

슬라이드 6

→ 슬라이드를 보여주며 지시를 소리내어 읽는다.

슬라이드 7

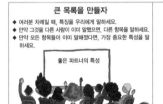

→ 이제 최종목록을 만들 시간이다.

→ 학급이 공유하고 있을 때 참가시키고, 모니터하고, 집중을 유지하는 게 자유로워지게 시작을 공유하고 목록을 적기 전에, 학생 서기를 지명한다.

→ 집단 공유의 목적이 아이들로 하여금 자신의 목록을 확장하고 그들이 생각하지 않았던 긍정적 행동을 추가하게 만드는 것임을 설명한다.

→ 만약 그들이 적은 항목 모두가 공유하려고 할 때 이미 언급된 것이라면, 그들이 가장 중요하다고 생각하는 하나의 행동을 제의할 수 있으며 학생 서기는 그 항목 옆에 별표를 한다는 점을 파트너들에게 상기시킨다. 그들은 빠르게 열심히 자원해야 한다.

슬라이드 8

→ 파트너와 함께 생각한 아이디어들만이 아니라, 모든 사람이 학급에 제안한 완성된 목록을 만들길 바란다는 점을 강조한다.

슬라이드 9

→ 이제 학생들이 짧은 개별적 반성을 할 시간이다. 학생들의 현재와 미래의 협력이 향상되도록, 교사 여러분은 계속 사용한 한두 가지 기술을 정직하게 확인하라고 요구하게 될 것이다.

◆ 정말로 좋은 행동들은 무엇인가?

◆ 어떤 기술이 약한가?

➔ 학생들은 원래 목록과 같은 페이지에 자신들의 반성내용을 쓸 수 있다. 또는 색인카드를 엑시트 슬립(exit slip, 나갈 때 혹은 끝마칠 때 사용하는 메모종이)으로 사용할 수 있다.

➔ 만약 교사 여러분이 반성을 수집한다면, 학생들이 함께 작업할 다음 시간에 그것을 확실히 돌려주어라. 다음 번 쌍 활동을 시작하기 전에, 학생들이 그들의 향상 목표를 재검토하게 한다. 그런 다음 이런 파트너 작업 후에 학생들이 말하고 행했던, 목표를 향해 작업하고 있음을 보여주는, 구체적인 일을 적어둔다.

슬라이드 10

➔ 마지막으로 함께 작업할 때 파트너가 사용했던 3개의 구체적인 긍정적 행동들의 이름 짓기를 하여, 쌍들이 파트너의 강점을 알게 하라.

➔ 그리고 늘 그러듯 고맙다고 말하게 하라!

제6장

향상된 파트너 작업

이 부분에서 우리는 더 복잡하고, 더 많은 시간이 걸리고, 때때로 일련의 다른 파트너들과 함께하는 파트너 활동으로 들어간다. 이 레슨 각각은 쌍들에게 더 많은 단계, 더 큰 깊이, 더 많은 도전을 제시한다. 이 단계에서 우리는 학생들이 방 안에 있는 모든 사람과 더 유연하고, 효과적으로, 즐겁게 작업하길 기대한다. 중요한 파트너 작업에서 생겨난 에너지는 이제 아이들의 도전, 옛 또래집단, 기계적인 사회적 기술의 사용을 능가한다.

레슨 11. 적극적 경청
레슨 12. 대화 확장하기
레슨 13. 약속시계를 가지고 친교 확장하기
레슨 14. 퍼즐 조각을 섞어라

레슨 11 적극적 경청

왜 사용하는가?

여기 충격적인 일이 있다 ― 대부분의 학생들은 우리에게 올 때 특히 좋은 경청자로 오지 않는 다는 점이다. 그리고 이것을 즉시 고치지 않으면, 우리 교실에서 이루어지는 많은 유형의 협업 이 방해받을 것이다. 물론 우리들 중 누구도 다른 사람에게 온 집중을 하는 방법을 알고 태어나 는 사람은 없다(가능한 예외가 있다면 그것은 초기 수개월 동안 아이를 돌보는 어머니들이다). 적극적 경청은 분명히 가르쳐야만 하는 것으로 보인다.

그러나 지금은, 우리 학생들이 자라고 있는 세상에서는 경청이 사라지고 있는 습관인 것으로 보인다. 누가 어느 일에 더 이상 온 집중을 하는가? 이것은 매우 역행적이다. 멀티태스킹은 현 대에 선호되는 마음가짐이다(우리는 여러분에 대해 알지 못한다. 그러나 우리가 멀티태스크를 하고 있을 때 우리는 모든 일에서 더 엉망으로 일을 하고 있는 것이다.)

당연히 우리 학생들 대부분은 교정적 경청이 필요하다. 이 레슨은 그것을 시작하게 해준다.

언제 사용하는가?

명백히 이것은 학년 초에 하는 레슨이다. 학생들은 파트너 및 집단 모두와 효 과적으로 작업할 수 있도록 이 기술을 습득해야 한다.

명백히 이것은 학년 초에 하는 레슨이다. 학생들은 파트너 및 집단 모두와 효과적으로 작업할 수 있도록 이 기술을 습득해야 한다. 그러나 한 번의 실습으로는 충분하지 않다. 만약 교사 여 러분이 바라는 것을 이해시키지 못했으면, 숙련된 학생이나 다른 성인과 함께 어항 보여주기 (fishbowl demonstration)를 하고, 두 사람이 하고 있는 것을 주목하라고 아이들에게 요청하고, 그러한 경청 행동들을 슬라이드 5 리스트에 있는 요소들로 바꾸도록 요청해보라.

준비

- 아이들에게 우호적이고 흥미 있는 기사를 복사하고 진행할 준비를 한다. 각 학생마다 1 개의 복사본이 필요할 것이다.

레슨

제목 : **적극적 경청**

➔ 때로 우리는 이 레슨을 다음과 같은 말로 시작할 것이다.

◆ 여러분은 '모든 귀로' 듣는다(잘 듣는다)라는 표현을 들은 적이 있나요? 그것은 무슨 뜻인 가요? 누가 공유할 수 있나요?

◆ 이 레슨 끝 무렵에 여러분은 아마도 실제로 더 많은 귀가 생기진 않을 거예요. 그러나 여러 분이 가지고 있던 귀들이 조금 더 커질 수 있어요.

➔ 여러분은 어떤 긍정적인 신체언어에 주목하나요?

➔ 교사 여러분이 요청하여 몇 사람의 자원자들에게서 아이디어를 구하라.

◆ 이 그림 속에서 두 아이들이 하고 있는 행동 중 여러분이 주목하는 것은 무엇인가요? 아무 소리가 들리지 않을 때조차도 우리는 이 아이들이 적극적 경청을 실천하고 있음을 추측할 수 있어요. 이제 우리 자신이 해봅시다.

➔ 기사를 나누어준다. 학생들은 조용히 읽으면서 가장 간단한 텍스트 주석달기 모델 (annotation model)을 사용하게 될 것이다. 파트너와 이야기하는 게 재미있을 만한 것 을 발견했을 때 여러분은 멈추고 그 내용에 표시를 하거나 밑줄을 긋는다.

➔ 나중에 쌍들은 대화를 시작하거나 유지하기 위해 이 부분으로 돌아가 참고할 수 있다.

➔ 여기에서 우리는 가장 공통적으로 언급되는 적극적 경청의 요소들을 보여준다.

➔ 각각의 요소가 의미하는 것을 아이들이 확실히 이해하게 하면서 인내심을 가지고 그 요소들을 복습한다.

➔ 만약 학생이 새로운 항목을 생각한다면, 그들의 생각을 기뻐하고 리스트에 그것을 추 가한다.

➔ 시범을 시작할 때 학생들이 가능한 한 이 행동들 중 많은 것을 사용하도록 노력해야 한다고 설명한다.

슬라이드 6

➜ 이 단계들에 대해 강조하고 분명히 한다.

 ◆ 여러분의 메모를 세밀히 살펴보세요.

 ◆ 파트너와 함께 주제를 고르세요.

➜ 아이들이 과제를 이해한다고 확신할 때, 슬라이드 7로 곧장 넘어간다. 그러면 아이들이 적극적 경청을 시도할 때 규칙을 갖게 될 것이다.

슬라이드 7

➜ 아이들의 실천을 지원하기 위해 규칙을 볼 수 있게 유지한다.

슬라이드 8

➜ 이제 우리는 적극적 경청의 활기 있고 도전적인 측면으로 좁혀가고 있습니다 — 파트너가 한 말 바꿔 말하기. 이것은 실제로 주의와 집중을 요구합니다 — 만약 파트너가 말하는 동안 여러분이 생각 없이 고개를 끄덕인다면(그리고 여러분이 말할 순서를 주로 기다린다면), 여러분은 요약을 할 수 없을 거예요.

➜ 파트너가 말한 것의 요점 언급을 생각해내서 만들도록 아이들에게 생각하는 시간을 준다. 도움이 된다면 메모를 하도록 격려한다.

➜ 가장 빠른 생일인 파트너가 그것을 해보게 한다.

슬라이드 9

➜ 쌍들끼리 그 과정을 보고하게 한다.

➜ 파트너의 역할을 바꾸었을 때 다음 번에 요약을 더 정확하게 해주는 방법을 찾게 한다.

➜ 이제 파트너 2에게 요약을 하게 신호를 보낸다.

슬라이드 10

➜ 이제 여러분은 전체 학급 말하기로 전환한다. 더 큰 집단 상황 안에서 아이들은 동일한 적극적 경청 습관을 계속 실천할 것이다.

➜ 먼저 학급과 공유하기 위해 한 아이가 자원하게 함으로써 이것을 시작한다. 그러나 다음에는 여러분이 적극적 경청에 대해 청중들과 토론하는 동안 그 학생을 1분 동안 '기다리게' 한다.

➜ 아이들이 적극적 경청에 대해 자신들이 떠올린 것을 말한 뒤에, 다음 슬라이드를 보여준다.

슬라이드 11

→ 이것은 기본적으로 더 앞부분의 적극적 경청 요인 목록이다(큰 집단을 더 잘 대표하기 위해서 몇 가지 수정사항이 있음).

→ 최선의 적극적 경청기술을 사용하여 아이들은 자원한 학생의 보고를 들을 준비가 되어야 한다.

슬라이드 12

→ 이제 자원자를 공유하기에 초대한다.

슬라이드 13

→ 자원한 학생이 끝냈을 때, 누군가 요약을 시작하게 한다.

→ 다른 아이들이 함께 참여해서 요약을 향상시키게 한다.

→ 요약이 정확한지를 자원한 학생에게 계속 묻고, 더 많은 학생에게 요약을 명료화하고 다듬어서 향상시키도록 한다.

추가 제안

• 슬라이드 11의 리스트를 사용하여, 아이들이 적극적 경청의 다른 요인들을 사용하는 일에서 자신들이 성공했는지를 반성하게 한다.

추가 조언

슬라이드 14

적극적 경청은 아이들이 의지하게 될 행동이다―그리고 충분한 연습이 필요하다. 교사 여러분은 다른 파트너 및 다른 주제를 가지고 이 레슨을 반복할 수 있다. 더 짧은, 다른 적극적 경청 '하위 기술'에 목표를 둔 미니레슨을 할 수 있다. 적극적 경청 하위 기술은 신체언어, 지지적 언어, 또는 질문하기 같은 것이다.

레슨 12 대화 확장하기

왜 사용하는가?

학생들이 함께 작업하는 것에 더 익숙해짐에 따라, 우리는 학생들이 자신의 대화를 더 조절하기 시작하길 바란다. 지역 지도는 쌍들이 대화를 시작하고 유지하는 방식을 연습할 때 훌륭한 도구다. 이에 더해 그 지도는 개인적 쓰기 촉진의 확실한 보물 상자다.

학생들은 그들이 살고 있는 지역의 지도를 그리고 자신들의 추억을 나타내는 상징을 지도에 추가하는 것으로 시작한다. 이 지도들은 전형적으로 많은 생각과 창의성을 유발한다. 다른 학생들이 지도를 볼 때, 그들은 듣고 싶은 추억이 무엇인지 결정하는 걸 어려워한다. 학생들이 대화를 위해 지도를 계속 사용하면서, 자동적으로 지도를 추가하고 개정한다. 왜냐하면 공유하기는 새로운 아이디어를 주고 초기에는 포함시키지 않았던 추억들을 회상하도록 돕기 때문이다. 때로는 심지어 하나의 지도로 추억을 공유하는 것이 학생들로 하여금 다른 지역과 다른 추억이 있는 새로운 지도를 만들게 격려한다. 한번 시도해보라!

지역 지도를 만드는 또 다른 좋은 이유는 그것이 거의 단어를 사용하지 않는 상세한 기록을 만든다는 점이다. 영어 학습자에게는, 그림으로 노트하기는 완벽한 조절(perfect accommodation)이다. 그림들은 언어를 초월한다. 이것은 즉석 대화에서 언어 학습자가 종종 빨리 반응하기 어려운 반면, 이러한 정신적 리허설은 더 큰 신뢰를 가지고 그들의 이야기를 공유할 수 있게 해준다.

학생들이 함께 작업하는 것에 더 익숙해짐에 따라, 우리는 학생들이 자신의 대화를 더 조절하기 시작하길 바란다.

언제 사용하는가?

지역 지도를 사용해 대화를 확장하는 건 언제나 시작할 수 있는 일이다. 그러나 학생들은 그들의 지도를 학년 초에 시작하는 것이 재미있음을 발견한다. 초기 대화 후에, 그 지도는 던져버릴 수 있고, 개정과 새로운 대화를 하기 위해 주기적으로 꺼내 볼 수도 있다. 아마도 레슨이 변화하거나 학생들이 새 파트너와 새 집단을 가질 때 그럴 것이다. 여러분이 보게 될 바와 같이 우리는 레슨 13에서 지도를 다시 사용한다.

준비

- 무지 종이(법정규격이 더 좋다), 가느다란 컬러 마커, 색연필, 연필, 펜을 모은다.
- 그들의 지도를 서로 교환하고 지도에 대해서 말하는 시간이 되었을 때, 슬라이드 7에서 쌍을 만들 방법을 결정한다.

레슨

제목 : **대화 확장하기**

➡ 이 과제를 소개할 때, 우리는 아이들이 많은 추억이 있는 장소를 생각할 필요가 있다고 강조한다.

➡ 이것은 여기 그려진 예들이나 다른 장소를 포함할 수 있다 — 초등학교, 운동장, 숲, 작업장(만약 학생들이 더 나이가 있다면) 등.

➡ 한 학생을 예로 들어 지도 만들기를 개관한다.

➡ 그것은 이것과 같은 것처럼 보이네요.

➡ 여러분이 자신의 지도에 대해 생각할 때, 정확성이나 방향 또는 축척에 대해 걱정하지 마세요. 이것은 물리적인 위치를 찾는 데 사용할 그런 지도가 아닙니다. 이 지도는 구글 지도에서 방향을 얻는 것과 정반대예요!

➡ 이 지도에서 중요한 것은 추억입니다. 또한 여러분이 여러분의 지역과 그곳에서 일어난 일에 대해 생각할 때, 그 지도는 다른 사람과 공유할 것임을 명심하세요. 만약 공유하기에 너무 사적인 추억이 있다면, 여러분은 그것을 지도에 포함시키고 싶지 않을 것입니다.

➡ 그렇다. 우리는 학생들이 그들이 적어야 하는 것을 검열하라고 요구하고 있다. 그러나 이 활동의 전체 요점은 공유할 수 있는 아이디어를 만드는 것이다. 나중에 이 지도를 파트너와 함께 사용할 때, 파트너가 자기 지도에 있는 어떤 것이 너무 사적인 것이어서 공유하길 거부할 때 아이들이 매우 좌절하는 걸 알았다. 그러므로 공유 가능한 추억 규칙을 만들었다.

➔ 만약 더 나이가 많은 학생들과 작업을 한다면, 교사 여러분은 다음과 같이 그들에게 상기시키고 싶어질 수 있다.

◆ 여러분의 지도가 생각 속에서 모양을 갖추기 시작하면, 우리가 학교에 적합한 추억에 맞는 지도를 만들어야 한다는 걸 기억하세요.

슬라이드 6

➔ 예시 지도를 다시 보여주고 질문에 답한다.

➔ 교사 여러분은 최소한의 추억을 지도에 넣기로 결정하고 싶어질 것이다. 아마도 10개로 시작할 수 있다. 이제 학생들에게 스케치할 시간을 준다. 그릴 시간을 충분히 주면, 25개 추억, 사건, 주요 사건 이름을 쓰는 것은 아이들에게 별일이 아니다.

➔ 아래와 같은 질문에 대해 생각하게 하는 것으로 아이들이 시작하게 할 수 있다.

◆ 여러분의 마당과 길은 어떤 것처럼 보였나요? 그곳에서 어떤 일이 일어났나요?

◆ 여러분 성장기에 이웃에서 누구와 함께 어슬렁거렸나요? 어디를 어슬렁거리는 걸 좋아했나요?

◆ 이웃에서 여러분은 어떤 게임이나 운동을 했나요? 어디에서 했나요?

◆ 사고나 부상이 있었나요? 말썽이 일어난 적이 있나요?

◆ 애완동물을 길렀었나요? 어느 것이 눈에 띄었나요? 그 동물들에 대해 해줄 수 있는 이야기는 무엇인가요?

◆ 초등학교에 입학했을 때 학교에 처음 등교한 날은 어땠나요? 중학교는? 고등학교는?

◆ 침실에서 추억이 있는 것은 무엇인가요? 추억 때문에 가지고 있는 기념품, 트로피, 스포츠 용품, 또는 옷은 무엇인가요?

◆ 형제자매와 관련된 추억은 무엇인가요?

➔ 우리는 교실에서 지도를 시작하는 데 시간을 10~15분 사용한 후 멈추고 그때까지 생각해낸 것을 공유하게 하는 걸 좋아한다. 만약 교사 여러분이 결심한다면, 학생들은 교실 밖에서 지도 작업을 계속할 수 있다―또는 그들은 곧장 다음 단계로 진행할 수 있다.

➔ 학생들이 스케치할 때, 아주 일찍이 끝마친 아이들에게 다가가 가까이서 모니터링한다. 그런 학생들에게는 지도에 넣을 더 많은 추억을 생각해내도록 시킨다.

➔ 이런 지도들의 '최종 밑그림'이 어떤 것이 되길 바라는지 미리 결정한다. 앞에서 말했듯이, 우리는 종종 그것들을 해가 지남에 따라 추가되는 진행중인 대강의 스케치로만 다룬다. 그러나 학생들은 종종 멋진, 천연색의, 주의 깊게 계획된 최종 버전을 만드는 걸 즐긴다. 이것은 모든 가능한 추억들이 대강의 밑그림에 기록되는 때인 학년 말에 해야 할 일이다.

슬라이드 7

➔ 학생들이 지도를 교환하고 그것을 검토하면 일단 학생들을 모니터링한다. 지도를 흘끗 보는 학생들에게 그들이 선택한 추억에 대해 묻고, 그들이 하려고 계획한 질문이 무엇인지 묻는다.

➔ 만약 교사 여러분이 원한다면, 학생들로 하여금 호기심을 불러일으키는 추억을 기록하게 한다. 그리고 그 밑에 그 기억에 대해 파트너를 인터뷰할 때 물을 수 있는 질문목록을 쓰게 한다.

슬라이드 8

→ 누가 시작할지 파트너들이 정하게 한다.

→ 인터뷰를 시작하기 전에, 주의 깊은 경청을 하여 최상의 추후질문을 생각해내는 방법을 복습한다.

→ 인터뷰 대상이 되는 학생들에게 흥미 있는 상세한 것을 많이 주도록 상기시킨다.

슬라이드 9

→ 각 쌍에게 2분씩 준다.

슬라이드 10

→ 몇 개의 이야기를 듣는 것은 세구에(segue, 음악에서 단절 없이 다음 악장으로 옮기는 지시) 개념을 소개하는 훌륭한 방식이다. 무작위로 몇몇 이야기를 듣기만 하는 것보다는, 학생들이 이전 이야기와 다음 이야기를 연결하는 방식을 찾도록 도전시킨다.

◆ 그 이야기들의 공통점은 무엇인가요?

슬라이드 11

→ 고맙다고 말하는 걸 잊지 마세요!

→ 그것은 시간이 많이 걸리지 않는다. 그리고 그 말이 긍정적 환경에 하는 기여는 정말 놀랍다. 만약 학생들이 그것이 가짜같다고 불평한다면, 학생들이 다른 사람에게 감사하는 걸 더 많이 연습할 필요가 있다고만 말하라. 결국 그것은 자연스럽고 진정으로 보이는 기술이 될 것이다. 또한 노력에 대해 감사받는 일은 사람들이 절대로 싫증내지 않는 일이다.

레슨 13   약속시계를 가지고 친교 확장하기

왜 사용하는가?

예측할 수 있는 절차에 학생들이 익숙해질수록, 학생들이 여러분에게서 필요로 하는 외현적인 지시는 적어진다.

학생들이 일단 몇몇 파트너와 지속적인 대화를 할 수 있으면, 레슨에 참가한 여러 학생과 짧은 '약속'을 하면서 주변으로 대화상대를 바꿀 시기다. 이것은 누구나 모든 사람과 교실 우정을 공고화하면서 작업할 기회를 갖도록 보장한다. 약속은 짧지만 이러한 빠르고 긍정적인 상호작용은 나중에 충분한 보상을 만들어낸다. 특히 집단을 섞어서 학생들이 새로운 구성원과 연결되도록 할 때 그렇다. 학생들이 새로운 구성원을 만날 때 얼마나 많은 원활한 집단 변화가 있을 것인지 생각하라. 그리고 "우리가 약속시계를 만들 때 그/그녀에게 재미있는 이야기를 많이 했다!"는 걸 생각하라.

또한 레슨 12의 지역 지도들을 기억하라. 우리는 마찬가지로 이 레슨에서 그 지도들에 어떤 마일리지를 줄 것이다. 지금까지 교사 여러분은 아마도 가능할 때마다 우리가 학생들이 이미 익숙한 과정과 절차를 다시 사용하려는 걸 주목했을 것이다. 이것은 모든 것이 항상 '새로운' 것이 아니기 때문에 지도하는 시간을 절약해준다. 또한 예측할 수 있는 절차에 학생들이 익숙해질수록, 그들이 필요로 하는 외현적인 지시는 적어진다.

언제 사용하는가?

우리는 항상 학생들이 모두 자리에서 일어나야 하는 레슨은 학년이 시작하고 수 주가 지난 후에 하라고 권한다. 적절한 모니터링을 하고, 잘못된 행동을 찾아내며, 숨겨진 교실 구석에서 부끄러워하는 학생을 찾아내기 위해 교사 여러분은 모든 학생의 이름을 실제로 알고 있어야 한다. 그러나 레슨이 일단 이루어지고 나면, 우리는 학생들이 이러한 적극적인 레슨을 점점 즐기는 걸 발견한다. 왜냐하면 학생들이 매일 앉아서 하는 일들은 매우 지루할 수 있기 때문이다.

준비

- 약속시계(212페이지 및 www.corwin.com/teachingsocialskills 참조)를 각각의 학생에게 복사해준다.
- 학생들은 대화 확장하기 레슨의 지역 지도가 필요할 것이다.

레슨

슬라이드 1

제목 : **약속시계를 가지고 친교 확장하기**

슬라이드 2

➜ 슬라이드를 보여주고 소리내어 읽는다.

슬라이드 3

➜ 슬라이드를 보여주고 소리내어 읽는다.
➜ 다음 슬라이드로 넘어가기 전에 모든 학생이 이름을 적었는지 확실히 점검한다.

슬라이드 4

➜ 오늘 여러분은 다른 구성원 몇 사람과 함께 작업하는 기회를 갖게 될 거예요. 여러분의 첫 번째 목표는 새로운 사람을 만나는 것입니다. 그러므로 현재 파트너나 오랜 친구와는 약속을 하지 않도록 최선을 다하세요. 질문 있나요?
➜ 첫 번째 파트너를 찾기 전에, 다음 지시를 기다리세요.

슬라이드 5

➜ 모두 일어나세요. 우리는 1시에 시작할 것입니다.

슬라이드 6

➜ 내가 '시작'이라고 말하면, 여러분과 같은 색의 눈을 가진 사람을 찾으세요. 이전 파트너나 친구와 짝이 되지 않도록 최선을 다하세요. 기억하세요. 여러분의 목표는 여러분이 아직까지 함께 작업하지 않은 새로운 급우를 만나는 것입니다.

슬라이드 7

→ 여러분이 '눈 색깔' 약속을 찾았을 때, 1시에 서로의 이름을 써 넣으세요. 그리고 동시에 서로의 이름을 썼는지를 이중으로 점검하세요. 나를 믿으세요. 실수하기 쉽습니다.

→ 학생들이 파트너를 찾을 때, 필요하면 돌아다니며 개입한다. 만약 친구들이 모여서 떼지어 있는 것을 보면 그들을 저지한다. 만약 상대가 없어 자취를 감추는 학생을 보면 그를 다시 데려와서 무리 안으로 들어가게 한다.

→ 만약 홀수의 학생들이 있다면, 모든 사람이 남은 사람의 이름을 약속 숫자 옆에 적고 별표를 하게 한다. 이것은 이 학생이 시계에 있는 그 숫자를 대체하는 행동을 할 것이라는 걸 나타낸다. 조만간, 누군가의 파트너가 없게 되면 그 학생이 대신 약속이 될 수 있다. 이러한 '대체' 절차가 사용될 때, 다음과 같이 확실히 알리도록 한다.

◆ 오늘은 홀수의 학생들이 함께 하기 때문에, 우리는 각 약속 시간에 대체할 사람을 자원하는 한 학생이 필요할 것입니다.

슬라이드 8

→ 이번에는 2시입니다. 여러분과 머리색이 다른 사람을 찾으세요. 기억하세요, 여러분의 목표는 여러분이 아직까지 함께 작업하지 않은 새로운 급우를 만나는 것입니다. 여러분의 '머리색' 약속을 찾았을 때, 서로의 이름을 2시에 써 넣으세요. 그리고 동시에 서로의 이름을 썼는지를 이중점검하세요.

→ 필요하다면, 또 학생들을 상기시킨다.

◆ 2시 대체자가 될 자원자로 우리는 새로운 사람이 필요할 것을 잊지 마세요.

슬라이드 9

→ 슬라이드를 보여주고 소리내어 읽는다.

→ 필요하다면, 또 학생들을 다음과 같이 상기시킨다.

◆ 3시 대체자가 될 자원자로 우리는 새로운 사람이 필요할 것을 잊지 마세요.

슬라이드 10

→ 슬라이드를 보여주고 소리내어 읽는다.

→ 필요하다면, 또 학생들을 상기시킨다.

◆ 4시 대체자가 될 자원자로 우리는 새로운 사람이 필요할 것을 잊지 마세요.

슬라이드 11

→ 슬라이드를 보여주고 소리내어 읽는다.

슬라이드 12

→ 슬라이드를 보여주고 소리내어 읽는다.

→ 약속 숫자를 하나 소리내어 말한다(1~4).

→ 학생들이 옳은 파트너를 찾는 걸 기다린다. 만약 학생들이 홀수고 '대체 결원'이 없다면, 지명된 대체자는 그/그녀가 선택한 짝에 합류할 수 있다.

슬라이드 13

→ 슬라이드를 보여주고 큰 소리로 읽는다.

→ 원래의 대화 확장하기 레슨을 이미 완수했다면, 학생들은 그들의 지역 지도를 교환하면서 기억 인터뷰를 하는 데 익숙해져 있어야 한다.

→ 약속 짝에게 서로의 지도를 살펴보게 1분의 시간을 주고, 인터뷰를 시작하게 한다. 각 파트너에게 인터뷰를 할 시간을 2~3분 준다. 파트너들이 역할을 바꿀 필요가 있을 때 타임을 부르고 두 번째 인터뷰를 시작한다.

슬라이드 14

→ 교사 여러분은 여기서 레슨을 끝낼 수도 있고 슬라이드 15로 계속할 수도 있다.

→ 그렇다. 우리 말이 고장 난 레코드처럼 들릴 거라는 걸 안다(혹은 고장난 아이폰 클라우드랄까?). 그러나 학생들로 하여금 서로에게 감사하게 할수록, 교실 분위기는 더 좋아질 것이다!

슬라이드 15

→ 새로운 약속시간을 알리고 또 다른 기억 인터뷰 순서를 실시한다.

→ 슬라이드 12, 13, 14로 되돌아갈 수도 있고 또는 슬라이드 15에 머물 수도 있다. 그리고 교사 여러분이 약속모임을 모니터하면서 단지 말로 지시를 반복하기만 할 수도 있다.

→ 우리는 일반적으로 주어진 날에 단지 2개의 약속모임만을 권고한다. 또는 시간이 부족하다면, 편하게 이 4개의 약속을 3일 이상에 걸쳐서 하는 걸로 늘린다. 끝났을 때, 앞으로의 기억과 사용을 위해 학생이 지도와 약속시계를 안전하게 넣어두게 한다.

추가 조언

약속 추가하기

처음의 4개 모임을 완수한 후, 학생들은 약속시계 절차를 이해할 것이다. 학급에 따라 교사 여러분은 그들 자신의 추가적 약속을 만드는 걸 자유롭게 해주고 또는 우리가 했던 방식으로 그 약속들을 계속 구성하게 해줄 수 있다. 그러나 이것을 더 재미있게 만들기 위해 아이들로 하여금 새로운 약속 범주들을 생각하게 하라. 또한 차후에는 한 번에 하나 또는 두 사람의 파트너만 찾아라. 그리고 다음에 신속한 인터뷰를 하기 위해서 학생들이 각각의 새로운 약속을 재방문할 수 있도록 확실히 시간 예정을 하라. 마지막으로 학생들이 12개의 새로운 약속을 만들어야 한다는 규칙은 없다. 이런 활동은 유연하니, 교사 여러분의 요구에 맞게 하라.

기존 약속과 재연결하기

지역 지도를 사용한 약속시계 만남을 우리가 보여주었지만, 학생들은 함께 모여 어떤 주제든 토론할 수 있다. 빠르고 재미있는 토론 대안은 많은 *Would You Rather…* 책들 중 하나에서 선택한 것을 읽기이다. 그리고 선정된 사람은 그들이 어떤 선택을 할 것이고 이유가 무엇인지를 서로에게 설명하게 하는 것이다. 아마존에서 이 책의 제목을 쳐보면 여러분은 선택할 많은 종류의 책들을 보게 될 것이다. 우리는 아동에게 맞게 쓰여진 책들을 선택하라고 권한다. 성인용 책들 중 많은 것이 교실에서 사용될 수 있는 좋은 주제를 가지고 있다. 그러나 완전히 부적합할 수 있는 전체 장들도 가지고 있다.

약속시계는 정보화 관련 책이나 개관 정보를 공유하는 데 사용될 수 있다. 학생들이 약속한 사람과 생산적으로 만나기 위해 약속을 새로운 방식으로 생각하도록 격려하라.

이 레슨은 사람들이 다양한 파트너들과 성공적으로 만나 대화하기 위해 필요한 '소프트 스킬' 집단이나 조직 내에서 커뮤니케이션, 협상, 팀워크, 리더십 등을 활성화할 수 있는 능력이 얼마나 많은지 극적으로 보여준다.

소프트 스킬 강조하기

이 레슨은 사람들이 다양한 파트너들과 성공적으로 만나 대화하기 위해 필요한 '소프트 스킬' 집단이나 조직 내에서 커뮤니케이션, 협상, 팀워크, 리더십 등을 활성화할 수 있는 능력이 얼마나 많은지 극적으로 보여준다. 아마도 첫 번째 만남 이후가 아니더라도, 그러나 몇 번의 약속 후에, 이것을 토론하기 위한 시간을 가져라. 아래에 학생들이 적어야 할 기술들이 있다.

- 이름을 알아서 외우기
- 친절과 지지로 사람들을 편하게 만들기
- 주의 깊게 경청하기
- 개방형 질문하기
- 조용히 말하기
- 긍정적인 신체언어 사용하기
- 과제 지속하기
- 파트너에 집중하기

이 기술들이 무엇일까? 이것들은 직업 인터뷰 시 갖고 있어야 할 기술과 같은 것이다!

레슨 14 # 퍼즐 조각을 섞어라

왜 사용하는가?

다른 어울리기 레슨에서와 같이, 우리는 아이들이 신체적 활동과 함께 자신의 생각을 구체적으로 만드는 것이 매우 유용하다고 생각한다. 우리는 에너지가 넘치는 중학교 학생들이 움직이지 않고 듣는 것이 얼마나 부자연스러운 일인지를 종종 잊는다.

언제 사용하는가?

이것은 학생들이 새로운 주제를 시작할 때나 새로운 텍스트를 읽고 있을 때, 그리고 학생들이 그들의 배경지식을 활성화하고 그 주제에 대한 호기심을 가질 필요가 있을 때 매우 유용한 활동이다. 그들이 게임처럼 퍼즐 탐구를 하면서 흥분해서 방을 돌아다니면서 생각한다는 그 사실이, 아이들로 하여금 이 레슨을 하고 싶게 만드는 것이다.

준비

- 그들이 가진 흥미를 메모할 수 있는 3×5인치 카드를 학생들에게 돌린다.

레슨

슬라이드 1

제목 : **퍼즐 조각을 섞어라**

➡ 밍글(mingle)이라는 단어가 무엇을 뜻하는지 또는 사람들이 사귀는 경우에 대해 아이들이 말하게 한다.

슬라이드 2

➡ 몇몇 자원자에게 밍글링(사귀기) 경험을 공유하도록 요청한다.

➡ 밍글링(사귀기)의 핵심 속성은 큰 집단 안에서 많은 사람들과 짧은 대화를 열심히 하는 것이다.

슬라이드 3

➡ 과정을 시각적으로 미리 본다.

슬라이드 4

➡ 아이들이 가능하면 자신에 대한 어떤 새로운 정보를 공유하길 바란다고 말한다.

➡ 처음으로 아이들에게 밍글하게 할 때, 우린 아이들의 개인적 흥미를 주제로 사용한다. 그러나 나중에는 학업적인 것이 될 수 있다. 학생들은 학과목 영역 논설 개념, 또는 논쟁에 대해 같은 종류의 짧은 대화를 할 수 있다. 그런 주제를 선택할 때 실제로 토론 가능하고, 밍글링하기 전에 아이들이 생각을 모을 충분한 시간이 있음을 확인하라.

슬라이드 5

➡ 메모를 적을 수 있도록 1분의 시간을 준다.

슬라이드 6

→ 아이들이 밍글하는 데 사용할 공간이 어디인지 미리 알고 청소한다. 또는 지금 필요한 가구를 아이들이 옮기게 한다.

→ 파트너를 만나기 위한 열린 공간이 실제로 필요하다. 일단 쌍이 만들어지면 그들은 방의 모서리로 걸어갈 수 있다.

슬라이드 7

→ 말하기 좋은 포지션으로 함께 서 있기 위해 돌아서 서며, 교사 여러분은 학생과 함께 이것의 모델이 되길 바랄 수도 있다. 교사 여러분이 말하기 위해 댄스장에서 내려오는 방법을 보여주고, 그리고 1분이 되면 돌아온다.

→ 쌍이 댄스장으로 돌아오는 방법을 보여주고, 서로에게 감사하게 한다. 그리고 새로운 파트너를 찾기 위해 카드를 흔든다.

슬라이드 8

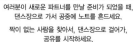

→ 밍글이 얼마나 빨리 움직이는지 강조하는 것은 중요하다.

슬라이드 9

→ 절차를 반복한다.

슬라이드 10

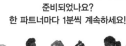

→ 적극적으로 순회하고, 1분 간격으로 타임을 한다.

→ 아이가 이것을 처음 할 때, 아이들은 대화를 끝내고 새 파트너를 찾는 데 실제로 여러분의 코칭이 필요할 것이다 ─그러니 부끄러워하지 말라.

→ 8명의 파트너를 만나는 목표에 대해 걱정하지 말라. 쌍의 수는 얼마나 재미있는 파트너가 그들의 파트너가 되는지에 따라 다를 것이다. 10분 후 또는 상호작용이 사라지기 시작할 때 타임을 불러라.

슬라이드 11

→ 이것은 레슨의 침묵 신호를 연습하는 좋은 시간이다.

→ 아이들이 자리 잡는 데 1분의 시간을 준다.

슬라이드 12

→ 그들의 파트너 중 한 사람이 공유한 것을 공유하기 위해 여러 명의 자원자를 구해서 학생이 적극적인 경청을 연습하도록 돕는다.

슬라이드 13

→ 파트너가 추가하고, 재미있게 하고, 또는 사실 체크를 하게 한다.

슬라이드 14

→ 서로에게 감사하게 한다.

제7장

소집단으로 이동하기

다음으로, 아이들은 그동안 진행해오던 파트너와의 상호작용을 더 큰 집단―보통 4명 정도까지―과 함께 하는 것으로 '이동'한다. 우리는 그들이 파트너와 함께 발전시켜온 모든 기술을 더 큰 집단으로 잘 가져올 것으로 기대하며, 이제 좀 더 보탤 수도 있을 것으로 기대한다. 우리는 먼저 면접을 통해 아는 사람 만들기로부터 그 우호적이고 지지적인 태도가 더 많은 파트너들과 함께 일하는 것으로 전환되는 것을 되돌아볼 것이다. 그런 후, 그다음의 4개 레슨은 기본적인 집단 과제에서의 실습을 제공할 것이다. 이 모든 구조는 교육과정에 친숙한 것들이며, 어떤 주제 영역의 내용들과도 함께 사용될 수 있다.

레슨 15. 멤버십 그리드 면접
레슨 16. 분위기 공유하기
레슨 17. 마지막 말을 아끼기
레슨 18. 쓰기-소통
레슨 19. 미술관 가기

레슨 15   멤버십 그리드 면접

왜 사용하는가?

파트너 인터뷰가 둘이서 학업적인 논의를 시작하기 전에 워밍업으로 이루어지듯이, 이는 더 큰 집단에도 적용된다. 멤버십 그리드 면접은 수업시간 중 5분 정도 걸리지만, 그 이후의 작업에서 많은 시간상의 이득을 준다. 아이에게 친숙한 논의 주제로 시작하는 것은 이후의 더 좋은 내용 영역의 논의를 가져오는데, 왜냐하면 좋은 추후질문은 '워밍업' 자체의 핵심이기 때문이다.

언제 사용하는가?

우리는 더 큰 집단이 만날 때는 언제나 멤버십 그리드 면접을 사용하려 한다.

우리는 더 큰 집단(보통 4명)이 만날 때는 언제나 멤버십 그리드 면접을 사용하려 한다. 아이가 선택한 '기분전환적' 주제에 관해 이야기하는 데 가볍게 쓰인 시간은 그다음의 무거운 주제 관련 회의를 하기 위한 무대를 마련한다. 우리는 복잡한 내용의 '과제를 시간 내에' 하도록 집단을 밀어붙이면 흔히 집단의 논의가 활기차지도 않고 풍부하지도 않게 된다는 것을 보아왔다. 이것이 바로 우리가 아이의 아이디어에 관심을 갖기 위해서는 아이 자신에게 관심을 가져야 하는 이유다. 멤버십 그리드 면접 활동은 구성원들 서로에게 많은 관심을 갖게 한다. 집단이 만날 때 약간의 시간을 아껴 이 단계를 생략하려 하지 말라.

준비

- 오래 지속되는 작업집단을 3~5개 중 몇 개로 할지 미리 정한다. 우리는 4개 집단 이상을 권하지 않는다(만일 일부 학생이 자주 결석할 경우에는 5개 집단).
- 학생들에게 교사 여러분이 원하는 바를 분명하게 알도록 한다. 예를 들어 가구를 옮기되 집단의 초점이 유지되게 한다. 학생들은 일주일 또는 그 이상을 같은 집단에서 작업할 것이므로, 교사 여러분은 집단 형성을 편리하게 하기 위해 자리 배치표를 재조정할 수 있다.
- 학생들이 그들의 집단 인터뷰 주제 목록을 어떻게 기록하게 할지 정한다 — 교사 여러분이 나눠주는 종이, 바인더에서 꺼내 쓰는 종이, 작문 노트, 태블릿 컴퓨터 등.
- 각 학생은 멤버십 그리드 면접 인쇄물 복사본을 갖고 있도록 한다(213페이지, www.corwin.com/teachingsocialskills 참조).

레슨

슬라이드 1

제목 : **멤버십 그리드 면접**

슬라이드 2

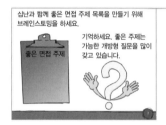

→ 집단이 다 모이면, 좋은 수업에 적합한 면접 주제에 관한 브레인스토밍을 하도록 한다. 학생들은 이미 파트너 면접에 친숙하므로, 좋은 주제를 잘 선택할 것이다.

→ 브레인스토밍 시간은 3~5분 정도로 한다.

슬라이드 3

→ 몇 가지를 제시한 다음, 모두에게 적용될 만한 것 하나를 고른다.

→ 집단에게 그들의 나머지 아이디어들을 간직하라고 말해준다. 왜냐하면 나중에 그 아이디어들을 사용할 수도 있기 때문이다.

→ 만일 주제 선택을 힘들어하는 사람이 있으면, 그 반에게 어떤 주제에 대해 어떻게 면접받는지 몇 가지 요점을 알려준다. 예를 들어 만일 주제가 반려 동물인데 반려 동물을 안 키운다면, 그 집단은 왜 반려 동물을 안 키우는지 또는 앞으로 어떤 반려 동물을 키우고 싶은지에 대해 면접할 수 있다.

슬라이드 4

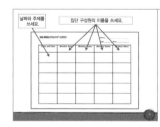

→ 멤버십 그리드 면접표를 나눠주고 어떻게 그 공란들을 채우는지 보여준다.

→ 집단 구성원의 이름 칸에는 다른 학생들의 이름을 써 넣는데, 자기 이름은 써 넣지 않는다(자기 자신이 면접자일 때는 자신에 대해 적지 않는다).

→ 이는 만일 한 집단에 4명이 있다면, 칸 안에 3명의 이름만 적힌다는 뜻이다. 만일 한 집단에 5명이 있다면, 4개의 이름 칸이 채워질 것이다.

→ 한 모임당 한 줄을 쓰기 때문에, 여기에 제시된 형태의 표로는 다섯 번의 모임을 가질 수 있다. 교사 여러분은 학생들에게 공란이 모두 채워진 표를 정기적으로 모아 그들의 향상된 면접 기술을 평가할 것이라고 말해주는 게 좋을 것이다.

슬라이드 5

→ 학생들에게 예를 보여준다.

→ 면접 대상이 말하는 단어 모두를 옮기는 것은 아이디어가 아니며, 언급하는 말들의 핵심을 잡아내어 그 핵심 단어와 구를 적는 것이 아이디어이다.

→ 모든 정보가 그 표의 상자 안에 다 들어가도록 작게 써야 한다는 것을 지적한다.

➜ 이제 학생들에게 그 예에서 무엇이 빠졌는지 묻는다.

◆ 첫째, 제목 상자에서는 날짜가 빠져 있다.

◆ 둘째, 그 집단은 마치 개방형 질문을 했어야 더 잘했을 것처럼 보인다. 답란의 일부
는 구체적인 내용 부분이 부족해 보인다. 그런 피상적인 응답들이 아닌 진솔한 응답
을 얻기 위해서는 어떤 질문들을 했어야 했는지에 대해 이야기해보자. 예를 들면 집
단은 리사에게 "그 영화에서 전반적으로 무슨 일이 일어났어?"라고 물을 수도 있었다.

슬라이드 6

➜ 프로젝터로 슬라이드를 보여주고 지시사항들을 큰 소리로 읽는다.

➜ 비록 한 번에 한 사람이 면접을 하지만, 다른 모든 구성원은 그 면접 수행을 도와야 한
다는 것을 확실하게 강조한다.

◆ 이는 각 구성원이 면접을 하므로, 모두가 후속 개방형 질문에 책임이 있다는 것을 의
미한다.

◆ 흥미 있는 응답이 나타나면 모두가 적어두어야 한다. 구성원들은 자기들이 묻는 질
문에 대한 응답만을 적어서는 안 된다.

➜ 집단들을 관찰감독하거나 또는 잠깐이라도 앉아 있어서 모두가 지시를 잘 따르고 있
으며 면접에서 능동적인 역할을 하고 있다는 것을 확인한다.

슬라이드 7

➜ 어떤 흥미로운 정보가 나타나면, 집단들을 초청하여 그것을 공유한다.

슬라이드 8

➜ 면접을 매혹적으로 만든 개방형 질문을 공유하기 위하여 집단들에게 질문을 요구함
으로써 계속 추적한다.

슬라이드 9

➜ 모든 모임은 끝에서 '감사합니다!'를 외침으로써 완결된다.

레슨 16　분위기 공유하기

왜 사용하는가?

우리의 협동모델은 거의 전적으로 '리더 없는' 집단, 즉 작업에서 모든 구성원이 평등하게 일하는 팀을 뜻하며, 차례로 리더가 되어 그 '보스'가 모든 일을 하는 그런 팀이 아니다. 이 대등한 분포를 약화시킬 수 있는 하나의 현상은 한 사람이 계속해서 그 모임을 지배할 때이다(이는 성인들도 마찬가지다). 그런 사람은 때때로 집단에서 수줍거나 활기 없고, 비참여적이며, 게으른 구성원들의 짐을 덜어주려고 노력한다. 이들은 다른 때에는 단순히 자기 자신의 목소리에 취하며 다른 잠재적인 참여자들을 사라지게 한다.

언제 사용하는가?

말하는 시간이 불공평한 것은 반복적인 문제가 될 수 있다. 어떤 학생은 큰 자아를 갖고 있고 다른 학생들은 그저 가만히 앉아 있는 것만을 좋아한다면, 이 레슨으로 다시 돌아와야 한다.

이 레슨이 필요한 논리적인 두 가지 때가 있다. 첫째는 아이들이 2명의 짝에서 더 큰 집단으로 작업을 할 때이다. 다음은 학생들 중에서 분위기를 흐리는 또는 태만한 일들이 발생할 때인데, 그럴 때는 언제나 이 레슨을 다시 보라. 만일 그 문제가 단지 한 집단에서의 문제라면, 교사 여러분이 개입해서 아이들을 지도하라. 그러나 만일 불균형적인 참여가 널리 퍼진 것이라면, 교사 여러분은 그다음 날 전체 학급을 교육해야 할 것이다. 집단에서의 말하는 시간이 불공평한 것은 반복적인 문제가 될 수 있다. 어떤 학생은 큰 자아를 갖고 있고 다른 학생들은 그저 가만히 앉아 있는 것만을 좋아한다면, 이 레슨으로 다시 돌아와야 한다. 그렇게 하지 않으면 책임감이나 활동력, 설명력 등을 모든 집단 구성원에게 요구하지 못한다.

준비

- 슬라이드 9에서는 아이용 논의 주제가 필요할 것이다. 주제와 관련된 짧은 실제 기사를 사용할 수 있다. 인용구나 차트 또는 퍼즐 등을 프로젝터로 보여주면 더 좋다ー종이 인쇄물은 필요없다. 다만, 교사 여러분이 선택한 자료가 아이들을 3~5분간의 논의 과정에 참여토록 하는 것이 확실해야 한다.

레슨

슬라이드 1

제목 : **분위기 공유하기**

슬라이드 2

➜   프로젝터로 슬라이드를 보여주고 그것을 크게 읽어준다.

슬라이드 3

➜   다음처럼 물어본다.

◆ 지금 본 것과 같은 논의에 참가한 적이 있나요? 돼지 또는 통나무였나요?

슬라이드 4

➜   집단에게 생각하고 적는 데 3분 정도 시간을 준다.

➜   1분 정도가 남았을 때, 집단에게 다섯 가지 가능한 해결책 목록들을 공유해야 한다고 상기시켜준다.

슬라이드 5

➜   몇 개 집단으로부터 하나의 제안을 취한다. 이상적으로는 모든 집단에서 하나이다.

➜   그 제안들을 보드나 차트 종이에 써서 나중에도 참조할 수 있도록 한다.

➜   각 제안의 잠재적인 약점들에 관해 시간을 많이 써라. 예를 들면 아이들의 이에 대한 첫 번째 아이디어는 흔히 타이머나 시계를 사용하는 것이다. 이는 정보적이기는 하지만, 시간 제한을 하면 진정한 대화를 하기는 어렵게 된다. 진정한 대화는 자발적인 주고받기 및 다양한 시간 길이의 반응들을 포함하기 때문이다.

➔ 다른 가능한 제안으로는, 각 구성원의 발언횟수를 측정하는 '발언 토큰'이나 '발언 스틱'을 사용하는 것이다(짧은 훈련기간에는 상당히 유용하다). 이에 대해 우리가 쓰는 방식은 각 집단 구성원에게 5개의 포커용 칩을 준 다음, 그들이 한 번 발언할 때마다 하나씩을 걷는 것이다. 칩이 다 떨어지면 해당 구성원은 더 이상 발언을 하지 못하며, 나머지 구성원들은 칩이 다 떨어질 때까지 대화를 한다. 칩이 모두 다 떨어지면 칩은 행에서 다시 5개의 칩을 공급받으며, 대화는 계속된다. 이 접근법은 약간 기계적이라는 단점이 있으나, 그것이 분위기 정화에 제공하는 극적인 피드백은 말로 하는 언어적 지침이 비효과적일 때 잘 적용된다.

슬라이드 6

➔ 학생들의 몇 가지 제안을 처리하는 데 모든 시간을 쓴다. 교사 여러분은 여기서 대량 구입을 한 것과 같다.

슬라이드 7

➔ 더 이상의 제안은 없는지 체크한다.

슬라이드 8

➔ 학생들이 계속해서 아이디어를 내놓으면, 어떻게든 6~10개의 좋은 아이디어가 모아질 때까지 계속하라.
➔ 이때 아이디어 목록에 핵심 사양이 빠져 있다면, 교사 여러분의 생각을 자유로이 추가한다.

슬라이드 9

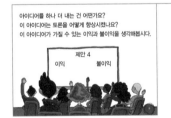

➔ 이제 학생들로 하여금 발언 시간을 조율하는 하나의 전략을 선택하게 하고, 그것을 실행하도록 준비시킨다.
➔ 그러나 우선, 학생들은 논의할 주제가 필요하다.
➔ 교사 여러분이 선택한 자료를 인쇄물로 배포하거나 프로젝터로 보게 하고, 학생들에게 그것에 대해 생각하도록 하여 논의 전에 노트를 작성하도록 한다.
➔ 만일 학생들이 쓰는 것을 두고 다툰다면, 다음과 같이 제안할 수 있다.

◆ 여러분이 속한 집단과 대화하고 싶은 것에 관한 세 가지(기사, 인용문, 주제)를 쓰세요.

슬라이드 10

→ 이제 집단들로 하여금 이전에 함께 만들었던 목록 중 하나의 전략을 선택하고, 거기에 동그라미를 치고, 그들이 선택한 주제를 시행하도록 해준다.

슬라이드 11

→ 학생들의 참가 수준에 따라 3~5분 정도의 논의시간을 준다.
→ 일부 예들을 모으기 위해 집단들이 논의하는 것을 듣거나, 나중에 공유할 수 있는 관찰들을 수집한다.

슬라이드 12

→ 대화의 내용—교사 여러분이 제공했던 주제, 기사, 인용문 등에 관하여 학생들이 말했어야 하는 것들—에 대한 첫 번 사후 브리핑을 해준다.

슬라이드 13

→ 이제 논의의 과정, 특히 선택된 논의시간 확산 전략이 어떻게 작용했는지에 관한 대화를 유도한다.
→ 큰 성공을 거둔 접근법들을 확인하고 목록에서 이것들을 강조한다.
→ 전반적으로 실패한 아이디어들이 있다면, 교사 여러분은 그것들을 전적으로 빼버릴 수 있다.

슬라이드 14

→ 공유 만세!

레슨 17   마지막 말을 아끼기

왜 사용하는가?

많은 경우, 훌륭한 질문을 가진 학생들이 너무 앞서 나가서 다른 사람이 말하기도 전에 답을 말한다.

학생들이 집단 모임에 실제로 재미있는 논의주제를 가져왔을 때에도, 결과적으로는 그 대화가 무미건조해질 수 있다. 우리는 다음 세 가지를 생각해볼 수 있다―이게 어떻게 된 일일까? 저 애는 틀림없이 훌륭한 질문을 했는데! 왜 아무 일도 일어나지 않았을까? 그 아이는 좋은 주제에 관해서 2초 동안만 말하고 나서 다른 것으로 옮겨 버렸다! 몇 년간의 관찰 결과, 우리는 그 문제점을 알게 되었다. 많은 경우, 훌륭한 질문을 가진 학생들이 너무 앞서 나가서 다른 사람이 말하기도 전에 답을 말한다. 질문을 한 사람이 그 질문에 대한 대답을 한다면, 그 말의 요점은 뭘까? 누군가 그 대답을 안다면, 그는 그 질문을 쓴 사람과 마찬가지일 것이다, 안 그런가? 그것으로 그 논의는 끝이다.

그래서 우리는 이 문제를 일련의 단계를 밟아 집단 내의 모두가 논의 발제자 앞에서 동등하게 존중받도록 함으로써 해결하고자 한다. 논의 발제자는 자신의 질문에 스스로 빨리 대답하는 대신, 문제를 제시하고 난 다음에 "마지막 말은 내가 하도록 해줘!"라는 말만 할 수 있도록 한다.

언제 사용하는가?

이 레슨은 학생들이 집단 내에서 그들의 아이디어를 동등하게 공유하고 좀 더 확장된 논의에 도달하기를 원할 때 사용하기 바란다. 3~4명으로 구성된 집단들이라면, 그 집단들이 많은 시간을 함께 논의해야 할 때 가장 잘 작동될 것이다.

준비

- 3~5명으로 구성되는 학생들의 작업집단을 어떻게 구성할 것인지 미리 결정한다.
- 집단의 구성원들은 집단모임에 올 때 미리 논의를 위해 부과된 내용의 교재나 주석들을 미리 읽고 올 필요가 있다. 논의에 걸릴 시간에 따라, 읽기와 주석은 수업시간에 또는 숙제로 주어 해결할 수 있다. 그러나 만일 수업시간에 그걸 할 수 있다면, 이는 집단 내의 모두가 논의를 진행할 준비가 되었음을 보장하는 것이 된다.
- 학생들이 읽을 때 재미있는 문구에는 표시를 하고, 논의에서 할 개방형 질문을 적도록 한다. 학생들은 수업시간 동안 몇 가지 좋은 논의주제를 찾을 필요가 있으므로 이 준비는 필수적이다. 교재는 교사 여러분의 선택사항인데, 현재 수업진도를 도울 수 있는 것을 선택한다.

레슨

슬라이드 1

제목 : **마지막 말을 아끼기**

슬라이드 2

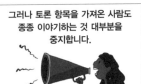

→ 교사 여러분이 관찰한 우수한 준비와 생각 등에 대한 축하와 함께 시작한다.

슬라이드 3

→ 프로젝터로 슬라이드를 보여주고 그것을 큰 소리로 읽어준다.

→ 여러분들도 이렇게 하면 안 된다는 거 알죠?

슬라이드 4

→ 교사 여러분이 관찰한 결과를 계속 얘기해준다.

◆ 전형적으로, 한 사람이 혼자 모든 걸 말하면(보통 그 주제를 가져온 사람), 나머지 사람들은 고개만 끄덕이다가 다음의 새 논의주제로 넘어가게 돼요. 깊이 있는 논의가 이루어지지 않는 것뿐만 아니라, 여러분과 공유할 어떤 재미있고도 소중한 아이디어를 가졌던 사람이 한 마디도 못하게 되는 거죠.

→ 결론.

◆ 오늘은 여러분이 모두의 말을 경청하고 논의를 세련되게 하도록 돕는 전략을 시도해보려고 합니다.

슬라이드 5

→ 이 번호 붙이기를 가까이에서 관찰한다. 비록 명백해 보일지라도, 학생들이 집단 내에서 번호 붙이기를 하는 것을 확인한다.

→ 이 번호 붙이기 지시를 아주 명백하게 하지 않으면, 최소한 한 집단은 마음대로 번호 붙이기를 할 것이며, 이는 다시 향후의 지시를 집단 구성원들이 쉽게 따르지 못하게 할 것이다.

슬라이드 6

➡ 각 집단의 1번에게 손을 들도록 한다. 이들이 바로 논의 발제자들이고, 질문자들이며, 논의를 위한 주제를 내놓을 사람들이다.

➡ 그 논의 발제자들에게 자신들이 보고 있는 같은 페이지의 문구들을 모두가 보도록 요청하라고 설명해준다.

➡ 그 집단의 나머지 구성원들이 자리에 남아 있다면, 발제자는 문구를 큰 소리로 읽거나 또는 개방형 논의 질문을 하도록 한다. 예를 들어

◆ 좋아요, 논의 발제자 여러분은 자신이 준비해온 사항들을 자기 집단에게 말해주세요. 그러나 분위기를 바꿔야 하니까 논의 시작을 위해서 잠시 기다려주도록 해요.

슬라이드 7

➡ 이제 다음과 같이 말한다.

◆ 발제자 여러분, 여러분은 자신이 속한 집단에게 말해준 질문이나 구절 등이 많을 겁니다. 그러나 이제 여러분은 "마지막 마무리 발언은 제가 하겠습니다."라는 말만 할 수 있습니다.

➡ 이를 즐겨라. 논의 발제자들이 극적이 되도록 격려한다.

➡ 여러분의 집단으로 관심을 돌려 구절을 읽어주고, 모두가 조용히 자신의 반응을 생각하도록 두세요.

슬라이드 8

그리고 다음에… 여러분이 할 일은 경청입니다.

집단에 있는 사람 모두가 그들의 아이디어를 먼저 공유할 때까지 다른 말을 하지 마세요.

➡ 이제 논의 발제자들은 자신이 속한 집단의 구성원들이 여러분의 질문에 어떻게 대답하고, 여러분이 선택한 구절에 대해 어떻게 비평하는지 자세히 들으세요.

➡ 집단 구성원들은 앞서 발언한 사람들이 했던 말을 반복하지 말도록 하세요. 앞에서 나온 아이디어에 뭔가를 더하거나 또는 의미있는 새로운 아이디어를 내세요.

슬라이드 9

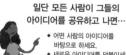

➡ 집단 내의 모두가 공유했으면, 이제 논의가 계속되는 것은 논의 발제자의 책임이라는 것을 강조한다.

➡ 논의 발제자는

◆ 다른 구성원이 말한 것에 기초해서 개방형의 후속질문을 할 수 있고

◆ 공유된 아이디어 위에 무엇인가를 더할 수 있으며

◆ 구성원들이 토의하게 될 관련 아이디어나 교재의 구절을 가져올 수 있고

◆ 발제자가 시작 때부터 공유하고 싶었던 언급을 할 수 있다.

슬라이드 10

마지막 마무리 발언 남겨 놓기 단계
◆ 1번인 사람은 토론 항목을 공유하고 말합니다 — "마지막 마무리 발언은 제가 하겠습니다."
◆ 2번인 사람은 아이디어를 공유합니다.
◆ 3번인 사람은 이미 말한 항목을 반복하지 않고 아이디어를 공유합니다.
◆ 4번인 사람은 이미 말한 항목을 반복하지 않고 아이디어를 공유합니다.
◆ 1번인 사람은 마지막에 자신의 아이디어를 공유하지만 토론이 계속되도록 노력합니다.

➡ 이제 다음과 같이 말한다.

◆ 우리는 이것을 다시 해볼 겁니다. 이번에는 앞서의 논의 발제자가 계속하도록 합니다. 발제자 여러분은 논의를 위한 새로운 주제를 준비하고, 자기 집단의 구성원들에게 질문하거나 구절을 읽어주기 전에 교재의 어디를 봐야 하는지 말해주는 것을 기억하세요.

➔ 학생들이 그것을 연구하도록 어느 정도의 시간을 준다.

➔ 질문 있나요? 그러면, 논의 발제자 여러분 시작하세요!

➔ 집단들이 논의를 시작하면, 관찰하면서 엿듣는다.

➔ 가능하면, 어느 집단에나 끼어들어 그 구성원들의 눈높이에 맞게 관찰할 수 있도록 의자나 걸상을 주변에 준비한다.

➔ 거의 틀림없이, 교사 여러분은 마지막으로 말해야 할 구성원이 할 말이 별로 없다는 것을 목격하게 될 것이다. 말할 만한 거의 모든 것들이 이미 말해졌다. 이는 틀림없이 예견 가능한 일인데, 다음 슬라이드가 그 문제에 대한 해결책을 제시할 것이다.

슬라이드 11

➔ 프로젝터로 슬라이드를 보여주고 그것을 큰 소리로 읽어준다.

➔ 집단들에게 의논할 시간을 주고, 이 문제의 원인에 대한 설명을 공유하도록 요구한다.

슬라이드 12

➔ 거의 틀림없이, 학생들은 많은 새로운 아이디어를 빨리 생각해낸다는 것이 어려우며, 특히 제일 끝에 말하는 사람이 이제까지 말해지지 않은 무언가를 생각해낸다는 것은 정말 어렵다고 말할 것이다.

➔ 다음과 같이 말해준다.

◆ 이제 곧 논의를 계속할 겁니다 ─ 그러나 또한 우리는 많은 것들을 바꿀 겁니다. 첫째, 여러분들이 응답하는 순서를 바꿀 겁니다. 이는 여러분이 바로 전에 첫 번째였다면 이번에는 두 번째가 될 것입니다. 이전의 순번을 생각해보고 다음에는 여러분의 새로운 순번을 추측해보세요.

➔ 집단들에게 약간의 시간을 준다.

◆ 더 질문이 있나요?

◆ 둘째, 이번 회의 논의에서, 여러분은 어느 누가 대답하기 전의 대기시간을 관찰할 겁니다. 새로운 발제자(이제는 첫 번째 사람이 된)는 두 번째 사람이 응답하기 전에 다섯까지 세어야 합니다. 이 대기시간 동안에 여러분은 교재의 줄에서 자신의 의견을 지지하는 줄을 지적할 뿐만 아니라, 다 함께 공유할 수 있는 모든 아이디어를 열심히 생각해내야 합니다.

슬라이드 13

➔ 논의 단계들을 다시 통독하세요. 잠시 묵독하는 동안 기다려주세요. 지금 순번을 바꿨다는 것을 기억하고, 논의를 계속 진행하세요. 여러분들이 이번 회를 끝내고 나면 다시 또 순번을 바꿉니다 ─ 즉 새로운 논의 발제자, 새로운 응답 순번 등. 그리고 여러분이 논의 발제자가 될 때마다, 맨 처음 이후의 논의가 계속되도록 유지하는 것이 여러분의 임무입니다. 질문 있나요? 이제 내가 부를 때까지 논의를 계속하세요.

➔ 교사 여러분의 원래 자리로 돌아온다.

➔ 말이 많은 구성원이 또 대답을 먼저 하거나, 구성원들이 "마지막 말은 내가 할게요."
라고 말하는 것을 잊었을 때 개입하는 것을 두려워하지 말라.

➔ 구성원들이 다섯을 세는 대기시간을 어겼을 때도 개입한다.

➔ 만일 대부분의 집단들이 말하는 순번 바꾸기, 대기시간 준수 등의 모든 지시를 잘 따르면, 그 집단에 개입할 필요가 없다. 집단들을 관찰하면서, 교사 여러분은 그들에게 '잘하고' 있으며 그들이 말을 아끼고 지시를 잘 따르는 한 논의는 계속된다는 정보를 준다.

슬라이드 14

➔ 집단들에게 그들의 논의를 재검토할 시간을 준다.

➔ 그런 다음에는, 무선적으로 고른 구성원들에게 공유하도록 질문한다.

슬라이드 15

➔ 집단들에게 그들이 사용한 일부 기술들을 목록으로 만들 시간을 준다.

➔ 그런 다음, 그들이 논의를 향상하는 데서 어느 것이 가장 큰 차이를 가져왔는지 결정하고 그것을 나머지 집단들에게 보고하도록 시킨다.

➔ 집단들은 흔히 같은 것을 정확하게 같게 말하지 못하며, 그것이 바로 공유를 재미있게 만든다.

슬라이드 16

➔ 감사 인사와 축하의 하이파이브로 끝을 맺자!

추가 조언

'말을 아끼기'는 남의 말 듣기와 집단에 기여하기에서 모두가 동등하게 공유하도록 하는 데 초점을 둔다.

'마지막 말을 아끼기'는 남의 말 듣기와 집단에 기여하기에서 모두가 동등하게 공유하도록 하는 데 초점을 둔 전략이다. 2장에서 말했듯이, 모든 새로운 기술은 자연스럽게 느껴지지 않으며, 그래서 대화를 강제적이고 딱딱하게 만든다. '말을 아끼기'가 그들의 대화를 방해한다고 말하는 학생들의 불평을 받아들이지 말라. 그들이 말하는 진정한 의미는, '말을 많이 하는' 구성원들이 더 이상 지배적이지 못하도록 하기 때문에 불평하는 것이다. 교사 여러분이 생각하기에, 학생 집단에서 모두가 세심하게 남의 말을 듣고, 집단에 재미있고 풍부한 생각을 동등하게 기여할 때는 '말을 아끼기' 전략을 더 이상 사용하지 않겠다고 재확인해주어라.

레슨 18　쓰기-소통

왜 사용하는가?

아이들이 쓰기-소통에 참여하면, 그들 모두는 주어진 주제에 관해 쓰기나 읽기로 모든 시간을 보내게 된다.

쓰기 대화는 교실에 있는 각각의 아이 모두를 포함한다. 대기할 필요도 없다 — 또는 허용되지 않는다! 아이들이 쓰기-소통에 참여하면, 그들 모두는 주어진 주제에 관해 쓰거나 읽기로 모든 시간을 보내게 된다. 이를 전체 학급 논의와 비교하면, 전체 학급 논의에서는 교사를 기쁘게 하려는 자원자들이 너무 자주 손을 드는데, 그 밖의 학생들은 잠을 자거나 해서 아무것도 기억하지 못한다. 우리는 자주 아이들의 동기 부족, 비집중, 조는 경향 등을 걱정한다 — 그러나 현재의 비난에 무관심한 학급 배치를 생각한다면, 아이들이 잘하는 것이다. 여기까지가 기본선이다.

언제 사용하는가?

학생들이 소규모 집단에서 소리내어 논의할 수 있듯이, 그들은 또한 글로 써서 논의할 수도 있다. 따라서 쓰기-소통의 유용성은 일상적이다. 이 전략은 그 근거자료에서 가장 긴 슬라이드 쇼를 갖고 있으며 세심한 훈련을 필요로 하지만, 그렇다고 1년 동안을 꼬박 필요로 하는 것은 아니다. Smokey와 그의 부인 Elaine은 2013년에 쓰기 대화의 사용과 그 변형들에 관해 전체를 아우르는 책을 저술했다. 그들이 주장하듯이, 이것은 유행도 아니고 조약도 아니며 일시적인 변형도 아니다. 우리가 일하는 많은 교실에서, 교사들은 편지쓰기의 다른 형태들을 일주일에 걸쳐서, 또는 한 달마다, 또는 1년 내내 사용한다.

준비

- 쓰기 대화는 데스크톱이나 노트북 PC, Edmodo 같은 웹공간을 통해 디지털 기술로 할 수도 있지만, 우리는 먼저 종이와 연필을 가지고 아이들을 훈련시키고자 한다. 따라서 교사 여러분의 첫 번째 '쓰기-소통'은 옛날 학교의 쓰기 도구들을 준비하는 데서 출발한다.

레슨

제목 : 쓰기-소통

→ 학생들로 하여금 잠시 동안 슬라이드의 사진을 감상하게 한다.

→ 적당하다고 생각이 들면, 교실 내에서 노트에 적는 데 문제가 있을 때 자원자들을 시켜 짧은 시간 동안 그 문제를 공유하도록 요구할 수 있다.

→ 슬라이드를 읽어준다. 그것은 단순히 교사 여러분의 학생들이 하게 될 활동을 설명한다.

→ 여러분 학급의 인원수를 감안해서 3~5명으로 된 집단을 형성한다. 쓰기-소통에는 3명으로 된 집단이 이상적이다.

→ 쓰기가 시작되면, 집단의 크기에 상관없이 종이는 3장이다. 이는 4명이나 5명으로 된 집단은 모든 구성원이 다른 구성원 모두에게 쓸 수 없다는 것을 뜻한다─그래도 큰 문제는 없다. 그들이 소리내어 소통하는 대화에 참가할 때는, 모두의 목소리가 모두에게 전달된다.

→ 인사말에는 자신의 이름을 사용할 수 있는데, 이는 교실 내에서 친근함과 지지를 격려한다고 생각되기 때문이다. 또는 학생들로 하여금 자신만의 독특한 인사말을 만들도록 하여 놀이적인 요소를 첨가할 수 있다─"안녕, 애들아", "친애하는 친구들!", "안녕, 급우들아", "인사드립니다, 지구별 여러분" 등.

→ 학생들은 온전한 한 장의 종이를 필요로 할 것인데, 왜냐하면 양면이 다 필요할 수도 있고 또는 한 면을 안 보이게 할 수도 있기 때문이다.

→ 만일 카드 노트나 또는 작은 종잇조각을 사용하게 되면, 자신들의 편지를 돌릴 때 여러 장의 종이를 유지하기 어려울 것이다.

→ 학생들은 편지를 쓰거나 또는 답장을 할 때마다 자신의 이름을 적어야 한다. 실제 이름이나 또는 남들이 확인할 수 있는 별명이 좋을 것이다. 우리가 좋아하는 쓰기-소통용 사인은 아칸소 주의 어느 소년이 쓴 것인데, 다음과 같다.

This IS,

Justin Adams

→ 읽기 쉽도록 쓴다.

→ 다음과 같은 것들을 강조하라. 중요한 것은 손으로 쓰기나 필기체로 쓰는 것이 아니라, 읽기 쉽게 쓰는 것이다. 일부 학생들에게는 단순한 쓰기 활동이 어려울 수도 있다. 한 학생이 헷갈리는 단어를 가리키며 옆의 파트너에게 "이게 무슨 뜻이니?"라고 묻는다고 해서 낙담해서는 안 된다.

➡ 학생들에게 쓰기 대화는 성적과는 관계없으며(단, 예외적으로 참여도와 노력성은 성적에 반영됨) 철자법과 문법은 점수를 매기지 않는다고 말해준다. 이것은 대략적인, 편집되지 않는, 학습을 위한 쓰기이며, 재검토하거나 교정볼 시간이 없다.

➡ 그러나 학생들이 부과된 과제를 게을리하는 것을 방지하기 위하여, 학생들에게 '이것들도 다 모아서 참조할 것'이라고 말하기 바란다.

➡ 실제로 자신의 생각을 그림으로 표현하는 것은 전적으로 쓰기-소통의 정당한 방식이라는 것을 강조하라. 우리들은 자주 다음과 같이 말한다.

◆ 만화, 도표, 막대 그림, 타임라인, 지도 등 여러분의 생각을 종이 위에 표현할 수 있는 것이면 어느 것이라도 사용하세요. 여러분은 그림과 함께 라벨, 설명자막, 말풍선, 생각풍선 등을 사용해서 여러분의 아이디어를 나타낼 수 있다는 걸 기억하세요.

➡ 이 그래픽 대안은 영어 학습자, 특성화 교육계획 아이, 시각 왜곡 아이, 단순히 교재 읽기가 느린 아이들에게 효과가 있었다.

슬라이드 6

➡ 처음에, 아이들은 제한 시간까지 계속 쓰기를 하라는 아이디어를 이해하지 못할 수 있다. 그래서 다음과 같이 설명하고자 한다.

◆ 여러분은 1분 30초 동안 쓰기만 하면 됩니다. 그 전체 시간 동안에는 계속해서 쓰기를 해주세요. '나는 말 못해'라고 쓰고 펜을 내려놓는 것은 공평하지 못해요. 여러분은 펜을 들고 1분 30초 동안 끊임없이 써야 합니다. 어떻게 하면 그렇게 할 수 있을까요? 주제나 여러분의 파트너가 말한 것 등과 관련된 것들 또는 비평 등을 쓰세요. 질문들을 쓰세요. 만일 여러분이 원한다면, 친숙한 논쟁을 시작할 수 있어요. 다만, 쓰기 대화를 계속해야 합니다.

➡ 이 쓰기 활동은 침묵 속에서 이루어진다. 만일 일부 아이들이 말을 시작하면, 그들에게 "계속해서 쓰세요!"라고 말해준다.

➡ 사람들은 편지를 교환할 때 어떤 말이라도 하기 마련이다(그것은 정상적이며 사교적인 일이다). 그러나 그들에게 다시 한 번 다음 편지에 그 내용을 쓰기 위해 말을 아끼라고 격려해주어라.

슬라이드 7

➡ 교사 여러분이 만든 아이에게 친숙한, 또는 매우 논쟁적인 주제나 교재에서 발췌한 것으로 대체해도 된다.

➡ 생각하는 시간은 아주 중요하므로, 30~60초 정도를 허용한다.

슬라이드 8

➡ 이것은 개인적인, 침묵적인 생각의 시간을 확장한다.

슬라이드 9

➔ 우리가 지시사항에 대해 얼마나 세심하게 부응하는지 주목하라. 이제 쓰기를 시작한다.

➔ 학생들이 시작만 하면, 쓰기 대화는 많은 긍정적인 사회적 압력을 갖는다. 90초 이내에 모든 학생이 자기 짝에게 노트를 제출해야 하며, 다른 급우의 편지에 대답할 준비가 되어야 한다. 따라서 우리는 모든 학생들이 우리의 신호에 따라 쓰기를 할 준비가 되어 있기를 확신하고자 한다.

슬라이드 10

➔ 다음에는 늦게 시작하는 학생들을 위한 지원이 있다. 우리는 이것을 '안전망 출발자'라고 부른다. 왜냐하면, 그것들은 주제가 관련이 있거나 몰입할 만한(우리 생각에) 때에도 '쓸 만한 것을 생각해내지 못하는' 학생들을 위해 설계되었기 때문이다. 우리는 세심하게 지도를 해야 한다.

   ◆ 이것은 여러분이 써야 할 다섯 가지 일에 대한 목록이 아닙니다. 이것들은 여러분이 아직 마음속에 아무것도 생각나는 것이 없을 때 첫 번째 편지를 쓸 수 있도록 해주는 다섯 가지 방법입니다. 이미 아이디어가 있다면, 그 아이디어를 가지고 시작하세요.

슬라이드 11

➔ 만일 학생들이 깊이 몰입해 있다면, 계속해서 1~2분 정도 더 쓸 수 있도록 한다. 그들은 다음 편지에서 논의할 더 많은 교재를 갖게 될 것이다.

➔ 여러분이 '그만'이라고 말하기 전에 종이에 몇 줄이라도 쓴 느린 학생이 있으면 기다린다.

➔ 15초 정도 남았을 때, 부드럽고 조용히 이를 경고하라. 그래야 학생들이 작업 중이던 문장이나 생각 등을 끝낼 수 있다.

슬라이드 12

➔ 가장 좋은 결과(또는 최소의 혼란)를 위해서는, 학생들에게 "오른쪽(또는 왼쪽)으로 건네주세요."라고 말한다. 학생들이 둥글게 앉았거나 또는 사각으로 앉았거나 이 방법이 가장 간단하다.

슬라이드 13

➔ 이런 지침들은 학생들로 하여금 실제로 편지, 이메일, 교재를 받는 것 같은 생각을 하게 한다. 교사 여러분이 그것을 읽고, 대답하라.

슬라이드 14

➔ 이런 지침들은 학생들이 쓰기-소통에 처음으로 참여할 때 특히 유용하다. 그렇게 되면, 향후에 그들에게 얽매일 필요가 없게 된다.

슬라이드 15

➜ 우리는 쓰기 가능성을 아직도 보조자가 필요한 학생들을 지원하기 위해 남겨둔다.

슬라이드 16

➜ 또 다른 시간 경고. 이 단계에서 우리는 때로 서로 종이를 바꾸기 전에 피로해진 손목을 놀이하듯이 흔들라고 말해준다.

슬라이드 17

➜ 이번 회에서 학생들은 좀 더 시간이 필요할 것이다. 왜냐하면 이번에는 읽어야 할 편지가 두 장이다(만일 추가 조치를 더한다면, 더 많을 수도 있다). 따라서 읽는 시간을 더 확장해서 허용해준다.

➜ 만일 여러분이 이번 회 다음 번에 편지 교환을 끝내려면, 다음과 같은 추가의 말을 한다.

◆ 이번이 오늘 여러분이 써야 할 마지막 편지입니다. 따라서 여러분은 쓰기 대화를 여기서 끝낼 것인지 또는 계속할 것인지를 결정해야 합니다.

슬라이드 18

➜ 또한, 아직 지원이 필요한 파트너들에게 반응 조건들을 제시해준다.

슬라이드 19

➜ 최종적인 '시간 종료' 경고를 준다.

슬라이드 20

➜ 조용한 가운데 학생들에게 시간을 주어 다른 두 명의 파트너가 써준 편지들을 충분히 소화할 시간을 준다(3명이든 그 이상이든 거기에 맞게).

➜ 우리는 때로 다음과 같이 말한다.

◆ 이 종이는 여러분이 10분 전부터 시작한 대화를 기록한 것입니다. 그러니까 이제 여러분의 아이디어에 기초해서 다른 사람이 뭐라고 말했는지 보세요.

슬라이드 21

이제 모든 사람의 노트를 다시 읽고 어느 누군가 쓴 가장 흥미롭고, 이상하고, 논쟁이 가능한 것에 표시를 하세요.

이것은 여러분 집단과 더 이야기하고 싶은 것이 될 것입니다.

그 문장 옆에 별 표시를 하세요.

➜ 일부 집단들은 주저없이 쓰기-소통에서 언어-소통으로 바꿀 수 있다.

➜ 다른 집단들은 주저하면서 어떻게 말을 시작할 것인지를 걱정한다. 이 단계는 모든 집단들이 논의가 '실제로 시작되면' 무언가 논의할 거리가 있다는 것을 확신시켜준다.

슬라이드 22

이제 여러분은 소리내어 말하며 토론을 계속할 수 있어요. 곧장 시작해서 여러분 집단 구성원의 아이디어에 대해 말하세요.

➜ 여기서 우리는 학생들에게 소리내어 하는 대화를 어떻게 시작할 것인지에 대한 선택권을 준다.

➜ 그들에게 약 3분 정도의 논의시산을 주고, 집단을 돌면서 그들의 대화를 듣는다.

➜ 만일 한 집단에서 어느 한 학생이 흥미 있는 발언을 하면, 나중에 그 학생을 초청하여 다음에 하게 될 전체 학급 논의에서 발언하게 해줄 수 있다.

슬라이드 23

이제 여러분이 쓰고 말한 토론의 몇몇 중요한 부분을 들어봅시다.

주제에 대해 떠오른 큰 아이디어는 무엇인가요?

여러분은 어느 것에 동의하거나 동의하지 않았나요?

➜ 이런 촉진은 의도적으로 전반적이다.

➜ 만일 학생들이 더 좁은 또는 더 교과과정에 근거한 주제에 관해 써 왔다면, 교사 여러분은 좀 더 목표지향적인 질문을 할 수 있다.

슬라이드 24

이제 쓰기-소통에 대해 말해봅시다.

소집단 모임에서 쓰기 토론과 말하기 토론은 어떻게 다른가요?

쓰기 토론과 말하기 토론을 비교하는 방법의 목록을 만듭시다.

말하기 토론　　쓰기 토론

➜ 학생들이 종이에 쓰는 논의를 할 때마다 매번 이 단계를 사용할 필요는 없다. 그러나 학생들은 전략을 학습하면서 한두 번은 해보는 것이 중요하다.

➜ 만일 우리가 슬라이드로 보여준 두 칸짜리 차트를 사용한다면, 쓰기 대화의 중요한 특성 ─ 말로 하는, 소집단 논의와 비교해서 ─ 들이 나타나야 한다. 즉 다음과 같은 것들이 나타나야 한다.

◆ 아무도 대화를 지배할 수 없다.
◆ 모두 동일한 양의 시간을 갖는다.
◆ 아무도 다른 사람을 방해할 수 없다.
◆ 쓰기는 좀 더 사색적(덜 충동적)일 수 있다.
◆ 다른 사람을 분산시키는 주위의 말소리가 없다.

➜ 그리고 다음으로, 교사 여러분의 학생들이 무슨 생각을 하는지를 본다.

슬라이드 25

이것은 우리가 계속 사용할 수 있는 도구입니다.

오늘 편지를 쓴 것과 좋은 아이디어를 준 것에 대해 쓰기하는 친구들에게 감사하세요.

➜ 쓰기하는 친구들이여 영원하라!

레슨 19 미술관 가기

왜 사용하는가?

미술관 가기는 우리가 즐기는 '긍정적으로 생각하기' 활동으로서 아이들로 하여금 교실 내를 능동적으로 움직이면서 이야기도 하고 생각도 하도록 한다.

각 레슨에서 설명하듯이, 미술관은 사람들이 예술가나 창작자들의 작품에 감탄도 하고 감상도 하려고 가는 장소이다. 이를 학급 교실에 적용한다면, 미술관 가기는 우리가 즐기는 '긍정적으로 생각하기' 활동으로서 아이들로 하여금 교실 내를 능동적으로 움직이면서 교과과정의 주제를 기본으로 한 다른 학생들의 작품에 대해 이야기도 하고 생각도 하도록 한다. 우리가 감상의 윤리를 알려주고 그 절차를 세심하게 알려준다면 — 실제 미술관에서 하는 것처럼 — 아이들이 미친 듯이 자리에서 일어나 제멋대로 하지는 않는다.

언제 사용하는가?

이것은 학생들이 다른 학생들 또는 학급 전체와 공유할 필요가 있는 크거나 도표로 된 작품을 만들었을 때 시행하는 '가서 보는' 구조이다.

준비

- 흥미 있는 짧은 기사나 이야기 또는 시 등을 복사한다. 모든 학생들은 각자의 자료를 보관할 필요가 있다.
- 모든 재료는 시행될 준비가 되어 있도록 한다 — 큰 포스터 종이(이런 것을 구하려면 초등학교 교실로 가야 할 것이다), 컬러 마커, 테이프, 포스트잇 메모지 등.
- 교실(또는 홀)의 어디에 잘 배치된 공간을 만들어야 소집단들이 그 안에서 자유롭게 움직일지를 생각한다.

레슨

슬라이드 1

제목 : **미술관 가기**

슬라이드 2

➔ 이것은 미술관의 목적과 문화를 소개하는 것이다. 교사 여러분은 누가 박물관이나 미술관에 갔다 왔는지를 묻고, 자원자들로 하여금 그런 기관들의 목적을 설명하도록 한다.

슬라이드 3

➔ 학생들에게 몇 초 동안 사방 벽을 보도록 한다. 벽은 비어 있을 수도 있고, 또는 재료들로 장식되어 있을 수도 있다.

➔ 이 벽을 전시관으로 만들려면 무엇이 필요할지에 대해 얘기한다.

➔ 교사 여러분은 미리 어디에 학생들의 그림을 배치할지에 대해 생각을 갖고 있어야 한다. 아마도 일부 장식들은 일시적으로 내리거나 이동시키거나 덮을 필요가 있을 것이다. 전시 장소 주변의 교통흐름이나 잠정적 장애에 대해서도 생각한다.

슬라이드 4

➔ 3명으로 된 집단이 이 활동에는 적합하다 —3명보다 많은 아이들에게 같은 종이에(종이가 아무리 크다 해도) 쓰도록 하는 것은 잘 되지 않는다.

슬라이드 5

➔ 여기에 있는 단순한 본문-부호 도구(또는 교사 여러분이 선호하는 다른 빠른 주석 전략)를 기사를 다루기 전에 가르친다. 그렇게 해서 지도하기 전에는 아이들이 읽지 않도록 한다.

➔ 만일 학생들이 능동적인 독자의 마음가짐인 '정지하고, 생각하고, 반응하라'에 익숙하지 않다면, 시간을 두고 그들에게 읽어가면서 자신의 생각행로를 벗어나는 방법을 보여준다.

슬라이드 6

→ 아이들에게 3분 정도(각 아이당 1분씩)의 시간을 주고 교재에 대한 그들의 초기 반응을 이야기하도록 한다.

→ 만일 대화가 지연되면, 그들을 격려하여 그들이 배운 부호로 논의를 재시작하도록 한다.

슬라이드 7

→ 이제는 아이들이 '도표 그리기'를 할 시간으로, 교재에 대한 자신들의 생각을 그림이나 만화, 도표, 막대그림, 모델, 타임라인, 또는 다른 시각적 표현으로 변환한다.

→ 이 단계에서는 그림종이 위의 자신의 영역에서만 각자 작업한다. 교사 여러분은 전체를 순회하고 지원하면서 3분 정도의 시간을 준다. 또한 작업하는 동안 다른 사람의 작업 영역을 침범하지 않도록 주의를 준다.

슬라이드 8

→ 이제 각 집단의 작품을 읽기 쉬운 높이에 붙이도록 하고, 각 집단 간의 공간을 충분히 두어 집단들이 서로 모이거나 교대할 수 있도록 한다.

→ 이때 테이프, 핀, 또는 다른 적합한 도구들이 갖춰져 있어야 함은 물론이다.

슬라이드 9

→ 학생들이 처음으로 공부하고 반응할 '다른 학생들'의 포스터를 어떻게 섞을지에 대해 결정한다.

→ 이는 단순히 '자기네 작품 바로 오른쪽 작품'이라고 단순하게 정할 수도 있고, 좀 더 색다른 차례로 정할 수도 있다.

→ 모든 학생이 포스트잇 메모지와 펜을 갖고 와서 다른 급우들의 포스터 옆의 벽에 자신들의 감상평을 남겨 놓을 수 있도록 한다. 다른 방법으로는, 학생 '방문자들'로 하여금 포스터 자체의 여백에 직접 감상평을 쓰도록 한다.

슬라이드 10

→ 학생들은 우선 포스터에 쓰여진 거의 모든 것들을 읽어야 한다고 설명한다.

◆ 여러분은 보면서 여러분 자신의 반응, 연결점, 의문, 찬성, 의심 나는 것들을 주목하세요.

◆ 다음에는, 여러분의 팀과 함께 그런 생각들을 공유하고 논의하세요.

◆ 끝으로, 각자 자신의 가장 중요한 생각을 다른 팀들을 위해서 적어 남기세요. 여러분의 이름을 남기는 것을 잊지 마세요.

→ 학생들의 진전을 주시하면서 이 활동에 시간을 들인다. 3분 정도가 첫 번째 회에서는 충분하다. 다음 단계에서는 좀 더 많은 시간이 필요할 것이다.

슬라이드 11

- ➜ 이제 점점 재미있어진다. 한 팀의 학생들에게 다음 팀의 작품을 감상하게 하면, 이제는 다음 팀의 원래 작품뿐 아니라 앞서 간 팀의 감상평까지도 볼 수 있게 된다.
- ➜ 이는 학생들로 하여금 추가적인 재료를 소화하고 의논하고 각자의 의견을 쓰도록 허용해주어야 한다는 것을 뜻한다.
- ➜ 만일 교사 여러분이 복잡함을 좋아한다면, 1~2회를 추가하여 회당 더 많은 재료들을 공부하게 할 수 있다. 기본 수준에서는, 학생들을 다른 2개 집단의 작품을 방문한 후 자기 팀으로 돌아오도록 한다.

슬라이드 12

- ➜ 이제 학생들이 자신들의 작품으로 돌아왔을 때는 읽고 논의할 적어도 6개의 포스트잇 메모가 붙었을 것이며, 전체 학급의 발표에서 반응할 준비가 되어 있을 것이다.

슬라이드 13

- ➜ 학생들이 하나의 포스트잇 메모를 선택하는 것을 관찰하고 도와준다.

슬라이드 14

- ➜ 서로 다른 집단에서 자원자들을 모아 하나의 비평을 공유하게 하고, 그것이 어떻게 자신들의 작품에 대한 생각을 깊게 해주었는지 설명하도록 한다.

슬라이드 15

- ➜ 전체 절차에 대해 빠르게 되돌아보고, 향후에는 그것을 좀 더 효율적으로 사용할 방법을 공유하도록 한다.

제8장

토론집단 진행하기

우리의 강력한 교육 구조 중 많은 것들은 소집단의 아동들이 함께 작업하는 것을 요구하며, 그 기간도 몇 분 또는 1시간의 수업이 아니라 며칠 또는 몇 주 등이다. 이런 종류의 확장된 협동은 다음과 같은 구조에서 요구된다.

- 문학 서클
- 북 클럽
- 집단 탐구 프로젝트
- 연구조사팀
- 프로젝트 기반 학습

다음의 레슨들은 새로 형성된 집단을 괴롭힐 수 있는 모든 문제를 명백하게 사전에 해결함으로써 그와 같은 활동의 기본 작업을 가능하게 한다.

- 과제를 계속하기
- 모두를 참여시키기
- 지지적인 분위기 유지하기
- 의도적으로 반성하고 향상하기

여기에는 5개의 레슨이 있는데, 각 레슨은 제목 자체에 그 내용이 설명되어 있다.

레슨 **20.** 집단의 기본 규칙 확립하기
레슨 **21.** 과제 외 행동 촉발 요인 극복하기
레슨 **22.** 집단 향상을 위한 목표 설정하기
레슨 **23.** 테이블 카드로 협력 강화하기
레슨 **24.** 칭찬 카드

레슨 20   집단의 기본 규칙 확립하기

왜 사용하는가?

아동들이 집단으로 작업하는 것에 불평하는 한 가지 이유는 집단의 등급과 작업량의 불공평이라는 유령 때문이다. 집단에 올 때 충분히 준비해 오는 구성원도 있고, 아무런 일도 하지 않고 무임승차하려는 구성원도 있다. 이런 현실을 아는 것도 중요하지만, 작업팀은 삶의 현실이며 그래서 이 문제를 어떻게 해결할 것인지가 연구자로서 전 생애를 홀로 보내기를 바라는 것보다 더 실질적이다. 어떤 아동이 자신은 독방 실험실에서 연구하는 과학자가 될 계획을 갖고 있다고 할지라도, 대부분의 학생들은 결혼하여 가족을 부양하는 계획을 세운다. 그래서 모두는 결국 일부 기본 규칙에 대해 타협할 기회를 갖게 된다.

언제 사용하는가?

만일 집단 구성원들이 얼마 동안 함께 작업을 하려 하면, 모든 구성원이 자기 집단에 대해 책임을 지는 것이 필요하다.

만일 집단 구성원들이 얼마 동안 함께 작업을 하려 하고 또한 그들의 프로젝트가 실내가 아닌 실외에서 완성되는 것이라면(이는 문학 서클이나 많은 집단 프로젝트 등에서 전형적이다), 모든 구성원이 자기 집단에 대해 책임을 지는 것이 필요하다. 그 책임성 확립을 위한 최선의 방식은 기본 규칙을 만드는 것이다. 장기적인 작업 집단을 구성할 때, 우리는 항상 우호적인 멤버십 그리드 논의로 시작하며(213페이지 또는 www.corwin.com/teachingsocialskills 참조), 그다음에는 바로 각 집단이 스스로의 규칙을 발전시키도록 한다. 이런 방식은 집단 내의 모든 구성원이 바로 시작부터 집단의 기대가 무엇인지를 알게 한다.

준비

- 사전에 미리 3~5명의 장기적인 작업 집단을 어떻게 구성할 것인지를 결정한다.
- 구성원들이 자기 집단의 기본 규칙을 어떻게 기록할 것인지를 결정한다 — 교사 여러분이 나눠주는 종이, 태블릿 PC, 바인더 노트에서 떼어낸 종이 등.

레슨

슬라이드 1

제목 : **집단의 기본 규칙 확립하기**

슬라이드 2

→ 이세까지 더 좋았었던 집단에서 작업한 적이 있는지를 물어본다.

슬라이드 3

→ 학생들로 하여금 잠시 다음에 대해 생각해보도록 한다 — 어떤 행동이 집단 작업을 어렵게 만드나요?

→ 학생들이 경험했던 문제들을 공유한다 — 물론 어떤 이름도 말해서는 안 된다.

→ 전형적으로, 학생들은 과거 집단 구성원들의 약점들을 언급할 것이다.

  ◆ 준비가 안 되어 있다

  ◆ 말을 하지 않는다

  ◆ 다른 사람들이 하게 한다

  ◆ 소속 집단을 무시한다

  ◆ 실내를 돌아 다닌다

  ◆ 분산시키는/관련 없는/부적합한 것들을 모임에 가져온다

  ◆ 잔다

  ◆ 대화를 독점한다

  ◆ 다른 구성원의 아이디어에 귀를 기울이지 않는다

  ◆ 남의 아이디어를 깎아내린다

→ 그들이 말하는 것들을 적을 필요는 없다(과거의 실망에 얽매일 필요는 없다). 단지 자원자들이 말하는 것을 듣기만 하면 된다.

슬라이드 4

→ 다음과 같이 말한다.

  ◆ 이런 문제점들을 집단이 어떻게 피할 수 있는지 알아봅시다.

슬라이드 5

여러분이 집단과 함께 일할 때, 모든 사람이 지켜주길 바라는 기본 규칙은 어떤 것들인가요?

→ 아동들로 하여금 잠시 동안 생각하고 정교화하도록 한다.

◆ 여러분이 속한 집단의 구성원들이 어떻게 행동했으면 좋겠는지에 대해 잠시 동안 조용히 생각해보세요.

◆ 어떤 행동들이 한 집단을 실패한 집단이 아닌 훌륭한 집단이 되게 할까요?

◆ 작업이 공평하게 분배되고 여러분의 모임이 즐겁고 생산적이 되기 위해서는 집단의 각 구성원이 어떻게 해야 할까요?

슬라이드 6

집단과 함께, 같이 지내고 같이 작업하는 데 필요한 가장 중요한 규칙 5개를 협상하세요.

→ 학생들로 하여금 각자의 집단에서 기본 규칙 목록에 대해 소속 집단과 타협하도록 한다.

→ 만일 한 집단 구성원이 5명보다 적은 집단을 만들 수 있느냐고 물어오면, 된다고 말한다. 만일 5명 이상으로 한 집단을 구성하려 하면, 1순위부터 5위까지만 뽑으라 하고 그 모임이 어떻게 되는지를 본다.

→ 나중에, 그들은 항상 한 규칙을 빼고 다른 규칙을 넣을 수 있으며, 또는 목록에 추가할 수도 있다. 그러나 초기에는 규칙의 수가 적은 것이 쉽다.

슬라이드 7

각 집단의 규칙을 들어봅시다.

→ 집단들이 보고할 때, 나머지 집단들은 주의 깊게 경청하도록 주의시킨다.

→ 학생들은 규칙들이 집단들마다 얼마나 비슷한지에 대해 흥미를 보일 것이지만, 거의 모든 집단은 적어도 자기네 집단의 개별성을 반영하는 하나의 규칙은 가져야 한다.

→ 대규모 집단 공유 후에, 각 구성원들은 잠시 자기 집단으로 돌아가 그 규칙들에 동의하거나 규칙을 개정하도록 한다. 다른 집단들의 규칙을 들어본 후에, 그들은 이제 한 규칙을 다른 규칙으로 대체하려 할 수도 있다.

→ 집단들은 전형적으로 어떤 종류의 규칙들에 동의하는가?

◆ 준비된 채로 오고, 작업할 준비를 하라

◆ 각자의 아이디어에 귀를 기울여라

◆ 과제에 집중하라

◆ 좋은 개방형 질문을 하라

◆ 지정된 날짜까지 모두 읽어오고 노트해 오라

◆ 서로의 이름을 알도록 하라

◆ 논의에는 모두가 참여하도록 하라

◆ 지금의 집단을 홈코트로 하라

◆ 서로 우호적이 되어라

◆ 다른 사람을 존중하라

슬라이드 8

이제부터 각 집단의 모임을 시작할 때 여러분의 기본 규칙을 복습하는 것을 기억하세요.

→ 다음 같이 말해준다.

◆ 여러분이 속한 집단이 계속 앞으로 나아가도록, 구성원들 모두는 매 논의가 있을 때마다 이 규칙들을 돌아봐서 모두가 집단에 긍정적으로 기여하도록 합시다!

슬라이드 9

→ 다음 같이 말해준다.

◆ 여러분은 집단 구성원 모두 자신의 최선을 다할 것이며 다른 누구도 괴롭히지 않겠다는 이 규칙들에 합의했음을 잊으면 안 됩니다.

◆ 여러분이 속한 집단의 목표는 여러분이 얼마 전에 언급한 그런 부정적인 경험을 피하는 것입니다.

◆ 만일 여러분 집단에서 문제가 생겼을 때는, 문제 해결을 위해 먼저 나한테 오지 마세요. 집단 내에서 먼저 답을 찾아보되, 기본 규칙들을 재합의해서 잘 풀리게 하세요. 여러분의 기본 규칙들은 필요할 때 언제나 되찾아볼 수 있는 살아 있는 서류입니다.

슬라이드 10

→ 만일 집단들이 기본 규칙들을 확립하는 날에 동시에 학업도 같이 한다면, 모임의 끝에 그 규칙들로 돌아오도록 하여 각 구성원이 독특한 방식으로 잘해주었다고 칭찬해준다. 아마도 거의 확실히 집단 구성원들은 규칙을 선택하는 데 어려움을 겪을 것인데, 왜냐하면 기본 규칙들은 구성원들로 하여금 가장 정중한 행동을 요구하기 때문이다.

→ 구성원들이 기본 규칙을 발전시키면서 보여준 신중함과 경청에 대해 서로 고마워하는 것으로 결론을 짓는다. '엄지를 치켜 올리는' 것으로 끝마친다.

변형

→ 만일 기본 규칙들이 집단을 유지하는 데 충분치 않다고 생각되면, 구성원들로 하여금 그 집단의 부정적 자산이 된 구성원에 대한 '책임 정책'을 결정하도록 한다. 이제 교사 여러분이 비생산적인 학생을 집단에서 배제하는 대신, 구성원들이 그 결과를 결정하도록 한다. 태만한 구성원 문제에 맞닥뜨렸을 때 집단이 얼마나 거칠어질 수 있는지 알면 놀랄 것이다.

→ 초범인 구성원의 경우, 대부분이 제명하지는 않지만 그 구성원과의 상호작용을 제한한다. 예를 들면

◆ 네가 만일 준비도 안 해오거나 작업에서 우리를 방해하면, 이번에는 그냥 두지만 그것도 네가 말없이 조용히 할 때만이다.

◆ 다음 번에는, 그 구성원은 그다음 모임을 준비하는 데서 제외된다.

◆ 세 번째에는 보통 문제의 구성원과 그가 속한 집단, 그리고 교사 등 제삼자가 개입을 하게 된다.

→ 때로는 집단이 문제의 구성원을 공개적인 방식으로 축출하려 한다. '나는 패배자'라는 의미의 바보 모자를 쓰거나 배지를 착용하게 한다. 물론 우리는 그런 아이디어를 거부한다. 그러나 우리는 과거 어느 반에서 그런 아이디어를 내놨는지 걱정스럽다.

레슨 21   과제 외 행동 촉발 요인 극복하기

왜 사용하는가?

초기 기본 규칙들이 자리를 잘 잡았다고 해도, 곧 어떤 집단이든 옆길로 빠지는 집단이 있기 마련이다(이는 아동뿐 아니라 교사 회의에도 적용된다). 때로 이 탈선은 논의 내용 재료에 대한 한 학생의 개인적인 관련 언급으로 시작되지만, 교사 여러분이 그것을 알아차리기 전에, 이야기의 초점은 어느새 탈선해 모든 구성원이 과거 시절의 이야기를 하게 된다. 이 우회가 어느 정도까지는 집단의 결속에 도움이 된다. 학생들은 즉흥적인 멤버십 그리드 유형을 공유하기도 한다. 그러나 과제 외 대화가 집단의 시간에서 우세해지면, 구성원들은 당장의 학업과제를 게을리하게 된다.

옆길로 빠지는 현상은 한 집단이 하위집단으로 나뉠 때 발생한다. 구성원이 3명인 집단에서 두 사람은 대화하고 한 사람은 홀로 있게 된다. 구성원이 4명인 집단에서는 2명씩 짝이 생겨 자기들끼리만 대화하고 다른 짝을 무시한다. 이를 포기하고 한숨 쉬거나 "집단으로는 일이 안 돼"라고 하지 말고, 교사 여러분의 관찰내용을 학생들에게 알려주고 이 문제를 그들 자신들이 해결하도록 돌려주어라.

언제 사용하는가?

이 레슨은 만일 모든 집단들이 과제 외의 일에 빠졌다면 전체 학급을 대상으로 사용될 수 있으며, 다만 한 집단이라면 코칭 중재의 예로서 사용될 수 있다.

이 레슨은 만일 모든 집단이 과제 외의 일에 빠졌다면 전체 학급을 대상으로 사용될 수 있고, 한 집단이라면 코칭 중재의 예로서 사용될 수 있다. 이 문제 해결 절차를 전체 학급을 대상으로 따라 할 수도 있지만, 문제를 가진 한 집단과 편하게 앉아서 이 레슨을 진행할 수도 있다(노트북 컴퓨터에서 슬라이드를 보여주면서). 이때 다른 집단들은 자기들 과제를 계속하도록 한다.

준비

- 사전에 미리 3~5명의 지속적인 작업 집단을 어떻게 구성할 것인지를 결정한다.
- 각 구성원은 슬라이드 2에서 보여주는 것과 같은 과제 외 행동을 적는 백지를 갖고 있도록 한다.

레슨

제목 : **과제 외 행동 촉발 요인 극복하기**

→ 집단 구성원들이 함께 작업할 때 여러분이 관찰했던 몇몇 과제 외 행동들을 서술해주는 것으로 과를 시작한다.

→ 다음과 같이 말한다.

◆ 약간의 과제 외 행동은 때로 그 집단으로 하여금 재미있어 하고 함께 결속하는 데 도움이 됩니다. 그러나 한편으로, 과제 외 활동에 많은 시간을 쓰게 되면 그 집단에 해를 입히게 되고, 그러면 자기가 속한 집단의 구성원들을 좌절시키며 그 과제를 잘 끝내는 것을 방해하게 됩니다.

→ 빈 종이를 나눠주고 학생들에게 어떻게 그것을 세 칸으로 만들 수 있는지 보여준다.

→ 첫 번째 칸에 '과제 외 행동'이라는 이름을 붙인다.

→ 다음과 같이 말한다.

◆ 내가 보아온 과제 외 행동들의 일부를 이야기했어요. 어떤 과제 외 행동으로 여러분 집단은 다투고 있나요?

◆ 몇 분 동안 여러분이 속한 집단과 이야기를 하고 최근의 회의를 회상해보세요.

◆ 여러분이 주제에 접근하지 못하게 하여 결국 과제를 끝내지 못하게 한 행동들을 적어보세요.

◆ 내가 생각하기에 여러분은 스스로 그 목록을 작성할 수 있을 것 같은데, 만일 여러분이 어려워한다면 내가 확실히 도와줄게요!

→ 과제 외 행동은 저절로 발생하는 것이 아님을 설명한다. 무언가가 그 행동을 촉발한다.

→ 학생들로 하여금 첫 번째 칸에 적힌 행동들을 개관하게 하고, 무엇이 그 행동들을 촉발하는지를 논의하여 그 촉발 요인을 둘째 칸에 적는다. 학생들에게 약 3~5분 정도를 준다.

→ 학생들이 적은 일부 추가적인 예들을 다음 페이지에 제시한다.

과제 외 행동	과제 외 행동 촉발 요인	해결책
• 옆 집단 사람에게 말을 건다. • 교재와 관계없는 것들에 대해 이야기한다. • 종이 위에 연필을 굴린다. • 집단이 하위집단으로 쪼개져 자기들끼리만 얘기한다.	• 자기 집단에 집중하지 않고 친구만 쳐다본다. • 교재에서 개인적인 관련성을 생각한다. • 지루함을 느껴 논의에서 빠진다. • 일부 구성원들은 준비를 해오지 않는다. • 모두를 잘 알지 못해서, 친한 사람끼리만 얘기한다. • 일부 사람들은 말을 하지 않아서, 그들을 놔두고 무시한 채—포기하고—끝낸다.	

➜ 물론, 첫 번째 칸에 적힌 행동들은 여기의 예에서 적은 촉발 요인들과 다른 것들을 가질 수 있다. 이것이 바로 학생들이 그 촉발 요인을 정확하게 찾아내야 하는 매우 중요한 이유이다.

슬라이드 4

➜ 학생들에게 그들이 발견한 촉발 요인을 어떻게 인식하고 회피할 것인지에 대해 논의하라고 요구한다.

➜ 집단이 작업에 들어가면 그 진행 과정을 관찰한다. 만일 한 집단이 다투고 있으면, 다음처럼 말한다.

◆ 이 집단은 꽉 막힌 것 같군요. 내가 몇 가지 제안을 해도 될까요?

➜ 위에 서술한 경우의 90%는 초점이 없던 집단을 제대로 돌려놓았는데, 교사가 무엇을 할지 말해줘서라기보다는 자기들 스스로가 그 문제를 해결했기 때문이다.

➜ 집단들이 일단 자신의 도표를 완성하면, 각 집단마다 약간의 시간을 주고 그 촉발자와 해결책에 대해 보고하도록 한다. 학생들에게 어떤 이름도 말할 필요가 없다는 것을 다시 상기시키도록 한다. 각 집단이 보고한 후에는 다음과 같이 말한다.

◆ 이제 여러분 모두가 보고를 했으니까, 최종적으로 여러분의 도표를 보도록 해요.

◆ 여러분 집단의 계획을 좀 더 단단하게 할 수 있도록 하기 위해 다른 집단으로부터 들은 것이 있나요?

◆ 잠시 동안 그것을 살펴보고 해결책에 추가하도록 하세요.

슬라이드 5

➜ 이상적으로는, 학생들이 회의에서 과제 외 촉발 요인 찾기를 시도할 수 있도록 그 바로 전에 이 레슨을 끝냈으면 좋았을 것이다.

➜ 학생들의 회의가 끝난 후, 그들로 하여금 도표를 다시 살펴보게 하고 그들이 어떻게 했는지를 보도록 한다.

➜ 이후에는 항상, 집단들은 각 회의를 시작할 때마다 이 도표를 개관해야 한다—또한 이전의 기본 규칙들도 함께.

슬라이드 6

→ 우리의 상호작용에서는 어떤 향상도 항상 축하할 일이다!

레슨 22   집단 향상을 위한 목표 설정하기

왜 사용하는가?

계속해서 향상되는 집단들은 또한 더 학습하고 학업적으로 더 기민해진다 ─ 이는 또한 시험 성과에서의 향상을 포함한다.

한 집단이 매우 활발한 경우라도, 그 기조는 항상 바뀔 수 있다. 구성원들은 항상 왜 자기 집단이 잘 기능하고 있는지, 좋은 집단은 우연히 이루어지는 것이 아니라는 점을 기억할 필요가 있다. 한 집단은 '화학작용'에 의한 것이 아니라, 구성원들이 사용하는 기술과 행동에 의해서 생산적이 된다. 또한 모든 집단은 점점 더 나아질 수 있으며, 그래서 구성원들은 '하는 일을 흥미롭게 만들기' 위해 무엇을 할지에 대해 논의할 필요가 있다[그런 점에서 우리는 Emeril(TV에서 유명한 요리 전문가)이 요즘 어떻게 하고 있는지 궁금하다]. 여기에는 최소한의 기준선이 있다 ─ 한 집단의 협동적 노력을 향상시키는 것이 꼭 즐겁고 즐길 만한 만남이 되는 것은 아니다. 계속해서 향상되는 집단들은 또한 더 학습하고 학업적으로 더 기민해진다 ─ 이는 또한 시험 성과에서의 향상을 포함한다.

언제 사용하는가?

많은 레슨들과 마찬가지로, 각 집단 구성원들은 집단 회의 끝에서 자신들이 어떻게 작업했는지에 대해 반성해보는 것이 이로울 것이다. 새로 구성된 집단의 첫 회의에서, 우리는 기술적인 사회적 상호작용을 반영하는 긍정적인 성과 측면들에만 초점을 두고자 한다. 그다음 회의에서, 집단은 구성원들의 기술적인 공헌을 계속 기록할 뿐 아니라 그들의 협력을 분석하기 시작하며, 어떤 행동이나 협력 기술이 이후의 회의를 향상시킬 것인지에 대해 생각하기 시작한다.

준비

- 이 레슨은 학생들이 3~5명의 집단으로 오랫동안 작업해왔다고 가정한다.
- 어떤 집단 작업이 발생한 직후 이 레슨을 소개할 계획을 세운다.
- 학생들이 자기 집단의 목표설정 노트를 어떻게 기록할 것인지에 대해 결정한다.

레슨

슬라이드 1

제목 : **집단 향상을 위한 목표 설정하기**

슬라이드 2

➔ 다음과 같이 말하면서 시작한다 ― 집단들은 자신들의 성과를 항상 향상할 수 있는데, 내가 본 바로는 구성원들이 함께 작업할 때 많은 긍정적인 행동들이 나타납니다.

슬라이드 2

➔ 다음과 같이 말한다.

◆ 내가 여러분 집단에 몇 분의 시간을 줄 테니 집단 성과를 3개 적으세요. 준비가 되면 다음에 대해 생각해보세요.
  – 어떤 행동들이 오늘 우리 집단이 작업을 끝내는 데 진짜 도움이 될까?
  – 어떻게 하면 우리 모두가 참여하여 서로의 짝과 즐겁게 작업을 할까?
◆ 여러분의 집단이 사용한 기술에 대해 생각할 때, 되도록 구체적으로 하세요. 예컨대 '우리는 협력했다'라고 하지 말고, 다음처럼 하세요.
  – "우리는 서로에게 집중했다."
  – "우리는 서로에게 시선을 잘 마주쳤다."
  – "우리는 개방형 후속질문을 많이 했다."
  – "우리는 서로에게 감사하는 걸 잊지 않았다."
◆ 나는 오늘 여러분의 작업을 관찰했어요. 어느 누구도 다투지 않았고, 교실 분위기를 망치지 않았어요. 따라서 각 집단은 집단 성과 목록에 적어도 3개는 쓸 수 있을 거예요. 만일 더 생각이 난다면 당연히 더 써 넣으세요!

➔ 각 집단에게 2~3분 정도의 시간을 주고 그들이 성취한 세 가지를 적으라고 한다.

➔ 관찰하면서, 학생들이 적은 것들을 읽게 한다. 만일 집단에서 '우리는 참가했다' 또는 '우리는 협동했다' 또는 '우리는 귀를 기울였다' 등의 응답이 나오면, 그들이 실제로 의미하는 것이 무엇인지 알기 위한 질문을 해본다.

  ◆ 집단들이 협동할 때 사용하는 기술들은 수백 가지가 있어요. 여러분이 진짜 협동할 때 보여준 세 가지는 무엇인가요?
  ◆ 여러분이 사용한 구체적인 기술들에 대해 이야기를 시작해보세요. 그러면 나는 몇 분 동안 여러분이 어떤 기술들을 사용했는지 검토할게요.

→ 만일 학생들이 자신들의 상호작용 기술에 구체적인 명칭을 못 붙인다면, 그들을 '홈코트'나 '우정과 지지', '훌륭한 파트너 특성' 등의 단원으로 돌아가게 한다. 협동이라는 단어가 무엇처럼 보이는가? 무엇처럼 들리는가?

슬라이드 4

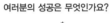

→ 집단들이 일단 목록을 갖추면, 각 집단마다 하나의 구체적인 성공사례를 전체 학급과 공유하도록 요구한다.

→ 다음 차례로 나오는 집단에게는 가능하면 다른 종류의 성공사례를 언급하도록 격려한다.

→ 모든 학생이 이것을 알아듣도록 하는 것이 중요한데, 왜냐하면

◆ 그것이 성공적 협동작업을 하는 데 필요한 서로 다른 모든 기술들을 강화하기 때문이다.

◆ 다른 집단들이 발표하는 걸 듣게 되면, 자기 집단이 사용은 하는데 적어 놓지는 않았던 기술들을 인식할 수 있다.

◆ 자신들이 작업할 때 필요할지도 모를 기술들에 대해 들을 수 있다.

슬라이드 5

→ 기술 성공의 또 다른 면은 그것이 향상을 필요로 하는 기술이라는 점입니다.

슬라이드 6

→ 프로젝터로 슬라이드를 보여주고 크게 읽는다.

→ 그다음에는 다음과 같이 말한다.

◆ 모두 이것에 대해서 말하지 말고 조용히 1분 동안 생각해보세요.

◆ 여러분이 속한 집단의 다음 모임을 실제로 향상시키기 위해서 해야 할 일은 무엇인가요?

→ 집단들이 경험을 더 많이 하면서 약점을 더 잘 찾아내게 되겠지만, 처음에는 어려움이 있을 것이다. 만일 그런 경우라면, 집단의 이름은 말하지 말고 교사 여러분이 관찰했던 것들을 말하면서 이 슬라이드를 보여준다.

◆ 여러분이 어떤 작업을 해야 할지 결정하지 못했다면, 내가 몇 가지 예를 알려줄게요.

- 교재를 참조하지도 않고 논의만 한다.

- 어떤 집단은 하위집단들로 나누어진다.

- 차례로 하지 않고 한 사람이 계속 토론 주제를 내놓는다.

- 집단 구성원들이 "마지막 말은 내가 하도록 해줘!" 원리를 잊었다.

- 일부 구성원들이 남들보다 훨씬 더 말을 많이 한다.

→ 이제 여러분이 속한 집단으로 돌아와서, 여러분의 아이디어를 함께 공유하고 여러분이 생각하기에 가장 큰 차이를 가져올 하나의 목표에 합의하세요.

슬라이드 7

→ 약점을 잡아낸 것만으로는 집단이 기능하는 방식에 변화를 주기에 충분하지 않다는 것을 설명해준다.

→ 집단 구성원들에게 그 약점을 극복하고 향상하기 위해서는 어떻게 다르게 활동할지를 정확하게 이해할 필요가 있다는 것을 말해준다.

→ 학생들에게 그 목표를 이루기 위해서는 매우 구체적인 행동을 적시해야 한다고 주지 시킨다.

→ 우리가 '친절과 지지'에서 했던 차트를 주지시킨다. 아마도 그 포스터는 오른쪽 교실 벽에 걸려 있을 것이다(58~61페이지 참조).

→ 집단들에게 그들의 새로운 목표를 이루기 위해 노력할 때, 항상 실제적인 문장을 말하기 위해 브레인스토밍을 하라고 말해준다. 예를 들어 어떤 집단이 '나도 말좀 하게 해줘' 원리를 자꾸 잊는다면, 브레인스토밍을 통해 다음과 같은 문장으로 바꾼다.

- ◆ "네가 질문을 했으니까, 이번에는 네가 우리들의 말을 들어야 해."
- ◆ "네 의견은 지금 말하지 말고 나중에 말해."
- ◆ "누군가가 대답하기 전에 우리 모두 다섯까지 세자."
- ◆ "저번에는 내가 첫 번째로 응답했으니까, 이번에는 누가 첫 번째를 할 거야?"
- ◆ "저번에 제일 마지막에 응답한 사람이 이번에는 첫 번째로 응답하기로 하자."

슬라이드 8

→ 일단 집단들이 계획을 준비했다면, 각 집단으로 하여금 학급의 나머지 집단들과 향상 목표를 빨리 공유하도록 시킨다.

→ 뒤에 오는 집단에게는 앞서 나온 목표와는 가능하면 다른 목표들을 언급하도록 격려 한다.

→ 모든 집단이 향상하는 방식을 알 수 있다는 것을 알게 되면, 학생들은 그들 간의 상호 작용에서 좀 더 생각이 깊어지고 반성적인 방식으로 바뀐다.

슬라이드 9

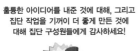

→ 거친 가장자리를 부드럽게 만들 수는 없다. 모든 모임의 마지막 순간은 진정한 고마움으로 빛나게 하라. 학교에서 일할 때, 교사 여러분은 하루에 몇 번이나 고맙다는 인사를 받았는가? 아마 충분하지 못했을 것이다. 그건 학생들도 마찬가지다. 조그만 무대일지라도, 고맙다는 인사를 받는 것은 여전히 기분을 좋게 해준다!

학생들의 다음 번 집단모임 시작 시

슬라이드 6, 7

→ 슬라이드 6과 7을 다시 한 번 보여준다. 집단 구성원들에게 지난번 모임에서의 그들의 향상 목표 — 그에 동반된 행동도 함께 — 를 돌아보도록 한다. 각 집단이 지난번 자기 집단의 목표를 일종의 공개적인 방식으로 전체 학급에 되풀이하는 것은 나쁜 아이디어는 아니다.

집단모임 후

슬라이드 10

→ 슬라이드 10을 보여준다.

→ 집단들로 하여금 자신들의 목표를 다시 한 번 돌아보게 하고 그것이 어떻게 되었는지 이야기하도록 한다.

◆ 여러분은 계획했던 행동들을 사용했나요?

→ 집단들이 논의를 시작하면, 관찰하고 검토한다.

→ 만일 학생들은 목표를 이루었다고 말하는데, 교사 여러분이 보기에 그렇지 않을 때에는 다음처럼 말한다.

◆ 여러분은 목표를 이루었다고 어떻게 확신하나요?

◆ 증거는 무엇인가요?

◆ 각 구성원이 얘기했던 것들을 회상해보세요. 그리고 해냈다고 말한 그 기술을 회상해보세요.

◆ 만일 여러분이 속한 집단이 목표를 이루었다면, 여러분 모두는 그 기술을 성공적으로 사용하게 될 거예요.

◆ 여러분이 무엇을 이루었는지를 보려고 몇 분 내로 다시 올게요.

→ 교사 여러분이 재검토하면, 집단의 구성원 모두가 동일한 목표에 작업을 계속해야 한다는 것을 이해할 것이다. 만일 그렇지 않다면, 다시 그들에게 가서 교사 여러분이 관찰한 것을 공유한다.

→ 다음과 같이 말하면서 끝낸다.

◆ 여러분은, 내 생각에, 아마도 그 목표에 대해 계속 작업을 해야 할 것 같아요.

◆ 그러나 만일 여러분의 집단이 그 목표를 진정으로 이루었다고 생각한다면, 새로운 향상 목표는 무엇인가요?

◆ 여러분이 이루려는 목표에 동반되는 행동목록을 이해하고 그것에 대해 브레인스토밍을 하세요.

→ 자신들의 목표를 성공적으로 이루어낸 집단에게는

◆ 자신들의 기능을 점검해보고 새로운 목표를 설정하라고 지도한다.

◆ 만일 어느 한 집단이 새로운 목표를 설정하려고 애쓰고 있다면, 숙달하기에 꽤나 오랜 시간이 걸리는 유용한 기술을 제시해준다. 예를 들어

  – '친절과 지지'에서 나오는 문장을 실제로 말하는 것을 기억하세요.

  – 사람들과 아이디어를 공유할 때는 지속적으로 추후질문을 하세요.

슬라이드 11

→ 집단 기술 향상은 마땅히 축하받아야 할 고된 작업이다!

추가 조언

집단 모임 절차 점검표(214페이지, www.corwin.com/teachingsocialskills 참조)가 집단들이 해야 할 논의의 시작과 종료 책임을 기억하게 해줄 것이다.

| 레슨 23 | **테이블 카드로 협력 강화하기** |

왜 사용하는가?

협동 기술 테이블 카드는 학생들을 전문가로 만들어서 필요한 기술을 일관성 있게 사용하도록 하는 방식이다.

학생들이 자신이 속한 집단의 상호작용 유형을 분석하고 향상 목표를 설정할 수 있다고 해도, 새로운 논의 기술을 자신의 행동으로 포함시키기 위해서는 많은 연습이 필요하다. 또한 새로운 기술을 사용하려 할 때 불편함을 느끼면, 옛날 방식으로 쉽게 돌아가는 것이 인간의 본성이다. 그러나 옛날 방식은 집단 협동을 개선해주지 못하며, 상호작용 기술을 사용하고 향상하는 것만이 그것을 개선해줄 수 있다. 협동 기술 테이블 카드는 각 구성원을 전문가로 만들어서 필요한 기술을 일관성 있게 사용하도록 하는 방식이다.

언제 사용하는가?

이 레슨은 현재 진행되고 있는 집단들이 서로 많이 만난 후에 가장 잘 사용된다. 집단 구성원들은 서로를 잘 아는 상태에서 시작하며 또한 자신이 속한 집단의 강점과 약점을 인식하고 있다. 이 인식은 구성원들로 하여금 자신의 집단을 강화하는 데 가장 필요한 기술을 선택할 수 있도록 해준다.

준비

- 이 레슨은 3~5명으로 된 집단에서 이미 작업하고 있는 학생들과 함께 하라.
- 학생들이 자신이 속한 집단의 기술을 어디에 기록할지를 결정한다 — 교사 여러분이 나눠주는 종이 또는 바인더 노트, 태블릿 PC 등.
- 8×5인치 크기의 색인카드(8.5×11인치 크기의 카드가 더 좋다)와 연필, 지우개 등을 학생 각자에게 준다.
- 학생들에게 마커와 크레용, 또는 색연필을 주어서 눈길을 끌 수 있는 테이블 카드를 만들도록 한다.

레슨

슬라이드 1

제목 : **테이블 카드로 협력 강화하기**

슬라이드 2

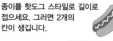

➔ 학생들이 이제까지 얼마나 작업을 잘해왔는지에 대해 칭찬한다.

➔ 학생들에게 논의 기술을 향상시키고 개선할 수 있는 기회는 언제나 있다고 설명한다.

슬라이드 3

➔ 프로젝터로 슬라이드를 보여주면서 큰 소리로 읽는다. 학생들이 종이에 쓸 준비를 하도록 시킨다.

슬라이드 4

➔ 논의를 향상시키는 데는 두 세트의 기술이 있다고 설명해준다.

　◆ 논의가 즐겁도록 해주는 기술
　◆ 논의가 흥미롭게 해주는 기술

➔ 실제로 기술이 숙달된 집단은 위 두 가지 기술을 모두 사용한다. 계속 진행하면서 다음과 같은 몇 가지 예를 보여준다.

즐거움	흥미
• 지지와 친절	• 좋은 문장이나 주제 선정
• 구성원의 이름을 사용	• 개방형 질문을 함
• 아이디어 칭찬하기	• 관련된 개인적 연결을 만듦

➔ 일단 집단들이 이해하면, 위와 같은 두 가지 범주로 목록화할 수 있는 많은 구체적인 기술들을 브레인스토밍하도록 도전하게 해본다.

➔ 최소한의 개수를 설정한다(예 : 처음의 예를 반복하지 않는 다섯 가지의 새로운 기술 아이디어).

→ 학생들이 브레인스토밍을 하면, 이를 관찰하면서 애매모호하게 서술하는 것을 감시한다(예 : 협력, 함께 작업함, 주의를 기울여 들음).

→ 집단들로 하여금 큰 덩어리의 행동을 쪼개어 '협동'이 필요한 관찰 가능한 하위 기술로 만들어내도록 개입하고 지도한다. 예를 들면

◆ 협동이라는 단어가 무엇처럼 보이나요? 무엇처럼 들리나요?

슬라이드 5

→ 앞의 레슨에서 했던 것처럼, 학급 전체의 목록을 만든다('홈코트', '훌륭한 파트너의 특성'에서와 같이).

→ 한 학생을 서기로 지정하여 여러분이 자유롭게 필요에 따라 학급을 운영한다. 학급목록이 발전함에 따라 프로젝터나 칠판을 사용하여 그것을 학급 전체에 보여준다.

→ 학생들이 맨 처음에 집단으로 만든 목록에 새로운 항목들을 추가할 수 있다고 알려준다.

슬라이드 6

→ 어떤 기술들이 자신이 속한 집단에 이익이 될지를 결정하기 위해 집단들을 다시 모은다.

→ 각 집단에게 집단 구성원 수만큼의 기술들을 마련해 오라고 요구한다. 다시 말해 만일 집단의 구성원이 4명이라면 4개의 기술이 필요하고, 3명이라면 3개의 기술이 필요한 것이다.

→ 집단들로 하여금 즐거운 기술과 흥미로운 기술 사이의 균형을 맞추라고 격려한다. 이 지시사항이 없으면, 아동들은 틀림없이 흥미로운 기술들을 무시하고 거의 즐거운 기술들을 선택할 것이다.

→ 집단들이 균형 잡힌 선택을 하지 않았다면 그들에게 질문을 한다. 아마도 구성원들이 서로 잘 지내지 못하기 때문에 즐거운 기술들을 선택할 수도 있다. 만일 그렇다는 것을 알았다면, 그들과 논쟁하지 않는다. 이름을 사용하고, 모두 참여하게 하고, 서로 친절하고 지지적인 것에 중점을 두는 결정은 그 자체로 옳은 결정일 수도 있다.

슬라이드 7

→ 누가 어떤 기술을 책임질 것인지에 대해 서로 타협하도록 집단들을 지도한다.

→ 우리는 집단 구성원들에게 그들이 약간 약한 기술을 선택하라고 격려하는데, 왜냐하면 어떤 기술에 숙달하는 유일한 방법은 많은 연습을 하는 것이기 때문이다. 그 기술에서의 전문가가 되는 것은 그 집단에서 개인적으로 강력한 구성원으로 성장하는 데 도움이 될 것이다.

슬라이드 8

→ 색인 카드를 돌린다.

→ 학생들에게 종이 접는 방향을 말해주고 그 카드의 앞면에 모두가 쉽게 읽을 수 있도록 큰 글씨로 자신의 기술을 적도록 한다.

→ 실수를 했을 때 수정할 수 있도록, 모두에게 연필로 먼저 카드에 스케치하도록 한다.

➔ 미리 교사 여러분 스스로의 카드를 만들어 둔다. 예를 들어 준다는 것은 언제나 아주 도움이 된다.

➔ 교실을 돌아다니면서 학생들에게 그린 예를 보여주거나 프로젝터로 보여준다.

슬라이드 9

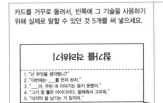

➔ 학생들이 다른 사람들은 카드의 앞면을 볼 때 자신은 뒷면을 읽을 필요가 있다는 것을 이해하는지 확인한다.

➔ 글씨를 크게 그리고 선명하게 쓰는 것의 중요성을 강조한다.

➔ 카드의 앞면 글씨는 종이를 폈을 때 뒷면의 글씨와 방향이 반대로 된다는 것을 슬라이드를 통해 명백하게 알려준다.

➔ 학생들이 카드 뒷면에 자신들이 말할 문장을 쓰는 작업을 할 때, 그들이 이전에 만들었던 논의 기술 T-차트의 '~처럼 들린다'에 해당되는 항목을 만들고 있음을 상기시켜준다.

➔ 기술 전문가는 자신의 카드를 혼자 완성할 필요가 없다. 각자 자기 카드에 사용할 문장들에 대해 브레인스토밍하도록 격려한다.

슬라이드 10

➔ 학생들이 기술에 관하여 생각할 때, 이 예를 함께 보여준다. 카드를 꾸미는 학생들에게 카드의 앞면은 눈길을 끄는 것으로 하고, 카드 뒷면은 그들의 대본을 써두는 곳으로 만든다.

슬라이드 11

➔ 일단 구성원들이 올바른 카드 형태를 실행했다면―또한 철자 교정까지 보았다면―마커나 크레용, 색연필 등을 준비한다.

➔ 구성원들로 하여금 자신들의 기술에 대해 생각해보고, 그것을 어떻게 도표식으로 표현할 수 있을지를 생각해보도록 격려한다. 카드의 전면 디자인은 집단 내 나머지 구성원들의 기술을 위해 상기자가 되어야 한다.

➔ 학생들에게 카드 만들기를 끝내는 데 시간이 얼마나 남았는지 말해준다. 그들을 관찰하면서, 작업이 느린 작업자에게는 속도를 내도록 격려하고, 빠른 작업자에게는 다른 구성원이 보게 될 카드 전면에 색깔을 더하거나 시각적 흥미를 더하도록 격려하라.

슬라이드 12

➔ 시간이 끝나면, 그들이 만든 카드를 집단 내 다른 사람들에게 보여주도록 한다.

➔ 다음에는, 모두에게 그들이 만든 카드를 집단 내 다른 사람들에게 보여주도록 하고 뒷면에 있는 진술문을 읽도록 한다.

➔ 이번에는 집단 내 나머지 구성원들이 감탄과 놀라움을 표현할 차례이며, 칭찬할 세부사항이나 문장 등을 찾아내도록 한다.

➔ 시간이 허용된다면, 짧은 '미술관 가기'를 시행하여 학생들이 집단으로 다른 집단들의 작업 테이블을 방문하여 감탄하는 시간을 마련할 수도 있다 ─ 뿐만 아니라 그들의 논의에서 사용할 다른 기술에 대한 아이디어도 얻을 수 있다.

슬라이드 13

➔ 이제부터 학생들은 자신이 속한 집단과의 회의나 논의가 있을 때마다 자신의 테이블 카드를 보여주어야 한다.

➔ 교사 여러분은 학생들에게 그들 자신의 카드를 보유하게 하거나(그들이 매일 출석한다는 확신이 있을 때) 또는 교사 여러분이 모아서 보관하거나 한다.

➔ 만일 교사 여러분이 모아서 보관한다면, 학생들에게 자기 이름을 카드 아쪽에 적도록 하고 집단별로 모아놓는다. 그렇게 해야 다음 번 회의 때 카드를 빨리 재분배할 수 있다.

슬라이드 14

➔ 이제 집단들의 기술-격려 테이블 카드를 검토한 후, 그들의 창의성과 원래의 작업에 대해 서로 고마워하도록 한다.

레슨 24 　칭찬 카드

왜 사용하는가?

칭찬 카드는 각 구성원이 향후 다음 집단에 가져갈 확률이 높은 행동과 기술을 강화하는 명확한 피드백이다.

우리들은 칭찬 카드를 좋아하는데, 왜냐하면 조그만 상자에 대단히 많은 것들을 가지고 있기 때문이다. 앞으로 보게 되겠지만, 학생들이 칭찬 카드를 쓰려면 칭찬받을 구성원이 그 집단에 어떻게 기여하고 있는지를 알아야 한다. 이에 더해, 구성원들은 자신들이 주의를 기울이고 그런 기여를 해왔던 사실을 보여주는 간결한 노트를 만들어야 한다. 그런 카드를 감사 노트의 형태라고 생각하자. 다음의 카드 중 여러분은 어떤 것을 받고 싶은가?

> [예시 A]
> 　선물 고마워.
>
> 　　　　　　　　　　　　　　　　　　사랑을 담아, 스튜어트.

> [예시 B]
> 　내 생일에 나를 생각해줘서 고마워. 빨간색과 녹색이 어우러진 크리스마스 트리 무늬의
> 　카디건 스웨터는 학기 말 전인 12월에 학교에서 입기에 딱인 것 같아.
> 　　　　　　　　　　　　　　　　　　사랑을 담아, 스튜어트.

여러분은 생일선물로 크리스마스 스웨터를 권하지 않을 수도 있지만(혹시 받은 선물을 재선물하는 걸까?) 스튜어트의 두 번째 노트는 **구체성**과 **고마움**을 보여주며, 그러한 속성을 우리 학생들이 칭찬 카드에서 보여주기를 원한다.

칭찬 카드는 또한 다른 기능들도 갖고 있다. 그것은 기여를 축하한다. 그것은 감사를 가치 있게 여기는 학급 공동체를 강화한다. 칭찬 카드는 각 구성원이 향후 다음 집단에 가져갈 확률이 높은 행동과 기술을 강화하는 명확한 피드백이다. 끝으로, 칭찬 카드는 각 구성원에게 주는 경험의 기념품이다. 그것은 서랍에 넣어 보관하다가 몇 년 후에 우연히 발견하여 즐기는 것과 같은 것이다.

언제 사용하는가?

이 과는 집단들이 일정 기간 동안 함께 작업을 한 후에, 또는 한 집단이 주어진 회기를 끝내고 해체할 때 하면 좋다.

준비

- 이 레슨은 3~5명으로 된 집단이 오랫동안 함께 작업해왔다는 것을 가정한다.
- 학생 각자에게는 8×5인치 크기의 색인카드가 필요하다.

레슨

슬라이드 1

제목 : **칭찬 카드**

슬라이드 2

➜ 프로젝터로 슬라이드를 보여주면서 큰 소리로 읽어준다.

슬라이드 3

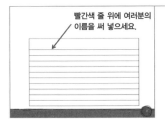

➜ 카드를 나눠준 후, 모두가 카드 위쪽 면에 자기 이름을 써놨는지 점검한다.

➜ 사전에 미리 학생의 이름만 쓰라고 할 건지, 성과 이름을 다 쓰라고 할 건지 결정한다.

슬라이드4

➜ 다음과 같이 말하라.

◆ 여러분이 갖고 있는 카드를 왼쪽에 있는 사람에게 건네세요. 둥그런 원이라고 생각해서 건네세요. 카드에 써 있는 이름을 확인한 다음, 그 사람이 우리 집단에게 한 구체적인 모든 공헌을 생각해보세요.

슬라이드 5

➜ 프로젝터로 슬라이드를 보여주면서 지시사항을 큰 소리로 읽어준다.

➜ 다음과 같이 자세히 말해준다.

◆ 여러분은 칭찬을 적음으로써 그 사람이 노력한 것에 대해 감사할 수 있는 기회를 갖게 됩니다.

◆ 칭찬은 가능한 한 구체적으로 쓰세요.
◆ 여러분은 파트너의 아이디어를 주의 깊게 듣고 있으며, 집단에 실제로 도움이 된 그 행동들을 알고 있다는 것을 보여주세요.
◆ 그 칭찬은 그가 우리 집단이 회의하는 동안의 어느 때나 한 일이면 됩니다.

슬라이드 6

➔ 프로젝터로 슬라이드를 보여주면서 지시사항을 큰 소리로 읽어준다.

➔ 다음과 같이 자세히 말해준다.

◆ 여러분의 칭찬은 확실하게 긍정적이고 또 칭찬을 받는 사람이 좋은 느낌을 가져야 해요.
◆ 지금은 농담하는 시간이 아니며, 누군가의 기분을 우연히라도 상하게 하면 안 됩니다.
◆ 여기는 여러분의 홈코트라는 것을 기억하세요.

➔ 전형적으로, 집단의 구성원들이 얼마 동안 함께 작업을 했다면, 그들은 어떤 느낌이나 기분을 느꼈을 것이다. 그러나 이 학생들은 아직 10대 초반 또는 10대 중·후반이다. 할 말은 다했다. 만일 그들이 친절하리라는 느낌을 100% 확신할 수 없다면, 다음과 같이 말한다.

◆ 이것은 내가 좋아하는 쓰기 과제예요. 그래서 여러분이 쓰기와 읽기를 마친 후에는 그 카드들을 모아서 읽고 또한 거기에 쓰여 있는 칭찬들을 즐길 겁니다.

➔ 학생들이 쓰는 동안에는 교실을 이리저리 다니면서 관찰한다. 학생들이 끝내면, 다음과 같이 말한다.

◆ 다른 친구들이 마무리하는 동안 자기가 쓴 카드를 꽉 잡고 있으세요. 모든 카드들을 한 번에 걷어야 하니까요.

➔ 모든 학생이 옆 사람에게 건넬 준비가 끝날 때까지 다시 한 번 시간을 갖는다.

슬라이드 7

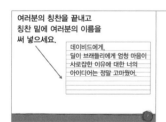

➔ 학생들로 하여금 옆 사람에게 칭찬 카드를 넘기기 전에 자신의 성과 이름을 알아볼 수 있는 글씨로 쓰도록 한다. 성과 이름을 다 쓰는 것은 그 카드의 소유권을 의미한다.

➔ 카드를 넘기기 전에 매번 이 일을 반복시킨다.

➔ 카드를 넘긴 후에는, 그 카드를 받은 사람이 앞 사람이 이름을 제대로 썼는지를 중복 검토시키는 것이 도움이 될 것이다.

슬라이드 8

➔ 학생들로 하여금 같은 방향으로 다시 한 번 더 옆 사람에게 카드를 넘기도록 한다.

슬라이드 9

→ 카드가 원래 주인에게 도달할 때까지 반복한다.

→ 집단은 나름대로의 속도로 카드를 넘길 수 있다. 또는 교사 여러분이 시간을 정하여 (예 : 칭찬을 쓰는 시간 2분) 그 시간이 되면 옆으로 넘기라고 말해준다.

→ 남보다 먼저 쓰기를 끝낸 학생들은 모두가 한 번에 넘길 수 있을 때까지 칭찬 카드를 갖고 있으라고 강조한다. 그렇지 않으면, 일부 열심인 학생들은 옆 사람이 미처 이전 카드를 다 쓰지 못했는데도 자기 카드를 밀어 넣는 일이 발생할 수 있다.

슬라이드 10

→ 집단 구성원들에게 그들의 성공과 함께 보낸 시간을 시로 축하하도록 격려한다.

제9장

기분 좋게 논쟁하기

소규모 집단 상호작용의 가장 진전된 형태 중 하나는 논쟁이다 — 세련된, 도전적인, 심지어 양분적인 주제에 관하여 친절하게 논쟁을 하는 것이다. 우리가 아동들로부터 서로 다른 의견이나 해석, 견해 등을 유발할지라도, 우리는 항상 친절하고 사교적인 분위기에서 시작한다. 우리는 학생들이 기분 좋게 견해를 달리할 수 있으며, 서로의 생각을 존중하면서도 서로 다른 의견을 주장할 수 있다고 확신한다. 이 장의 끝에 가면, 아동들은 격렬하게 문제의 양 측면에 대한 주장을 할 수 있게 되며, 그다음에는 논쟁을 중지하고 협상에 의한 해결을 할 수 있게 된다. 우리는 그것이 친구나 가족, 근로자, 시민들이 가져야 할 매우 중요한 삶의 기술이라고 생각한다.

레슨 25. 텍스트 덩어리 : 증거 찾기
레슨 26. 인간 연속체
레슨 27. 여러분은 어디에 위치하고 있는가?
레슨 28. 모든 이의 아이디어를 먼저 듣기
레슨 29. 양측 입장을 주장하기
레슨 30. 교양 있는 반대

레슨 25 텍스트 덩어리 : 증거 찾기

왜 사용하는가?

텍스트 덩어리를 찾는 것은 면밀한 읽기와 다시 읽기를 요구하며, 공통 핵심이 강조하는 것이 바로 이 둘이다.

우리가 몰랐을 경우, 공통 핵심 기준은 텍스트 증거를 사용한 논쟁에 휩쓸린다. 이 권한은 서로 다른 방식으로 읽기, 쓰기, 말하기, 듣기 기준에 명백히 나와 있다. 기준을 세운 입장에서는, 독자들이 '저자의 의도'를 알아차릴 수 있다 하더라도, 모든 텍스트에는 완전하고 불변적인 의미가 들어 있다고 본다. 우리가 이런 고전적인 문학이론에 전적으로 찬성하지는 않지만, 아동들이 자신의 주장을 지지자 없이 방어해도 괜찮다는 의미는 아니다. 학생들로 하여금 텍스트에서 뽑은 방어 가능한 증거를 가지고 자신들의 주장을 강화하라고 요구하는 것은, 아이들의 소설 마지막에 매우 자주 나오는 외계인 납치사건 같은 아동들의 대화를 제거하기는 한다.

증거기반 논쟁의 출발점은 꼭 공식적인 논쟁이거나 준법적 절차일 필요는 없다. 우선적으로 필요한 것은 면밀한 독서와 교양 있는 대화를 연습하는 것이다. 아동들은 텍스트에 기반한 증거를 가진 해석을 뒷받침해줄 연습이 필요하며, 또한 우리는 그들이 큰 그림의 독서를 한다 해도 중요한 세부사항을 알아내는 방법을 보여주어야 한다.

텍스트 덩어리를 찾는 것은 면밀한 읽기와 다시 읽기를 요구하며, 공통 핵심이 강조하는 것이 바로 이 둘이다. 또한 학생들이 그 덩어리를 논의하게 되면서, 저자의 구체적인 기교 선택을 알거나 다시 찾아보는 기회가 된다. 그렇게 하는 것은 작가들이 얼마나 자신의 논쟁점을 잘 뒷받침하는지를 포함한다.

언제 사용하는가?

이 레슨은 면밀한 읽기와 즐거운 논의에 초점을 두기 때문에 논쟁 족보 중에서 첫 번째로 나온다. 논쟁에서 나오는 악감정 문제는 나중에 나온다. 그 시기는 내용 분야와 연구주제에 달려 있다. 그 목표가 면밀한 읽기에 있기 때문에, 이 레슨은 학생들이 문학 서클에서 활동하거나, 짧은 기사나 역사적 서적을 읽고 있거나, 논의가 되고 있는 문장을 갖고 있을 때 유용하다. 이 레슨은 또한 학생들로 하여금 논픽션 작가들이 남을 설득하기 위해서 또는 논쟁하기 위해서 어떻게 증거를 사용하는지를 알게 해준다.

준비

- 집단들을 어떻게 구성할 것인지를 결정한다. 이 레슨은 짝을 짓거나 또는 집단당 3~4명의 구성원으로 하는 것이 좋을 것이다.
- 학생들은 적어도 하나 이상의 텍스트 주석 방법에 친숙해 있어야 한다.
- 면밀한 읽기에 대한 교사 여러분의 목표를 정하고 그에 해당하는 짧은 텍스트 — 약 1페이지 정도 — 를 선택한다. 학생들은 작가의 기교에 대해 관찰하고 논의할 것인데, 그 기교는 스토리텔링이나 논쟁, 설득, 해설 등과 연결될 수 있다.
- 교사 여러분은 학생 각자가 가진 텍스트의 복사본을 가져야 한다.

레슨

슬라이드 1

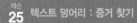

제목 : **텍스트 덩어리 : 증거 찾기**

슬라이드 2

➜ 학생들이 사용할 텍스트를 나누어준다.

➜ 다음과 같이 말한다.

◆ 여러분은 곧 이 텍스트를 소리내지 않고 읽을 거예요. 텍스트를 읽으면서, 여러분에게 확와 닿는 문장이나 어구가 있으면 밑줄을 치라고 할 거예요. 여러분은 그런 곳을 발견하면 밑줄을 치세요.

➜ 우리는 이와 같은 문장이나 어구들을 텍스트 덩어리라고 부를 것이다.

슬라이드 3

➜ 프로젝터로 슬라이드를 보여주면서 큰 소리로 읽어준다.

➜ 첫 번째 문단에서 텍스트 덩어리에 대한 예를 보여준다.

◆ 여러분이 보는 동안 첫 번째 문단을 읽어줄게요.

➜ 이제, 학생들에게 페이지당 최소 개수의 문장 덩어리를 찾으라고 요구한다. 두 페이지짜리 텍스트라면, 최소한 3개 정도의 문장 덩어리를 찾으라고 요구할 것이다.

➜ 학생들이 읽기 시작하면, 그 장소에서 모니터한다.

➜ 순식간에 끝낸 학생들에 대해서는, 다시 읽게 하거나 그 문장들에 대해서 조용히 인터뷰한다. 그런 다음, 자신들이 선택한 문장이나 어구에 대해 선택 이유를 설명하지 못한다면, 그것이 바로 다시 읽어야 하는 이유가 된다.

슬라이드 4

➜ 다음과 같이 말한다.

◆ 여러분은 여러분이 선택한 텍스트 덩어리를 가지고 곧 여러분이 속한 집단과 공유하고 논의할 것입니다. 첫째로, 어떻게 그렇게 할 것인지에 대해 이야기해봅시다.

➜ 학생들이 자신이 속한 집단과 모임을 갖기 전에 그들에게 논의의 모범을 보여준다. 그들에게 단계별로 명확하게 다음과 같이 한다.

1. 교사 여러분이 밑줄 친 문장이 어디에 있는지 가리킨 후 모두가 그것을 발견하도록 기다린다.

2. 그 문장을 큰 소리로 읽는다.

3. 학생들이 그 문장을 다시 읽도록 시킨다.

➜ 다음 슬라이드를 보여준다.

슬라이드 5

→ 다음의 질문에 대한 자원자들의 반응을 본다.

   ◆ 나의 텍스트 덩어리에 대해서 무슨 말을 하고 싶나요?

   ◆ 어떤 그림이 그려지나요?

   ◆ 무슨 단어를 쓰고 싶나요?

   ◆ 그 문장은 어떤 생각이 들게 하나요?

   ◆ 저자가 왜 그렇게 썼을까요?

   ◆ 내가 왜 그것을 뽑았을까요?

→ 학급 전체에게 잠깐 동안 텍스트 덩어리를 다시 읽고 슬라이드 목록에 있는 것처럼 다른 방식의 반응도 생각해보도록 한다.

→ 예를 들기, 반응 유발하기를 계속하면서 자원자들로 하여금 반응을 다양화하도록 유도한다.

슬라이드 6

→ 누구든 텍스트 덩어리를 읽는 사람은 끝까지 공유한다는 것을 강조한다.

→ 교사 여러분의 아이디어를 끝까지 공유하는 예를 들어준다.

슬라이드 7

→ 프로젝터로 슬라이드를 보여주면서 검토한다.

   ◆ 여러분이 속한 집단에 돌아갈 때, 다음을 기억하세요.
      - 구성원들은 텍스트 덩어리를 차례로 공유할 필요가 있다.
      - 구성원들은 텍스트 덩어리를 똑같이 공유하고 사려 깊은 반응을 한다.

슬라이드 8

→ 프로젝터로 슬라이드를 보여주면서 검토한다.

   ◆ 텍스트 덩어리를 읽은 사람은 항상 끝까지 공유한다는 것을 잊지 마세요.

   ◆ 여러분이 속한 집단의 목표는, '계속해서 텍스트 덩어리에 대한 논의를 계속하느냐 대 한 곳에서 다음으로 넘어가느냐'의 문제입니다.

   ◆ 문장에 관한 아이디어를 공유할 수 있는 방식은 아주 많다는 것을 기억하세요.

슬라이드 9

→ 프로젝터로 슬라이드를 보여주면서 검토한다.

   ◆ 여러분이 속한 집단이 각자가 공유한 텍스트 덩어리에 관해 잘해나가고 있다면, 내가 말할 때까지 계속해서 논의를 이어가면 됩니다.

슬라이드 10

텍스트 덩어리를
공유하고 토론하기

1. 여러분이 밑줄 친 텍스트 덩어리가 어딘지 보여주고 모든 사람이 그것을 찾는 걸 기다리세요.
2. 그 문장을 소리내어 읽으세요.
3. 구성원들로 하여금 그 문장을 다시 읽게 하세요.
4. 모든 사람의 아이디어를 경청하세요.
5. 여러분 자신의 아이디어는 맨 마지막에 공유하세요.
6. 다른 구성원이 다음 텍스트 덩어리를 공유합니다.

→ 곧이어, 아동 집단들은 기사의 나머지 부분을 논의할 것이다. 이제, 학생들이 그 과정에 대해 질문이 더 없는지를 검토한다.

→ 논의가 시작되기 전에, 각 집단은 구성원 중 한 명을 뽑아 진행 과정을 이끌도록 하고 그 집단이 그 과정을 잘 따르고 있는지 확인하도록 시킨다.

→ 이 '진행요원'들을 손을 들라고 하여 확인한 다음, 집단들에게 계속 작업을 하도록 한다.

→ 이 슬라이드는 잠시 내버려두고, 각 진행요원이 자기 집단이 진행 과정을 잘 따르는지 확인하는지를 관찰한다.

→ 비록 각 집단에 진행 과정 책임자가 있다고는 하지만, 교사 여러분은 집단 구성원들이 차례로 문장을 공유하는지 관찰할 필요가 있다. 그렇게 하지 않으면, 집단 내에서 어느 한 사람이 모든 문장 덩이리를 독점하여 나머지 구성원들은 "공유할 것이 없어요"라고 말하는 집단이 최소 하나 정도는 있기 마련이다.

슬라이드 11

여러분 집단이 좋아하는 텍스트
덩어리에는 무엇이 있었나요?

→ 관찰하면서, 일부 집단들이 끝내는 것을 보기 시작하면 시간이 됐음을 알린다.

→ 학급 전체의 공유가 행해지기 전에, 다음과 같이 말한다.

◆ 소속된 집단으로 돌아가서 가장 흥미로운 논의를 불러일으킨 텍스트 덩어리를 뽑으세요. 여러분 집단의 누구라도 여러분의 선택에 대해서 그 이유를 말할 수 있어야 합니다. 또한 여러분 집단의 누구라도 여러분이 말한 것을 말할 수 있어야 하며, 왜 그 문장이 흥미 있었는지 이유를 말할 수 있어야 합니다.

→ **주의사항** : 이런 종류의 공유에서는 학급과 공유하는 학생들을 무작위로 뽑는 것이 중요하다. 이는 개인의 책임성뿐만 아니라 집단 간의 상호 의존성을 나타내기 때문이다. 만일 교사 여러분이 항상 집단들에게 대변인을 뽑으라고 허용하면, 그들은 보통 집단 내에서 가장 분명하게 표현하고 가장 말을 많이 하는 사람을 뽑을 것이다. 그렇게 되면, 집단들에게 그들의 논의를 검토할 시간을 주었을 때 구성원들은 대변인인 존에게 "선생님이 우리 집단을 방문했을 때 말할 거리를 생각해 봐"라고 말할 것이다. 그러면 존은 학급의 앞에 나가서 말하기를 좋아하기 때문에 그들의 요구에 부응할 것이다. 그 집단의 나머지 아이들은 안도의 한숨을 쉬고 나서 텍스트 덩어리와는 무관한 것들에 관해 이야기할 것이다!

→ 집단들에게 그 구성원 모두가 이야기할 준비가 되어 있는지를 확인할 시간을 준다.

→ 집단들이 확인하는 동안에, 그 시간 동안 교사 여러분에게는 꼭 말하고 싶었던 저자의 기교 요소들에 관해 지적할 시간이 주어진다. 한 집단이 발표하면, 그들의 아이디어에 편승하는 데는 아무 지장이 없다. 그러나, 이 논의에서 교사 여러분은 단지 '한 사람디의 목소리'여야지 '한 권위자의 목소리'여서는 안 된다는 것이 중요하다.

슬라이드 12

훌륭한 텍스트 덩어리를 공유해준 것에 대해
집단 구성원들에게 감사하세요.

→ 이 '자기 집단에 감사하기' 사업은 정말 엄청 중요하다. 그것이 바로 매 레슨의 끝에 나오는 이유이다!

레슨 26   인간 연속체

왜 사용하는가?

이 레슨과 다음 레슨은 학생들이 쓰기로 주장을 할 수 있게 되는 기초이다. 말로 하는 예행연습은 아이들이 필요한 안전하고 진정한 쓰기 논쟁 연습을 하게 해 준다.

이 레슨과 다음 레슨(여러분은 어디에 위치하고 있는가?)은 학생들이 어느 한 위치를 잡고 그것을 지지하는 데 도움을 준다 — 또한 때로는 급우의 반대되는 아이디어를 사려 깊게 들어 주는 데도 도움이 된다. 우리는 이 '기분 좋은 반대'를 활력적이고 신체적으로 능동적인 과정으로 실행하고 있는데, 여기서 아동들은 자신의 생각을 가시적으로 만들고 새로운 정보에 반응해서 자신의 위치(문자적으로 또한 시각적으로)를 변화하도록 지도받고 있다. 이 두 가지 구조는 학생들이 쓰기로 논쟁하기 위해서 필요한 기본적인 것이다. 말로 하는 예행연습은 안전하고 진정한 쓰기 논쟁 연습을 하게 해주는데, 이는 아동들이 종이에 글로 단단한 논쟁을 하는 데 필요하다.

언제 사용하는가?

이러한 것은 게임 초기에 나타나는데, 특히 우리가 아동들을 점증하는 논쟁과 언쟁을 향해 나아가도록 할 때 나타난다. 인간 연속체의 놀이같은 신체적인 측면은 이 초기의 의견충돌을 우호적으로 유지시킨다. 자신과 유사하거나 또는 서로 다른 견해를 가진 다양한 상대방과 대화할 기회를 갖는 것은 아동들로 하여금 참고 배려하는 듣기와 외교적 반응을 연습하는 데 도움을 줄 것이다.

준비

- 6단계용 노트카드를 준비시킨다.
- 학급의 어디에서 그 연속체를 확장할 것인지 결정한다.
- 바닥의 해당되는 5곳의 위치에 테이프로 미리 이름을 붙인다.
- 이상적으로는 아주 길고도 똑바른 선이면 좋다.
- 필요시 공간을 확보하기 위해 일시적으로 벽 쪽을 향해 책상들을 밀어 놓는다.
- 만일 개방된 입식 공간이 자주 필요하다면, '교실에 있는 가구들을 재빨리 그리고 조용히 이동시키는 방법'에 대해 짧은 수업을 할 만하다.

레슨

슬라이드 1

제목 : **인간 연속체**

슬라이드 2

→ 영화 '쥐라기 공원'을 재상영하기 위한 소수의 자원자들을 초청하라.

슬라이드 3

→ 다음과 같이 말한다.

◆ 이 영화는 1993년에 만들어졌으며, 전부가 허구입니다. 그러나 복제 과학이 우리의 예상보다 훨씬 빨라졌습니다. 몇몇 최근 기사들에 따르면, 공룡 등 멸종됐던 동물들이 화석에 남아 있던 DNA 조각을 사용해서 복제될 것이라고 합니다.

→ 흥미로운 정보 : 완전한 유전체를 가진 조직이 남아 있지 않기 때문에, 복제 후보자들은 살아 있는 동물로부터 일부 대체 유전자들을 이어 붙여야 한다. 그 결과는 아무도 모른다.

슬라이드 4

→ 아동들에게 조용히 생각할 시간을 주거나 친구와 이야기하도록 한다.

슬라이드 5

→ 다음과 같이 말한다.

◆ 여러분은 곧 인간 연속체를 만들 겁니다. 이것은 논쟁 중인 문제에 대해서 여러분이 어떤 하나의 위치에 서고, 자기와 견해가 비슷한 ─ 또는 다른 ─ 사람들과 이야기할 수 있는 특별한 배열입니다.

→ 교사는 학생들에게 전에 이와 같은 활동을 해본 적이 있느냐고 물어볼 수 있다. 상호 작용이 많을 수 있지만, 대부분의 사람들은 거기에 참가하는 걸 즐길 것이다.

슬라이드 6

→ 질문들을 슬라이드로 올리면서 다음과 같이 말한다.

◆ 잠시 동안 생각하면서 여러분의 위치를 생각해보세요. 어디에 서겠어요? 왜요?

→ 학생들이 다음 단계로 가기 전에 무언가를 적는지 확인하고 말한다.

◆ 여러분은 곧 자신의 위치에 대해 여러 사람들에게 설명해야 하니까 여러분의 생각을 적어 놓으세요.

슬라이드 7

→ 학생들이 자기 위치로 이동한 후에 이 슬라이드를 잠깐만 보여준다.

슬라이드 8

→ **이 단계에서는 교사 여러분의 매우 적극적인 관리가 필요하다.** 학생들에게 자기 줄에 서 가까이에 있는 한두 사람에게 지체 없이 말을 하라고 요구한다.

→ 이제 코치를 시작한다!

→ 일부 학생들은 4, 5명이 함께 모여 집단을 이룰 것인데, 여기에는 긍정적인 사회적 압력이 거의 없고 누구와 대화할 시간도 거의 없다. 다른 일부는 자기와 같은 위치에 있는 파트너를 찾기 어려울 수도 있다.

→ 학생들을 북돋아주고, 너무 큰 집단은 분리한다.

◆ 여러분들은 두 집단으로 나눌게요. 계속해서 대화하세요.

→ 혼자인 학생은 함께 하도록 하라.

◆ 둘이서 파트너를 하세요. 여러분이 여기에 서 있는 이유에 관해 대화하세요.

→ 학생들이 논의를 시작하면 이 슬라이드를 치운다.

슬라이드 9

→ 이제 서 있는 줄의 각 점에서 한 명씩의 자원자에게 질문하여, 그들의 의견에 대한 다양한 이유를 이해한다.

→ 만일 많은 학생들이 중간 지점에 많이 몰릴 것으로 예견되면(안전하고 쉽다고 생각해서), '중간 지점'을 없애서 강제 선택을 시킬 수도 있다.

슬라이드 10

→ 이제는 '줄을 반으로 접는다'. (이렇게 하려면 넓은 공간이 필수이다.)

→ 연속체의 양쪽 끝에 있는 학생들이 서로 마주볼 때까지 걷게 하여 학생들 모두가 새로운 파트너를 한 명 또는 두 명씩 만나게 한다.

→ 실패하지 않는 방법 : 모두 옆 사람 손을 잡도록 하고, 교사 여러분은 한쪽 줄 끝 학생의 손을 잡은 후 앞으로 걷도록 한다.

→ 그 결과 학생들이 두 줄을 이루어 서로 마주보게 된다. 대부분의 학생들은 마주보는 상대방과 서로 반대되는 입장이 된다. (중간 지점의 경우 서로 덜 대조되므로 새로운 파트너를 만나도록 조정이 필요할 수 있다.)

→ 우리는 이 프로그램을 250명을 대상으로 집단들을 만들어 수행해본 경험이 있으니, 그것이 너무 복잡하다고 생각하지 말라. 교사 여러분은 능동적이어야 하며, 미친 듯이 지도해야 하고, 그 프로그램이 작동하도록 만들라!

→ 이전과 똑같은 논의규칙을 적용한다. 학생들로 하여금 단 둘이서 또는 셋이서만 이야기하도록 한다. 또한 이 정책을 힘차게 고수할 필요가 있다.

슬라이드 11

→ 다시 한 번, 서로 다른 내용의 대화를 표집한다. 이번에는 학생들이 어떻게 기분 좋은 반대를 할 수 있었는지에 대한 언급에 초점을 둘 수 있다.

→ 만일 필요하다면, 학생들이 사용한 성공적 전략과 언어에 대한 학급 목록을 작성한다 (교사 여러분이 대화를 관리하는 데 중점을 두고자 한다면 학생 서기에게 목록 작업을 시켜라).

슬라이드 12

→ 다음의 몇 가지 단계는 학생들이 서 있는 동안에 일어난다.

→ 이것은 2개의 슬라이드 중 첫 번째 것인데, 학생들로 하여금 더 생각하도록 하는 추가 정보를 제공한다. 이 슬라이드의 두 가지 항목은 멸종된 동물의 복제를 허용하지 않는 이유이다.

→ 학생들이 슬라이드를 읽도록 잠깐 시간을 준다(그들은 곧 다시 교재를 보게 될 것이므로 오래 보여줄 필요는 없다).

슬라이드 13

→ 이 슬라이드는 왜 우리가 복제실험을 해야 하는지에 대한 두 가지 이유를 제공한다. 학생들에게 이런 점들을 잘 이해시킨다.

슬라이드 14

→ 학생들에게 이런 사실들이 그들의 위치를 다시 생각하게 하는지를 질문한다. 또는 이 정보가 새로운 논쟁을 제공함으로써 현재 학생 자신의 위치를 강화할 수도 있다.

◆ 자신의 현재 위치를 바꾸든 바꾸지 않든, 여러분은 모두 이 새로운 정보를 여러분의 위치 결정에 결합시켜야 합니다.

→ 학생들이 노트에 쓸 시간을 주고 다음 슬라이드를 올린다.

슬라이드 15

➔ 학생들이 노트를 하면서 참조하도록 그 정보를 다시 보여준다.

슬라이드 16

➔ 이제 학생들로 하여금 줄에서 자신의 새로운 위치에 가라고 한다. 그리고 다음처럼 말한다.

◆ 여러분은 이 새로운 정보로 인해서 자신의 위치를 많이 바꿨을 수 있어요. 또는 어느 한쪽 끝을 향해 약간만 바꿨을 수도 있어요. 다른 사람과 이야기하면서 연속체상의 어디가 올바른 위치인지를 확인하세요.

슬라이드 17

➔ 논의는 학생들이 그들의 새로운 이웃과 대화하는 것을 지향한다. 교사 여러분은 지도하면서, 학생들이 새로운 짝을 만드는 것을 도와준다.

슬라이드 18

➔ 여기서 보고할 것이 두 가지 있다.

◆ 주제 : 멸종동물의 복제
◆ 논쟁을 발전시키고 지원하는 과정(이게 더 중요하다!)

➔ 또한, 누군가를 시켜서 미래의 사용을 위한 핵심 학습이나 언어를 기록하게 한다.

슬라이드19

➔ 여러분 고맙습니다!

레슨 27 여러분은 어디에 위치하고 있는가?

왜 사용하는가?

인간 연속체와 마찬가지로, 이 레슨은 학생들로 하여금 지적으로 그리고 신체적으로 어떤 위치를 잡을 것인지를 요구한다. 레슨 26이 직선줄을 이용한 것과 달리, 여기에서는 교실의 구석(또는 다른 작업 공간)을 이용하여 어떤 이슈에 대한 학생들이 입장에 따라 함께 모이는 방식을 택했다. 이를 우리는 '살아있는 리커트 척도'—자신의 입장에 따라 '적극 찬성'부터 '적극 반대'까지의 4점 척도나 5점 척도를 사용하는 조사연구 형태—라고 부른다. 일단 모이면, 학생들의 과제는 자신이 택한 입장에 대한 이유를 설명하고 방어하는 것인데, 첫째로는 자기와 같은 의견을 가진 파트너들과 함께, 둘째로는 반대 의견을 가진 사람들과 함께 설명하고 방어하는 것이다.

언제 사용하는가?

이것은 가치 질문을 둘러싼 에너지와 호기심을 빨리 쌓는 좋은 방식이며, 학생들로 하여금 말로 하는 논쟁과 글로 쓰는 논쟁 둘 다를 준비시켜준다.

이것은 우리의 '기분 좋게 반대하기' 수업의 일부다. 처음에는 여러분에게 찬성하는 사람들과의 안전한 대화로 출발하지만, 그다음에는 여러분과 다른 의견을 가진 사람들과 서로를 존중하는 논쟁으로 옮겨 간다. 학생들이 일단 이 구조를 학습하면, 한 학년 동안 우리가 가르치는 수업에서 논쟁적인 주제가 나올 때마다 매번 사용할 것이다. 이것은 가치 질문(예 : 식민지화, 무인 헬기, 사생활, 기후변화, 유전자 변형 식품)을 둘러싼 에너지와 호기심을 빨리 쌓는 좋은 방식이며, 학생들로 하여금 말로 하는 논쟁과 글로 쓰는 논쟁 둘 다를 준비시켜준다.

준비

- 4곳 또는 5곳의 모임 영역을 미리 정하고 각각의 영역 벽에 해당 명칭을 걸어 놓는다.
- 만일 교실 구석이 다 채워졌으면, 다른 곳을 찾아 명칭을 붙인다. 때로는 '교실 밖'의 공간이 필요할 수도 있다.
- 이 레슨에는 하나의 약점이 있다. 즉 학생들의 의견이 고르게 분포되리라는 기대를 할 수 없다. 따라서 교사들은 때로는 큰 집단을, 때로는 아주 작은 집단을 관리할 수 있어야 한다.

레슨

슬라이드 1

제목 : **여러분은 어디에 위치하고 있는가?**

슬라이드 2

➜ 학생들에게 정치, 종교, 스포츠팀 등과 같이 사람들이 서로 일치하지 않는 것들을 말해보라고 요구한다.

슬라이드 3

➜ 다음과 같이 말한다.

◆ 우리가 삶에서 논쟁에 이기기 위해서는 ─ 또 학교에서 좋은, 설득력 있는 글을 쓰려면 ─ 다른 측면에 있는 사람들의 이야기를 주의 깊게 들어야 합니다.

◆ 훌륭한 논쟁자들은 자신의 관점을 강요하지 않습니다. 그들은 또한 반대편의 주장을 주의 깊게 듣고 반응합니다.

슬라이드 4

➜ 학생들에게 조용히 생각할 시간을 주거나, 파트너와 비공식적인 이야기를 하도록 둔다.

➜ 만일 배양육 주제가 학생들에게 별 감흥을 주지 못하면, 매우 논쟁적인 다른 아동 관련 이슈로 대체한다.

슬라이드 5

➜ 학생들에게 생각할 시간을 허용하고, 다음에는 생각한 것을 글로 쓰도록 유도한다.

➜ 학생들에게 자기 위치를 찾아 흩어지라고 하기 전에 모든 학생이 노트에 써 넣었는지 확인한다.

슬라이드 6

→ 이에 대한 준비와 움직임은 학생들이 만일 인간 연속체(레슨 26)를 해봤다면 쉬울 것이다. 둘 다 기본적인 아이디어는 같다. 학생들은 자신의 의견을 대변하는 지정된 위치로 가기만 하면 된다.

→ 이것은 '강요된 선택'이라는 것을 주지시킨다. '중립적' 위치는 없다.

슬라이드 7

→ 이제 학생들은 자신과 같은 지점에 서 있는 한두 사람의 다른 학생을 향하게 되며, 즉각적으로 이 위치를 고수하는 이유를 공유하게 된다.

→ **이 단계에서는 교사의 매우 적극적인 관리가 필요하다.** 일부 학생들은 긍정적인 사회적 압력이 거의 없고 누구와 대화할 시간도 거의 없는 4~5명으로 이루어진 사실상의 집단에서 표류할 것이다. 다른 학생들은 자기 파트너를 확인하는 것이 어렵다는 것을 발견할 것이다.

→ 이제 코치를 시작하라!

→ 코너를 활용하고, 너무 큰 집단은 분리한다.

   ◆ 여러분들은 두 집단으로 나눌게요. 계속해서 대화하세요.

→ 혼자인 학생은 함께 하도록 한다.

   ◆ 둘이서 파트너를 하세요. 여러분이 여기에 서 있는 이유에 관해 대화하세요.

→ 학생들이 논의를 시작하면 그들을 지지하기 위해 이 슬라이드를 치운다.

→ 이 단계에서는 학생들이 자신과 같은 위치에 있는 사람과 이야기할 것이다. 그러나 다음과 같이 말하는 것이 도움이 될 것이다.

   ◆ 여러분들은 서로 같은 의견이군요. 그러나 여러분의 파트너는 여러분과는 다른 중요한 이유를 갖고 있을지 모르니까 세심하게 주의를 기울여서 들어보세요.

슬라이드 8

→ 학생들로 하여금 자신들이 취한 위치에 대한 이유를 밝히도록 압박한다.

슬라이드 9

→ 집단들을 섞는 방법은 무수히 많은데, 단순하게 자원자로 이루어진 학급의 반에게 다른 코너로 옮기라고 요구하는 것도 한 방법이다. 또 하나의 방법은 다음과 같다.

   ◆ 각 집단의 반은 곧 다른 코너로 움직일 거예요. 생일이 1년 중 전반기에 속한 사람들은 옮기고, 생일이 하반기에 속한 사람들은 그 자리에 있으세요.

→ 각 코너마다 서로 다른 의견을 가진 학생들이 균형을 이루어 모든 구역에서 활발한 논쟁이 펼쳐지도록 관리한다.

슬라이드 10

→ 목표는 '새로' 도착한 아이들이 기존에 그 코너에 있던 아이들과 이야기하는 것이다. 기존에 있던 아이들끼리 이야기하는 것은 결코 원하는 일이 아니다.

슬라이드 11

→ 다시 한 번, 자원자들로 하여금 각기 '새로이 섞인 의견' 코너에서 공유하도록 요구한다.
→ 이 사후 보고 동안에는 논쟁에서 의견들이 얼마나 움직이고 변화했는지, 어떤 증거가 가장 설득력 있었는지를 면밀하게 조사한다.
→ 학생 서기로 하여금 미래에 사용하기 위한 유용한 아이디어와 언어를 작성하게 한다.

슬라이드 12

→ 투표를 하는 것은 언제나 재미있다. 이 레슨 27과 같은 수업 ─ 또한 그런 양극화시키는 주제 ─ 의 의도적인 부작용은 학생들 스스로가 논픽션에 관심을 갖게 된다는 점이다. 매일의 뉴스에는 특허 종자에 관한 것에서부터 괴물같은 화학조미료에 이르기까지, 또는 유전자 변형 식품에 이르기까지 새로운 정보가 넘쳐난다. 또한 그런 것들은 식품 세계로부터 나오는 질문들이다!
→ 학생들이 이 수업을 듣고 난 후에 자기들이 찾은 기사나 이야기들을 갖고 오는 것을 보아도 놀라지 말라!

슬라이드 13

→ 요약한다!
→ 여러분 고맙습니다!

레슨 28   모든 이의 아이디어를 먼저 듣기

왜 사용하는가?

학생 집단들이 과제 완수나 교재 해석, 논쟁을 조직하는 방법에 대한 선택을 할 수 있을 때에는, 그 구성원들은 어떤 결정을 하기 전에 모든 구성원의 아이디어를 듣는 것이 중요하다는 것을 기억할 필요가 있다. 그 결과는 높은 수준의 최종 작품 및 부드러운 작업관계가 될 것이다. 왜냐하면 모든 구성원이 자신의 아이디어가 가치 있다고 느끼기 때문이다.

언제 사용하는가?

집단 프로젝트 과제를 시작할 때 이 레슨을 소개한다. 이때 학생들은 구체적인 프로젝트 목표에 대해 결정을 하고, 다음에는 그 목표를 성취하기 위해 어떤 것이 이루어져야 하는지를 결정해야 한다.

이 레슨을 소개하기 가장 좋은 때는 집단 프로젝트 과제를 시작할 때다. 이때 학생들은 구체적인 프로젝트 목표에 대해 결정하고, 다음에는 그 목표를 성취하기 위해 어떤 것이 이루어져야 하는지를 결정해야 한다. 교사 여러분은 그 프로젝트 전체 또는 일부에 이 레슨을 포함시킬 수 있다. 프로젝트를 시작할 때 이 레슨을 가르쳐라. 그런 다음 집단들이 내용 특수적인 과제를 작업할 때, 최상의 결정을 하기 위해서는 모든 구성원으로부터 듣는 것이 중요하다는 것을 상기시켜주는 이 슬라이드로 되돌아올 수 있다.

준비

- 이 레슨은 학생들이 3~5명으로 된 집단에서 이미 작업을 해봤다고 가정한다.
- 학생들이 자기가 속한 집단의 기술 노트를 어떻게 기록할 것인지를 결정한다.

레슨

제목 : **모든 이의 아이디어를 먼저 듣기**

→ 다음과 같이 말한다.

◆ 집단들은 흔히 어떤 결정을 내리기 전에 모든 가능한 아이디어들을 고려하지 못합니다. 가능성 있는 가장 좋은 생각을 얻으려면, 모든 사람이 동등하게 기여하고 공유한다는 것이 확실해야 합니다.

→ 때로 집단 구성원들은 과제를 완성하는 데만 너무 집중해서 그들이 시작할 수 있게 나타난 첫 번째 아이디어를 얼른 받아들입니다.

→ 매우 흔하게도 한 집단 구성원은 더 좋은 아이디어 또는 더 정당한 관심을 갖고 있을 수 있으나 말을 못하는 경우가 있어요. 그러므로 집단들은 구성원들로 하여금 어떤 결정을 하기 전에 모든 아이디어에 대해 들어보도록 해야 합니다.

→ 일단 학생들이 어떤 결정을 하기 전에 모든 아이디어들에 대해 들어보는 것의 중요성을 이해하면, 모든 구성원들로 하여금 우선 개별적으로 브레인스토밍을 하게 한다.

→ 그 목록에는 다음과 같은 것들이 포함될 수 있다.

◆ 구체적인 프로젝트 아이디어

◆ 질문

◆ 관심

◆ 구성원들이 보유한 재능

◆ 기타

➔ 집단이 회의를 할 때, 각 구성원은 이미 그 프로젝트/과제에 대한 집중적인 생각을 미리 수행하는 것이 요점이다.

슬라이드 6

➔ 이제 모두가 서로 공유할 견고한 아이디어를 가졌으므로, 어떤 결정을 하기 전에 집단이 모든 구성원의 아이디어를 면밀하게 고려하기 위해서 우리의 공유 기술을 개선해야 합니다.

슬라이드 7

➔ 학생들이 따라 하도록 종이를 접고 명칭을 붙이는 시범을 보여준다. 만일 교사 여러분이 이런 방법을 학년 동안에 계속 사용해왔다면, 학생들도 유사한 노트를 많이 해놨을 것이다.

슬라이드 8

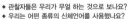

➔ 이 슬라이드를 보여주면서, 우리는 모든 구성원의 아이디어를 다 듣는 집단의 신체언어를 연구하는 중임을 강조한다. 아직 시작하지 마라.

슬라이드 9

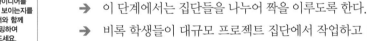

➔ 이 단계에서는 집단들을 나누어 짝을 이루도록 한다.
➔ 비록 학생들이 대규모 프로젝트 집단에서 작업하고 있지만, 모든 사람의 아이디어 듣기가 어떻게 보일 것인지를 논의하고 브레인스토밍하는 것은 이 단계에서 빨리 진행될 것이다.
➔ 몇 분 동안 이야기하고 적을 시간을 준다.

슬라이드 10

➔ 공유하고 목록화하는 것이 시작되기 전에 학생 서기를 임명하여 교사 여러분은 자유롭게 학급 전체가 공유하는 것들을 섞기도 하고 관찰도 한다.
➔ 학급 전체 목록에 기여하는 짝들을 방문하면서, 칠판에 적혀 있는 모든 행동목록을 기록하거나 또는 프로젝터로 비출 수 있는 워드프로세서에 연결한다. 이런 방식으로 교사 여러분은 전체 목록의 복사본을 가질 수 있다.

➡ 만일 칠판에 직접 쓴다면, 완료된 목록을 지우기 전에 스마트폰으로 사진을 찍어 놓는다.

➡ 학생들로 하여금 후보 목록에 새로운 아이디어를 추가하도록 지도하여 완전한 목록을 만들게 한다. 전형적인 목록에는 다음의 항목이 포함될 것이다.

- ◆ 눈 맞추기
- ◆ 말하는 사람에게 집중하기
- ◆ 노트에 적기
- ◆ 미소 짓기
- ◆ 한 번에 한 사람만 말하기
- ◆ 서로 가까이 앉기
- ◆ 말하는 사람에게 집중하기
- ◆ 차례로 말하기
- ◆ 동의의 뜻으로 끄덕이기
- ◆ 똑바로 앉기
- ◆ 기울이기

슬라이드 11

➡ 모두의 아이디어 듣기를 하는 동안 실제로 서로 간에 무슨 말을 하는지에 관한 이야기를 할 시간입니다.

➡ 이번에는 교실에서 다른 사람들과 작업할 때 여러분이 사용할 수 있는 실제 구문들의 목록을 만들어봅시다.

슬라이드 12

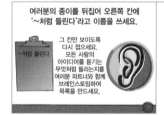

➡ 파트너로 하여금 종이를 오른쪽으로 넘긴 다음 '~처럼 들린다'라는 이름을 붙이게 한다.

슬라이드 13

➡ 학생들이 서로에게 말할 수 있는 모든 긍정적인 문구들의 전체 목록을 만든다. 각 문구를 따옴표 안에 넣는다.

➡ 학생들로 하여금 그들의 개인 목록이 칠판에 쓰여진 것처럼 완벽하도록 모든 새로운 아이디어를 적으라고 상기시켜준다.

➡ 전형적인 제안에는 다음 항목이 포함될 것이다.

- ◆ 이름을 불러 구성원들을 다루기
- ◆ "_____, 무엇이 여러분의 아이디어인지요?"
- ◆ "누구 질문 있나요?"

- ◆ "그 외 무엇이 여러분의 목록에 있나요?"
- ◆ "만일 우리가 이 프로젝트를 선택한다면. 작업을 어떻게 나눌까요?"
- ◆ "어떤 프로젝트가 우리의 독특한 재능을 가장 잘 활용할까요?"
- ◆ "여러분의 목록을 점검하세요. 그밖에 더 챙길 것이 있나요?"
- ◆ "결정하기 전에 모두의 의견을 들어봅시다."
- ◆ "이 프로젝트 각 아이디어의 장점과 단점은 무엇일까요?"

슬라이드 14

목록에 있는 행동을 사용하세요.
◆ 경청할 때 열린 마음을 유지하세요.
◆ 모든 아이디어가 나올 때까지 결정을 하지 마세요.

- ➔ 일단 T-차트가 완성되면, 짝들은 원래의 프로젝트/과제 집단으로 돌아가서 자신의 아이디어 목록을 논의하기 시작한다.
- ➔ 균형 잡힌 참가가 이루어졌는지 모니터한다.
- ➔ 집단들이 실제로 모든 구성원의 아이디어를 잘 고려했는지 결정하기 위해서는, 결정을 매우 빨리 한 것으로 보이는 집단들에게 질문을 한다.

슬라이드 15

일단 모든 아이디어를 들었으면, 여러분이 가장 좋아하는 아이디어에 대해 말하세요.
◆ 각 계획의 장점을 고려하세요.
◆ 여러분 집단에 가장 좋은 아이디어를 고르세요.

- ➔ 대화가 뜸해지면, 집단들로 하여금 그들이 논의했던 모든 아이디어를 검토하고 그들이 작업할 가장 좋은 아이디어를 골라내라고 격려한다.
- ➔ 그런 다음에는 각 집단을 불러서 학급의 나머지 집단과 그 아이디어를 공유하도록 한다.
- ➔ 모든 집단들이 공유한 후에는, 학생들로 하여금 그들의 프로젝트 결정에 통과된 모든 아이디어들에 대해서 대대적인 박수를 치도록 한다.

슬라이드 16

여러분 아이디어를 경청하고 진지하게 고려한 것에 대해 여러분 집단에 감사하세요!

- ➔ 그다음에는 학생들에게 자신이 속한 집단으로 돌아가 주의 깊게 들어주고 자신의 아이디어를 면밀하게 고려해준 것에 대해 서로에게 감사하도록 한다.

레슨 29   양측 입장을 주장하기

왜 사용하는가?

어떤 한 문제의 양 측면에 대한 주장을 형성하는 능력은 우리 학생들이 더 나은 사고자(思考者)와 ─ 희망 컨대 ─ 더 나은 시민이 되는 데 도움이 될 것이다.

공공의 핵심 정책이 초등학교 때부터 논쟁을 배우기를 원한다는 사실 이외에도, 어떤 한 문제의 양 측면에 대한 주장을 형성하는 능력은 우리 학생들이 더 나은 사고자(思考者)와 ─ 희망컨대 ─ 더 나은 시민이 되는 데 도움이 될 것이다. 비록 우리의 다양한 뉴스 출처들이 '공평하고 균형 잡힌' 시각을 주장하지만, 정말 그런가? 잘 아는 사람들은 논쟁을 조사하고, 증거에 대해 그 진실성을 면밀히 살핀다. 양 측면이 균등하게 지지받는가? 때로는 그렇지만, 자주 그렇지는 않다. 이 레슨은 아동들이 더 나은 설득자가 되는 데 도움을 줄 뿐만 아니라, 복잡한 문제의 양 측면을 더 잘 보도록 도와준다.

언제 사용하는가?

이 레슨은 설득과 논쟁을 가르치고자 할 때 언제나 사용 가능한 수업이다. 그 구조는 다음과 같은 조건을 요구한다. 학생들이 어느 한 문제의 양 측면을 논쟁하고 있으며, 그들은 최종 위치를 정하려고 하고 있고, 부과된 그 문제에 대한 가장 가능한 해결책을 추출해내기 위해 모든 가능한 정보를 모으고 있다.

이 수업이 약간 복잡해 보이지만, 학생들은 쉽게 적응할 것이다. 그렇지만 교사 여러분에게는 이 수업을 2~3번 반복하기를 진심으로 권하는데, 그렇게 하면 학생들이 논쟁 책략에 능숙해지기 때문이다. 또한 학년의 후반기에 이 수업으로 돌아올 수도 있는데, 특히 시험 준비기간에 그렇다. 만일 학생들이 논쟁력을 발달시키는 데는 자신의 선호 관점 외에도 더 많은 것들을 다루어야 한다는 것을 명확하게 이해한다면, 그들의 에세이 점수는 매우 좋아질 것이다.

준비

- 4명으로 된 집단들을 어떻게 구성할 것인지를 미리 정한다.
- 어깨 파트너(옆에 있는)와 얼굴 파트너(테이블 맞은 편)를 구분할 필요가 있을 것이다.
- 집단이나 파트너들이 서로에게 가장 잘 집중할 수 있도록 가구 배치를 어떻게 할 것인지를 결정한다.
- 바짝 다가앉으라고 한다. 학생들이 계획하고 논쟁하면서, 구성원들이 서로 가까이에 있지 않으면 산만해진다. 학생들에게 파트너에게 집중하고, 조용히 말하며, 다른 집단으로부터 주의산만해지는 것을 피하라고 말한다.
- 멤버십 그리드(106페이지) 워밍업 면접을 검토한다. 교사 여러분은 이번 수업에서 그것을 사용할 수 있다.
- 범용 멤버십 그리드 형태(213페이지, www.corwin.com/teachingsocialskills)의 복사본을 준비한다.

- 내용 영역과 현재 연구 단위에 관련된 이슈를 뽑는다.
- 짧은 분량의 기사(대략 1페이지 정도의 길이) 2개를 선정하되, 그 둘은 같은 이슈에 대해서 서로 반대되는 정보를 제공하는 것으로 고른다.
- 그 2개의 기사를 양면으로 하여 사진으로 찍기 전에, 각 기사의 꼭대기에 1 또는 2를 써 넣는다. 이 숫자는 서로 반대편인 것을 참조하기 위해 사용될 것이다.
- 각 학생은 자신의 위치에 대해 주석을 달고 연구하기 위해서 2개의 기사가 앞뒤로 복사된 것을 필요로 할 것이다.

레슨

슬라이드 1

제목 : **양측 입장을 주장하기**

슬라이드 2

➜ 학생들이 얼굴 파트너(맞은편에 있는)를 확인하게 한다.

슬라이드 3

➜ 이번에는 어깨 파트너(옆에 있는)를 확인하게 한다.
➜ 제대로 앉았는지 훑어보고, 필요한 조정을 요구한다.

슬라이드 4

➜ 일단 집단이 형성되면, 구성원들로 하여금 자신의 이름과 함께 짧고 재미있는 사실 등으로 자기를 소개하라고 시킨다. "내 이름은 낸시고, 내가 좋아하는 음식은 '과카몰리'라는 멕시코 음식이야."
➜ 만일 서로 잘 알고 있으면, 그들에게 짧은 사소한 질문을 한다(가장 좋은 TV쇼는, 좋아하는 피자 토핑은 등).

슬라이드 5

➜ 문서양식을 나눠주고 멤버십 그리드 워밍업 면접지를 가지고 간단한 지도지침에 따른다.
➜ 교사 여러분이 주제를 주어도 좋고, 또는 각 집단이 하나를 생각해내도 좋다.
➜ 집단들에게는 각 구성원을 면접하는 데 한 사람당 1분씩 쓰라고 말해준다.
➜ 구성원들에게는 면밀하게 들어야 나중에 좋은 추후질문을 할 수 있다고 말해준다.

슬라이드 6

➔ 멤버십 그리드 면접이 끝나면, 이 슬라이드를 보여준다.

슬라이드 7

➔ 맞은편의 얼굴 파트너들에게 그들의 생일을 물은 다음, 보드 위에 두 생일을 덧셈하여 적음으로써 다른 혼란을 피하라.

➔ 이 작업을 교실 전체에 걸쳐 한 번 돌아봄으로써 모든 얼굴 파트너들이 덧셈한 숫자를 갖도록 한다.

슬라이드 8

➔ 얼굴 파트너 짝들이 갖고 있는 덧셈 숫자를 집단 내에서 비교하여 낮은 숫자를 가진 짝에게는 위치 1을 준다.

➔ 나머지 높은 숫자를 가진 짝에게는 위치 2를 준다.

➔ 한 번 더 교실을 돌아본 다음, 모든 얼굴 파트너들이 위치 1인지 또는 위치 2인지를 아는지 중복 점검한다.

➔ 학생들이 제시하는 질문에 응답한다. 물론, 학생들은 주제에 관해서 질문하려고 할 것이다. 그들에게 곧 밝혀질 거라고 ─ 신비한 분위기로 ─ 말해준다!

슬라이드 9

➔ 주제를 알려주고 연구 교재를 배포한다. 모든 짝들이 올바른 기사를 보고 있는지 확인한다.

◆ 만일 여러분이 위치 1이면, a1이라고 표시된 교재를 읽고 거기에 노트하세요. 만일 여러분이 위치 2이면, a2라고 표시된 교재를 읽고 거기에 노트하세요.

➔ 질문이 더 있는지 묻고, 모든 얼굴 파트너 짝들이 자기들 위치에 맞는 기사를 읽는지 빨리 훑어본다.

➔ 준비 중인 짝들(얼굴 파트너)에게 말해준다.

◆ 읽으면서, 여러분 측과 같은 주장을 하거나 지지하는 정보에 표시하세요.

➔ 학생들이 개인적으로 읽도록 몇 분 동안의 조용한 시간을 준다.

슬라이드 10

➔ 준비 중인 짝들(얼굴 파트너)이 읽기를 끝마치면, 서로 모여서 논쟁 계획을 짜라고 말해준다.

➔ 그들에게 몇 분 정도(전형적으로는 5~7분) 계획을 짜라고 표시해준다. 전체를 돌아보면서 작업을 관찰한다.

→ 만일 짝들이 좀 더 일찍 끝내고 주장내용도 좋으면 일찍 끝내준다. 마찬가지로, 더 많은 시간이 필요할 것 같으면 몇 분 정도를 더 준다.

슬라이드 11

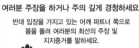

→ 집단들로 하여금 자신들이 앉은 위치를 재점검시키고, 또 자기들과 잠시 동안 논쟁을 벌일 어깨 파트너들(옆자리에 앉은)과 다시 인사를 하게 한다.

슬라이드 12

→ 양측의 각각에 주장할 시간을 몇 분 정도 줄지를 미리 결정하라.

→ 학생들이 처음으로 주장을 할 때는 시간을 짧게 주어 양측에 각 1분씩만 주는 게 좋다. 학생들이 좀 더 숙달되면 2분 정도씩 줄 수 있다. 그러나 중요한 것은, 이 활동을 계속해서 활발하게 하는 것이다.

→ 학생들에게 다시 다음과 같이 말해준다.

◆ 여러분은 여러분의 파트너가 주장하고 있을 때는 오지 듣기만 해야 합니다. 그러나 여러분의 파트너가 주장하는 동안 노트에 적는 것은 나중에 유용할 것입니다. 그래서 나는 여러분이 꼭 그렇게 하기를 권합니다.

→ 모든 짝들이 준비되었으며 논쟁의 위치에 있음을 확인하고, 그런 다음에 논쟁의 시작을 알리는 신호로 '시작!'을 외친다.

슬라이드 13

→ 침묵 신호(64페이지)를 사용하여 끝낼 시간임을 알린다. 논쟁이 끝나기를 기다린다.

→ 이제 입장이 바뀌어 '새로운' 청취자가 된 학생들에게 똑같은 규칙이 적용된다는 것을 다시 알려준다 —"조용히 귀 기울여 듣고 노트하세요."

→ 상대방이 준비되었음을 확인한 후, 논쟁의 시작을 알린다.

슬라이드14

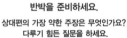

→ 침묵 신호를 사용하여 끝낼 시간임을 다시 알린다.

→ 학생들로 하여금 준비된 짝들(얼굴 파트너들)에게 재집중하도록 말하라.

◆ 둘 다 반대 측의 최고로 잘된 주장을 들은 후, 여러분은 함께 작업하여 그들 주장의 허점을 찾아서 나중에 상대방 측이 그들의 견해를 바꾸도록 설득할 수 있을 거예요.

◆ 반대 측의 가정에서 반박할 점을 찾는 최상의 방법은 구체적인 예와 세부사항을 요구하거나 핵심적인 질문을 하는 것입니다. 여러분은 반대 측에게 교재에서 나오는 증거를 요구할 수 있습니다.

→ 만일 학생들이 계속 반박을 어떻게 계획할지 몰라 주저하는 것처럼 보이면, 현재 그들이 논쟁하는 것과는 다른 주제를 예로 들어 시범을 보여준다. 학생들에게 친숙한 여러분 학교의 문화로부터 주제를 뽑는다. 예를 들면 다음과 같다.

◆ 모두가 점심시간을 충분히 갖도록 해야 할 것인가에 대한 논쟁이 있습니다. 현재는 중·고등학교만 그렇게 하고 있어요. 여기에 한쪽의 주장이 있습니다. 나는 여러분이 내 주장을 주의 깊게 듣고 거기에서 반박점을 찾아 내가 잘못되었다는 것을 어떻게 증명할지에 대해서 생각하기를 바랍니다.

◆ 모두에게 점심시간을 확장하는 대신에, 나는 모두가 오지 25분 정도의 점심시간을 가졌던 시대로 돌아가야 한다고 생각합니다.

◆ 첫째, 등록제가 폐지되었기 때문에, 모두가 식품을 사고 먹는 데 25분 정도면 문제가 되지 않습니다. 리모델링을 하는 동안 카페테리아가 재설계되었고, 이제는 계산대뿐만 아니라 음식 판매처도 더 많아졌습니다. 이에 더하여 아무도 점심시간을 한 시간 정도나 쓸 필요가 없도록 빈 자리도 많습니다.

◆ 둘째, 학생들은 나머지 절반의 시간에 학업적인 도움을 받거나 숙제를 할 수 있습니다. 또한 미디어센터를 이용할 수 있고, 다양한 자료센터를 방문할 수 있으며, 배정된 홈룸에 머물며 숙제를 할 수도 있습니다.

◆ 자, 이제 여러분의 얼굴 파트너와 함께 점심시간을 줄이자는 나의 주장을 반박할 수 있는 방법을 찾아보세요. 여러분의 목표는 내 주장의 약점을 드러내는 거라는 걸 기억하세요. 무엇이 부정확한가요? 내가 말해야 할 무엇을 잊었나요? 내가 응답하지 않았던 어떤 질문들이 있나요?

➔ 학생들에게 자신의 얼굴 파트너와 이야기하고 노트에 적을 시간을 몇 분 준 뒤 그 반응을 받는다. 만일 교사 여러분이 생각하기에 그것이 학생들의 이해를 향상시킨다고 느껴지면, 학생 서기를 시켜 그 반응들을 칠판에 적도록 한다. 그렇게 하면 나중에 반대 측 논쟁 파트너들을 반박하려는 계획을 세울 때 참조할 수 있다.

➔ '점심시간' 논쟁에서 가능한 반박 아이디어는 다음 내용들을 포함할 것이다.

◆ 학생들은 점심시간 동안 휴식을 취할 시간이 필요함 대 30분 동안에 달려가서 음식을 사먹어야 함.

◆ 음식을 빨리 먹는 것은 건강에 좋지 않다. 게다가, 학생들이 달려가서 음식을 사먹게 되면 빨리 먹을 수 있는 것을 사는 경향이 있는데 그것은 바로 인스턴트 식품이다. 학생들은 샐러드를 씹는 것보다 기름에 튀긴 프렌치프라이를 훨씬 더 빨리 먹을 것이다.

◆ 학생들에게 홈룸이나 자료실에서 보낼 시간을 주는 것이 성취를 향상시킨다는 증거를 갖고 있는가?

➔ 이런 예를 들어준 다음, 추가질문이 있는지 물어본다. 그런 후에 학생들로 하여금 자신의 얼굴 파트너와 함께 자신들의 논쟁 상대방에게 제시할 반박계획을 세우도록 지도한다.

➔ 그들이 작업하는 동안 관찰하고, 약점 논쟁을 깊이 파고들도록 격려한다.

➔ 집단들이 끝나가는 것을 보게 되면(대략 5분 내외), 끝낼 시간임을 알린다.

슬라이드 15

교양 있는 반박의 규칙

1. 동의하든 하지 않든 간에 주의 깊게 경청하라.
2. 사람이 아니라 아이디어를 비판하라.
3. 명쾌한 질문을 하라.
4. 구체적인 예나 텍스트의 증거를 가지고 질문에 대답을 하라.

➔ 프로젝터로 슬라이드를 보여주고 교양 있는 반박에 대한 규칙을 큰 소리로 읽어준다.

➔ 다음처럼 말한다.

◆ 논쟁 상대방을 다시 만나게 되면, 여러분의 논쟁은 오로지 주장 자체에만 초점을 두어야 합니다. 사람을 비판하는 것은 허용되지 않습니다.

슬라이드 16

→ 프로젝터로 슬라이드를 보여주고 큰 소리로 읽어준다.

→ 질문이 더 있는지 물어본다.

→ 이번에는 어떤 숫자가 시작할지, 각 반박 시간은 몇 분 정도인지를 알려준다.

→ 다시 말하면, 반대 측의 약점을 반박하려 할 때는 이쪽 짝도 차례를 바꿔서 해야 한다.

→ 그러나, 이전과의 큰 차이는 이번에는 파트너 둘 다가 아이디어를 투입하거나 질문을 하거나 응답을 할 수 있다는 점이다.

→ 학생들은 이 '논쟁'을 학습하고 이해하는 기회로 삼을 필요가 있다는 점을 강조한다. 교사 여러분은 합리적인 논쟁 대 진행 차단 또는 진행 방해 논쟁을 관찰 감시해야 한다.

슬라이드 17

→ 끝낼 시간임을 알린다. 이번에는 반대측이 질문을 주도할 차례다.

슬라이드 18

→ 논쟁의 결론은 초기 단계의 반복이다. 그러나 이제 학생들은 입장을 바꾸게 될 것이다.

→ 남아 있는 유용한 시간에 따라, 다음과 같이 할 수 있다.

◆ 학생들로 하여금 곧바로 새로운 입장으로 들어가 초기의 논쟁 동안에 썼던 노트를 사용하도록 한다.

◆ 또는, 시간이 허용한다면, 학생들로 하여금 새로운 입장의 주장을 준비하면서 그들의 노트와 교재를 논의하기 위해 준비 단계 시의 파트너에게 돌아가도록 허용한다.

슬라이드 19

→ 학생들에게 다음과 같이 말한다.

◆ 처음 논쟁할 때와 똑같은 규칙이 적용됩니다.

◆ 여러분이 자기 입장을 주장하지 않을 때는 조용히 귀 기울여 들으세요. 진행 방해는 안 됩니다.

→ 슬라이드 11부터 13까지에서 사용했던 시간 적용을 똑같이 사용한다.

슬라이드 20

→ 끝낼 시간임을 알리고, 차례를 바꿔준다.

슬라이드 21

→ 끝낼 시간임을 다시 알린다.

→ 프로젝터로 슬라이드를 보여주고 큰 소리로 읽는다. 그리고 다음과 같이 설명한다.

◆ 이제 여러분의 목표가 다릅니다. 여러분의 입장을 주장하고 방어하기 위해 애쓰기보다는, 여러분의 어깨 파트너와 함께하는 목표는 현재 논쟁 중인 문제에 대한 최상의 가능한 해결책을 생각해내는 것입니다.

◆ 양측에서 최상의 정보를 사용하여 가장 유망한 해결책을 발견하세요. 그 해결책은 한쪽 측의 아이디어일 수도 있고 다른 쪽 측의 것일 수도 있어요. 또는 양측 최상의 아이디어를 절충한 것일 수도 있습니다. 또는 아예 양쪽에서 생각도 못한 아주 새로운 아이디어일 수도 있습니다.

→ 교사 여러분은 관찰하면서 몇 분 정도의 시간을 짝들에게 준다.

→ 끝낼 시간임을 알리고, 각 짝들이 그들의 해결책을 서로 공유하게 시킨다. 아마도 학급은 많은 서로 다른, 창의적인, 실현 가능한 해결책들이 있음에 놀랄 것이다.

슬라이드 22

→ 준비 단계 및 논쟁 단계 파트너들의 노력을 축하해준다.

→ 학생 짝들은 각자 서로의 이름을 부르면서 도움과 주장에 대해 서로 감사해야 한다. 또한 전체 학급을 이끌어 큰 일을 해낸 데 대한 박수갈채가 필요하다.

추가 조언

이 논쟁 모델로 바로 뛰어드는 더 쉬운 방법은 학생들이 본능적으로 논쟁할 수 있는 주제를 선정함으로써 읽기와 주석 달기를 생략하는 것이다. 여기에 우리가 선호하는 두 가지 주제가 있다.

• 숙제는 부과되어야 한다/부과되어서는 안 된다.
• 내가 운전면허를 따면, 내 차가 있어야 한다/내 차가 있어서는 안 된다.

학생들이 논쟁 구조에 숙달되어 가면서, 반대편의 아이디어에 도전할 뿐만 아니라 강력한 논쟁능력을 발달시키기 위해 교사 여러분이 제공하는 자료들에 얼마나 잘 깊이 파고드는지 숙고하도록 한다. 그들은 자신의 주장을 지지하기 위해 자재에서의 증거를 사용하는가?

학생들이 말로 하는 논쟁의 발달에서 세련되어질수록, 그들의 서면 논쟁은 더욱더 우아하고 단단해질 것이다. 우리는 아이디어를 다른 사람들과 말로 하면서 작업하는 기회가 설득적이거나 논쟁적인 서면 과제보다 앞서야 한다고 생각한다.

레슨 30 | 교양 있는 반대

왜 사용하는가?

이 레슨은 주장을 하려면 증거 제시가 필요하다는 아이들의 요구를 강화한다. 또한 교양 있게 반대를 해야 한다는 것을 학생들에게 가르친다.

우리가 잘 알듯이, 말과 글로 훌륭한 논쟁을 한다는 것은 공통적인 핵심과 많은 서술 기준의 기본이다. 그러나 이 표준 또한 명백히 논쟁은 학업적, 합리적, 증거기반적인 것이 본질이며 비명지르듯 하는 건 아니라고 밝히고 있다. 정서적인 호소를 사용하는 것은 못마땅하다(비록 실제 생활에서는 그런 식의 호소가 잘 작동하지만). 이번 수업은 아동들로 하여금 논쟁에 큰 소리가 아니라 증거 제시가 필요하다는 인식을 강화할 기회를 주려고 한다.

언제 사용하는가?

학생들은 레슨 29의 논쟁 모델 사용에 익숙해질수록 더욱더 대담해질 것이다 ─ 그리고 유선방송 뉴스쇼의 토론회 등에서 몇 가지를 뽑으려 할 가능성이 더 커질 것이다.

24시간 뉴스망을 하루 동안 거의 언제나 훑어보면, 여러분은 실제로 형편없는 논쟁이 일어나는 것을 볼 수 있다. 여기에는 욕하기, 방해하기, 히죽대기, 눈 굴리기, 주제넘게 다른 사람의 아이디어 무시하기, 어떤 사실에 이념 주입하기 등이 포함되며, 거기에만 한정되지 않는다.

일부 사람들은 이것을 오락적이라고 하기도 하지만, 교실에서의 인신공격적인 행동은 생각을 정지시키고 나쁜 느낌만 들게 한다. 그러므로 학생들로 하여금 반대도 교양 있는 방식으로 나타날 수 있다는 것을 이해하게 하는 것이 중요하다. 이 교양 있는 반대는 양측 모두가 배울 수 있으며, 강력한 사실과 예에 의해 지지받는 논리적인 주장으로 제시된다면 상대편의 마음도 바꿀 수 있다!

준비

- 이 레슨은 둘이 짝지을 때 가장 잘 작동된다. 따라서 학생들을 어떻게 짝지을지 미리 결정한다.
- 또한 학생들이 자신의 기술 노트를 어떻게 기록할 것인지 결정할 필요가 있다.

레슨

슬라이드 1

제목 : **교양 있는 반대**

슬라이드 2

➜ 학생들에게 홈코트를 상기시키면서 시작한다.

　◆ 우리 모두는 바로 여기에서 서로로부터 배우고 서로 돕고 최선을 다하고 있습니다.

슬라이드 3

➜ 그래서 우리가 논쟁할 때는, 서로 간에 반대를 해도 괜찮아요. 사실은 그걸 기대해요!

➜ 그러나 반대한다 해도, 우리가 홈코트에 있다는 것을 기억할 필요가 있어요. 이것은 다른 사람들을 존중해야 하고, 논쟁하는 모든 기회를 학습하는 기회로 여겨야 한다는 뜻입니다.

➜ 우리가 논쟁을 할 때, 그 목표는 '모든 것을 걸고 이겨야 한다'가 아닙니다 — 비록 TV에 나온 사람들은 그런 식으로 행동하지만요.

슬라이드 4

➜ 여러분은 정치 대담을 방송하는 라디오 프로그램을 들어봤나요? 혹은 Fox, CNN, MSNBC나 일요 대담 TV쇼를 시청해봤나요? 여러분은 Bill Maher의 Real Time을 시청해봤나요?

➜ 여러분은 그런 쇼에서 참가자들이 상당히 많은 논쟁을 벌이지만 거의 설득당하지 않으며 오히려 반대 측의 말에 귀 기울이는 모습을 목격해봤나요?

➜ 그들은 그 대신에 무엇을 하나요?

➜ **주의** : 학생들의 배경지식에 따라 교사 여러분은 위의 프로그램 중 하나를 유튜브를 이용해 학생들에게 보여준다. 물론 먼저 그 프로그램을 사전에 검토해야 한다!

➜ 다음과 같이 질문한다.

　◆ 교양 없는 논쟁은 무엇처럼 보일까요? 교양 없는 논쟁은 무엇처럼 들릴까요?

　◆ 여러분의 파트너에게로 가서 이들 '논쟁자들'이 무엇처럼 보이는지, 무엇처럼 들리는지를 얘기하세요. 어떤 신체언어를 보았나요? 그들은 서로에게 무엇이라고 말했나요?

➜ 학생들이 논의를 마치면, 그 짝에게 공유하라고 요구한다. 그들의 관찰에 대해 들어주되 쓰지는 말라. 학생들은 아마도 다음과 같이 서술할 것이다.

신체언어	말로 하는 것
눈 굴리기	한숨을 쉼
머리 흔들기	진행을 방해함
팔짱 끼기	"너는 …을 몰라."
공격적인 손가락 가리킴	정서. 윤리, 종교 인용
뒤로 기대기	외침
미친 사람 보듯 쳐다보기	"네가 틀렸어!"
지루한, 지쳐 보이는	"너는 자신이 무슨 말을 하는지 몰라!"
주먹으로 쾅 치다	"그건 진실이 아니야!"
손을 저어 거절하다 — 묵살하는 몸짓	"그건 어리석은 생각이야!"

슬라이드 5

➔ 우리는 이런 방식의 논쟁을 원하지 않는다는 점을 강조한다.

➔ 우리는 서로에게서 배우고 서로를 존중하기를 원합니다. 우리는 지적으로 아이디어에 대해 반대합니다 VS 그 아이디어를 제시한 사람을 공격합니다.

➔ 이제, 우리가 서로에게서 배우고 서로를 존중하기 위해서는 어떻게 행동해야 할까요?

➔ 우리가 우리의 파트너를 개인적으로 공격하지 않고 그의 아이디어에 대해서만 반대하려면 어떻게 해야 할까요?

슬라이드 6

➔ 학생들이 잘 따라 할 수 있도록 종이를 접고 이름을 붙이는 시범을 보여준다.

슬라이드 7

➔ 이 슬라이드를 보여주면서, 우리는 교양 있는 반대에 참가한 짝들의 신체언어를 연구하는 중임을 강조한다. 그것은 무엇처럼 보이는가?

슬라이드 8

➔ 학생들이 신체언어 서술을 적는 동안에 집단들을 관찰한다.

➔ 집단들에게 긍정적인 행동에 초점을 맞추라고 다시 말해준다.

슬라이드 9

→ 공유하고 목록화하는 것이 시작되기 전에, 학생 서기를 임명하여 교사 여러분은 자유롭게 학급 전체가 공유하는 것들을 섞기도 하고 관찰도 하고 코치도 한다.

→ 학급 전체 목록에 기여하는 짝들을 돌아보면서, 교사 여러분은 칠판에 적혀 있는 모든 행동목록을 기록하거나, 이상적으로는, 프로젝터에 비출 수 있는 워드프로세서에 연결한다. 이런 방식으로 목록의 영구적인 복사본을 가질 수 있다.

→ 만일 보드에 직접 쓴다면, 완료된 '~처럼 보인다' 목록을 지우기 전에 스마트폰으로 사진을 찍어 놓는다.

→ 학생들로 하여금 '~처럼 보인다' 목록에 새로운 아이디어를 추가하도록 지도하여 완전한 목록을 만들게 한다.

→ 전형적인 목록에는 다음의 항목들이 포함될 것이다.

◆ 눈 맞추기

◆ 집중하기

◆ 흥미 있어 보이기

◆ 머리를 끄덕이기

◆ 미소 짓기, 친절하기

◆ 노트에 적기

◆ 차례로 하기

◆ 내가 말하기 전에 말하는 사람의 시간이 끝날 때까지 기다리기

슬라이드 10

→ 교양 있는 반대에 참가하는 동안 실제로 서로에게 무슨 말을 하는지 이야기를 할 시간입니다.

→ 이번에는 교실에서 다른 사람들과 작업할 때 여러분이 사용할 수 있는 실제 구문들의 목록을 만들어봅시다.

슬라이드 11

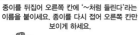

→ 파트너들로 하여금 종이를 오른쪽으로 넘긴 다음 '~처럼 들린다'라는 이름을 붙이게 한다.

슬라이드 12

→ 학생들이 서로에게 교양 있게 반대하기 위해 말할 수 있는 모든 긍정적인 문구들의 전체 목록을 만든다.

→ 각 문구를 따옴표 안에 넣는다.

→ 학생들로 하여금 그들의 개인 목록이 칠판에 적힌 것처럼 완벽하도록 모든 새로운 아이디어를 적으라고 상기시켜준다.

→ 전형적인 제안에는 다음 항목들이 포함될 것이다.

- ◆ "여러분이 옳다는 느낌을 무엇을 통해 알게 되었나요?"
- ◆ "왜 그렇게 생각하나요?"
- ◆ "어떤 증거/예/사실들 때문에 이것을 믿나요?"
- ◆ "이것을 교재 어디에서 찾았나요?"
- ◆ "이 아이디어에 대한 지지를 제시해보세요."
- ◆ "나는 반대합니다. 그 _____한 예에 관해서는 어떤지요?"
- ◆ "여러분은 …을 이제까지 고려해보았나요?"
- ◆ "만일 …이라면?"

슬라이드 13

→ 이 기술 차트와 교양 없는 논쟁에 관한 초기 관찰을 비교한다.

→ 어떤 차이가 인식되는지요?

슬라이드 14

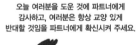

→ 교양 없는 논쟁 대 교양 있는 논쟁 후에 논쟁 파트너들은 어떻게 느낄까요? 어떤 스타일이 실제로 더 설득적일까요? 왜 그런가요?

슬라이드 15

→ 파트너들로 하여금 서로에게 감사하고 그들과 함께 논쟁한 것이 항상 기분 좋고 배우는 경험을 하게 해주었다고 재확인하도록 함으로써 끝낸다.

슬라이드 16

→ 또한 만일 논리적으로 설득당한다면 생각을 바꿀 수도 있다고 말한다.

제10장

소집단 프로젝트

학생들이 이 모든 종류의 사회적 학업 기술들을 발달시켜 가면서, 그들은 교사가 덜 직접적으로 통제하는 상황에서 더 크고 더 장기적인 과제들을 해낼 능력이 생기게 된다. 팀으로서 그들은 자신들의 선택과 결정에 대한 책임을 지며, 목표와 일정을 세우고, 기록하며, 자신들의 진전을 모니터한다. 점진적인 책임감 방출 모델이라는 면에서, 이 10장은 최종 단계―독립적 연습―로서 교사들이 직접적인 감독과 의사결정을 철회하고, 이제는 학습자에게 진실한 조언자나 코치로서의 역할을 한다.

우리는 교사 여러분이 한 해의 첫 번째 장기적 소집단 조사 프로젝트의 시작으로서 레슨 31, 32, 33을 함께 가르치기 바란다.

레슨 31. 평가 기준 개발
레슨 32. 집단 프로젝트 계획하기
레슨 33. 개별 프로젝트 일지 기록하기
레슨 34. 중간 수정
레슨 35. 경청하는 관중 되기

레슨 31 평가 기준 개발

왜 사용하는가?

아동들이 야심찬, 확장된 집단 프로젝트를 시작하게 되면, 그들은 자신들이 어디를 향하는지 아는 것이 아주 도움이 된다. 무엇이 목표이고 결과이며 학습인지, 그 집단이 수행하려고 지향하는 성취는 무엇인가? 아동들은 그들이 큰 일을 해냈을 때 어떻게 아는가? 프로젝트가 끝났을 때, 작업의 어떤 요소들이 평가되거나 평정되어야 하는가?

기준은 복잡하고 장기적인 작업에 대해 찾게 되는 확실한 평가도구가 되었다. 그러나 대부분의 경우, 이 기준들은 다른 곳에서 왔다 — 교사, 지역, 대학 등. 이것은 잃어버린 기회다! 학생들은 교사 여러분을 따라서 기준을 설계할 때 가장 높은 질을 목표로 한다. 전형적으로 우리가 이미 만들어진 기준을 아동들에게 건네면, 그들은 등급이 정해질 때까지 그것을 무시한다. 그러나 어떤 제품이나 성취에 관해 공식적인 평가도구를 학생들과 함께 만들어내려고 하면, 그들은 거대한 질문(높은 질이라는 것이 무엇처럼 보이는가?)을 붙잡고 싸우는 사람이 된다.

우리는 프로젝트의 출발점에서 점수기준을 만들어내는 데 있어서 아동들의 창의성을 제한하려고 하지도 않을 것이며, 또한 나중에 관계없는 것으로 나타날 수 있는 기준에 미리 그들을 가둬놓지 않기를 원한다. 독서 클럽처럼 반복되는 특정한 종류의 집단 프로젝트가 있는데, 거기에서는 구조가 매우 예견 가능하고 높은 질의 성취가 무엇처럼 보이는지를 미리 정확하게 서술할 수 있다. 순환 질문과 같은 개방적인 연구 프로젝트로서, 우리는 아동연구가 펼쳐 보이는 초기 기준에 적응해야 할 수도 있다.

학생들은 여러분을 따라서 기준을 설계할 때 가장 높은 질을 목표로 한다.

언제 사용하는가?

이 레슨은 학생들에게 제품을 시험하는 방법, 핵심 요소를 찾아내는 방법, 그런 다음 높은 질의 결과를 정의하는 속성들을 만들어내는 방법들을 보여줄 것이다. 우리는 이 레슨을 2일 이상에 걸쳐 행하기를 권한다. 첫째 날에는 피자 기준을 만들어본다. 둘째 날에는 현재의 학급 과제/프로젝트에 대한 기준을 만들어본다.

준비

- 어떻게 파트너들을 짝지을지를 미리 결정한다.
- 피자 기준 원본(215페이지) 및 프로젝트 기준 원본(216페이지, www.corwin.com/teachingsocialskills)을 양면 복사한다.
- 학급 전체가 메꿀 수 있는 빈칸으로 된 피자 기준 또는 준비된 기준(슬라이드 7)을 프로젝터로 보여줄 수 있도록 준비한다.
- 여러분은 학급 학생들이 시험해볼 기준 양식의 예(슬라이드 8)를 가져도 좋다.
- 학급 전체가 메꿀 수 있는 빈칸으로 된 일반적 기준 또는 준비된 기준(슬라이드 9)을 프로젝터로 보여줄 수 있도록 준비한다.

레슨

슬라이드 1

제목 : **평가 기준 개발**

슬라이드 2

→ 다음과 같이 말한다.

◆ 여러분은 프로젝트를 시작할 때, 미리 '고급의 질'을 어떻게 만들 것인지에 대해 이해를 하는 것이 좋습니다. 보통 한 프로젝트의 질은 기준에 비추어서 측정됩니다.

슬라이드 3

→ 질을 어떻게 정의할 것인지에 대해 어떤 연습적인 생각을 갖기 위해서, 우리는 피자에 관한 이야기로 시작할 것입니다.

→ 여러분의 파트너를 향해서 피자에 관한 면접을 수행하세요. 여러분은 파트너가 어떤 토핑을 좋아하는지, 피자를 먹기 가장 좋은 곳은 어디인지, 도우가 얇은 것과 두꺼운 것 중 어떤 것이 더 좋은지, 파트너가 먹어본 피자 중 가장 나빴던 것은 무엇인지 등을 질문할 수 있습니다.

→ 여러분은 또한 다른 질문들도 생각할 수 있습니다. 계속하면서 시작하세요.

→ 짝들에게 몇 분간 이야기할 시간을 준 다음에 계속한다.

슬라이드 4

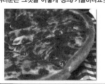

→ 다음과 같이 말한다.

◆ 하나의 기준은 성공적인 제품이나 결과의 각 요소를 면밀하게 구체화함으로써 질을 정의합니다.

◆ 그와 같은 기준을 갖는 것은 어떤 사람으로 하여금 우수한 제품을 만들게 하는데, 왜냐하면 그 사람은 우수함이 어떻게 보이는지를 구체적으로 이해하기 때문입니다.

→ 만일 시작하기 전에 5분 이상의 시간이 남아 있다면, 유튜브 비디오를 보여준다 ─ 도미노 피자의 반전. 그것은 광고인데, 도미노 피자가 자기네 제품이 형편없다는 걸 인정하고 지금은 더 좋아지기 위해 노력하고 있다는 내용이다.

→ 이것이 바로 집단이 시작하기 전에 질에 대한 생각을 먼저 할 필요가 있는 이유다. 사고가 일어난 후에는 너무 늦은 것이다.

슬라이드 5

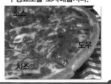

➔ 하나의 기준을 만드는 방법을 이해하기 위해서, 피자의 질에 관한 생각을 함으로써 연습해봅시다. 치즈 피자의 세 가지 주요 구성요소를 생각하면서 시작합시다. 도우, 소스, 치즈.

슬라이드 6

➔ 만일 여러분이 이 치즈 피자에 알파벳으로 등급을 매긴다면, A를 받은 것과 C를 받은 것 사이에는 어떤 차이가 있나요?

슬라이드 7

➔ 기준 복사본을 나눠준다.

➔ 다음과 같이 설명한다.

◆ 질이 정의되기 전에, 우리는 각 제품 구성요소에 대해 생각할 필요가 있으며, 그 요소의 기저 속성들을 이해할 필요가 있어요. 피자의 경우 그 속성들은 질감, 향미, 색깔입니다. 이것들은 우리가 도우, 소스, 치즈의 질을 정의하려 할 때 생각할 필요가 있는 것들입니다.

슬라이드 8

➔ 다음과 같이 말한다.

◆ 기준에 있는 등급의 순서는 하나의 이유 때문에 C부터 A까지로 되어 있어요. 그 이유는 우리가 질을 검사할 때, 한 제품이 수용 가능하려면 최소한의 요구 조건이 있는데, 그것이 바로 C입니다.

◆ B 또는 A에 도달하려면, 최소한의 요구 조건들을 온전하게 지키면서 한편으로는 다른 개선작업이 그 질을 향상시켜야 합니다.

➔ 파트너들로 하여금 몇 분 동안 피자의 질에 관련된 글내용에 대해 논의하고, 기준란을 채우도록 시킨다.

➔ 모니터하면서 그들의 어깨 너머로 읽어본다.

➔ 애매모호한 글내용이 발견되면 개입한다. 짝들로 하여금 질에 관하여 좀 더 구체적으로 생각하도록 하는 질문들을 함으로써 그들을 돕는다.

➔ 일단 모든 짝들이 각 구성요소와 알파벳 등급에 대해 이해했다면, 학생 서기를 뽑아 전체 기준을 만든다.

➔ 과거 수업에서와 마찬가지로, 프로젝터를 사용하거나 칠판에 써줌으로써(이번에는 피자 기준의 빈칸을 채움) 학생들이 놓친 글내용을 복사하도록 한다.

➔ 완성된 학급 피자 기준은 다음 페이지의 차트처럼 보일 것이다.

구성요소	C	B	A
도우 : 질감, 향미, 색깔	완전히 요리된, 옅은 색, 중성적 향미	바삭바삭한, 옅은 황금색, 짠 맛	아삭아삭한, 진한 황금색, 버터 맛
소스 : 질감, 향미, 색깔	붉은색, 토마토 향미, 골고루 퍼진	중간의, 된, 매콤한	부드러운, 신선한 맛
치즈 : 질감, 향미, 색깔	흰색, 무미건조한 향미, 모차렐라 치즈	골고루 녹아 피자 위에 퍼져 있는	쫄깃쫄깃한, 신선한 맛

→ 차트를 완성한 후에는 다음과 같이 묻는다.

 ◆ 여러분이 이 서술자들을 따라잡는 것이 쉬웠나요 아니면 어려웠나요?

 ◆ 생각은 했지만 적어 넣지는 않기로 결정한 항목들은 어떤 것들인가요?

 ◆ A급 구성요소와 B급 구성요소 간의 차이를 어떻게 알게 되었나요?

 ◆ 어떤 글내용에서 여러분과 파트너 사이에 불일치가 나타났나요?

→ 학생들 — 또는 학급 — 이 알아야 할 한 가지는 서술적인 기준을 만드는 것이 매우 어렵다는 것이다. C급과 A급 제품 간의 차이를 보여주는 건 쉬운 편인데, B급과 A급 제품 간의 차이를 적절하게 서술해주는 글내용을 찾기는 매우 어렵다.

→ 또한 교사 여러분이 질에 관한 이야기를 할 때마다 사람들의 선호와 경험이 섞인다. 완벽하게 객관적인 기준은 없다.

→ 또 다른 기준에 대한 생각 : 세 가지의 가장 중요한 구성요소에만 한정해 기준을 개발하고 사용하는 것은 매우 쉽다. 그렇다. 우리가 알기로는 대부분의 기준들이 더욱더 많은 범주들을 갖고 있다. 그러나 다음을 생각해보자 — 더 많은 범주들이 더 좋은 제품을 만드는가? 우리의 목표는 학생들이 질을 조사하고 그것을 내면화하는 것이다. 기준을 길게 그리고 복잡하게 만드는 것은 이런 과정을 방해하는 것이다.

둘째 날

슬라이드 9

→ 둘째 날에는 학생들로 하여금 피자 기준이 쓰여진 부분을 뒤집어서 그 면을 다가올 학급 과제 기준을 설계하는 데 사용하도록 시킨다.

→ 위대한 제품은 무엇처럼 보일지를 알기 위해서 견본들을 조사하거나(만일 교사 여러분이 이전 학급에서 견본들을 갖고 있다면) 또는 모두 함께 모여 상상을 하게 한다(만일 이것이 아주 새로운 과제라면).

→ 이 특별한 과제의 가장 중요한 세 가지 구성요소는 무엇인지 결정한다. 첫째 날의 피자 기준으로 돌아간다. 피자의 가장 중요한 세 가지 구성요소는 도우, 소스, 치즈였다.

→ 다음과 같이 질문한다.

 ◆ 이 과제의 가장 중요한 세 가지 구성요소는 무엇일까요?

슬라이드 10

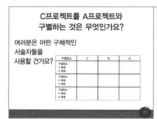

➔ 구성요소들이 일단 확립되면, 짝들로 하여금 각 구성요소의 주요 속성들을 결정하도록 시킨다.

➔ 그런 다음 전체 학급을 대상으로 하여 각 구성요소의 2~3개 속성들에 대해 논의하고 합의하도록 시킨다. 이것들을 기준 양식의 각 구성요소 상자에 적어 넣는다.

슬라이드 11

➔ 이제 짝들이 구성요소 글내용에 대한 논의를 시작한다. C급은 수용성의 최소 임계치라는 것을 다시 말해준다. B와 A급 글내용은 추가적인 세부사항과 개선을 나타낸다. 그들이 피자에 대해 했던 것처럼, 짝들은 가능한 한 글내용을 구체적으로 만들어야 한다.

➔ 일단 모든 짝들이 각 구성요소와 알파벳 등급에 대해 알게 되었으면, 학생 서기를 뽑고 프로젝트에 대한 전체 기준을 마련해야 한다.

➔ 과거 수업에서와 같이, 프로젝터를 사용하거나 보드 위에 써서 학생들로 하여금 그들이 놓친 글내용을 보완하게 한다. 기준에 대한 사본(전자기기, 사진 등)을 간직하여 필요할 때 언제든 다시 쓸 수 있게 한다.

슬라이드 12

➔ 학생들이 자신들의 프로젝트 작업을 시작하게 되면, 그들은 학급 전체 기준을 지침으로 삼아야 한다. 최종 제품을 마음속에 두고 시작하면, 실수가 적어지고 높은 질의 결과를 성취하기 위해 더 집중하게 된다.

➔ 프로젝트가 완료되면, 그것이 바로 여러분과 학급 전체가 최종 제품을 평가하기 위해 채택하는 기준이다.

슬라이드 13

➔ 집단들로 하여금 기준을 만들기 위해 어려운 작업을 해낸 데 대해 서로 축하해주고 감사하도록 시킨다.

추가 조언

서로 다른 수준의 질을 반영하는 작업의 견본을 마련한다는 것을 기억하라. 신체적으로 연구 조사한 이전의 모델은 그다음 해에 거의 항상 향상과 개선을 가져왔다.

레슨 32 　집단 프로젝트 계획하기

왜 사용하는가?

탐구 프로젝트는 학생들이 최대의 이득을 얻도록 매우 면밀하게 조직되어야 한다.

우리가 앞의 2장에서 언급했듯이, 확장된 탐구 프로젝트는 아동들의 성취를 향상시키며 또한 그들이 부담이 큰 시험에 효율적으로 준비하도록 해준다는 것을 보여주는 연구는 수없이 많다. 사실, Smokey와 우리의 동료인 Stephanie Harvey는 이 '탐구계획'에 관한 총체적인 책을 썼다(2009). 그러나 이런 프로젝트들은, 특히 그것이 소집단으로 행해졌을 때, 학생들이 최대의 이득을 얻도록 매우 면밀하게 조직되어야 한다는 점을 별로 강조하지 않았다.

이번 레슨은 그 구조를 제공하도록 설계된 수업(레슨 31, 32, 33) 계열 중 두 번째 수업이다. 이 수업들(레슨 31, 32, 33)은 그 구조 제공을 관례적인 기말 리포트 목록(명세서, 경고서, 시간 일정표) 제출에 의해서가 아니라, 학생들을 도와 자기 스스로 책임성을 갖추도록 함으로써 제공하였다. 그들은 이미 이 프로젝트에서 높은 질의 결과가 무엇처럼 보일 것인지(레슨 31)를 명시하는 기준을 만들었다. 이제는 학생들로 하여금 그들의 기준 목표를 결국 성취하도록 하는 실제적인 단계들을 계획할 시간이다.

언제 사용하는가?

이 레슨은 연구의 시작 시점에서보다는 학생들이 적극적으로 가능한 주제들을 탐색한 후에 나온다. 학생들이 주제에 대해 오랫동안 깊이 생각하고, 호기심을 나타내고, 그가 속한 집단의 주제로 돌아오면(또한 그들의 개별적인 특수성으로), 그때가 바로 우리가 공식적인 계획 과정을 시작할 때이다.

이것은 우리가 한 학년 동안에 가르칠 장기적인 사회적 학업 기술 수업이다. 때로는 하루 종일이 필요할 수도 있고, 또는 교사 여러분이 그것을 소단위로 쪼개 2일 동안에 가르칠 수도 있다(하루는 집단 계획, 나머지 하루는 개인 계획).

준비

- 달력을 만들어 2개의 작업계획 양식을 복사한다. 2페이지짜리 집단 작업계획 양식을 만들어 가능하면 양면 인쇄나 복사를 한다(217~219페이지, www.corwin.com/teachingsocialskills 참조).
- 학생들과 함께 달력 날짜를 준비하거나 또는 달력 인쇄물을 복사하기 전에 중요한 날짜를 써 넣는다(슬라이드 3 참조).
- 만일 학생들이 연구일지나 일기, 서류철(레슨 33 참조) 등을 사용하면, 그것들을 가지고 준비하도록 한다.

레슨

슬라이드 1

제목 : **집단 프로젝트 계획하기**

슬라이드 2

→ 다음과 같이 말한다.

◆ 우리는 지금 소집단 탐구 프로젝트를 시작하고 있어요. 여러분은 예비조사를 끝내고 전반적인 집단 주제를 선택했어요.

◆ 이 탐구는 만일 여러분이 면밀하게 앞날을 계획한다면 ─ 앞으로도 계속 ─ 더 재미있고 흥미로울 거예요.

→ 만일 교사 여러분이 주제에 관한 대화를 하고 싶다면, 다음과 같이 묻는다.

◆ 무엇 때문에 연구 프로젝트가 어려운가요? 과거에 무슨 문제를 겪었나요?

→ 그들의 언급을 다음과 같은 아이디어와 결부한다 ─ 즉 확장된 연구 프로젝트 기간 동안에는 매우 조직화되는 것이 분산과 실망을 이겨내는 강력한 방어이다.

슬라이드 3

→ 달력의 복사본을 나눠준다.

→ 다음과 같이 말한다.

◆ 달력부터 시작합시다. 우리는 이 달력을 다음과 같은 것들을 생각할 때 쓸 수 있어요.

– 언제 시작하고 끝낼 것인가

– 그 외에 무엇을 예정할 것인가

– 언제가 현명한 마감 기일인가

– 최종 공유 날짜는 언제인가

◆ 우리들 자신의 일정 달력에 따라 작업을 시작합시다.

→ 이것을 특정 프로젝트를 위한 교사 여러분의 목표와 일정으로 개인화한다. 이에는 두 가지 방식이 있다.

◆ **기본 버전** : 일정 달력을 학생들과 함께 실시간 단위로 기입한다.

◆ **시간절약 버전** : 일부 중요한 날짜가 표시된 달력을 나눠준다.

– 시작 날짜

– 종료 날짜

– 발견들에 대한 학급 공유 날짜

– 표시된 갈등활동 날짜 등

어떤 방식이든, 그 아이디어는 학생들로 하여금 가용한 시간 범위에 대해 생각하고 그
것을 어떻게 관리할 것인지를 생각하게 한다.

슬라이드 4

→ 집단 작업계획 양식을 나눠준다.

슬라이드 5

→ 개별 집단 구성원 작업계획 양식을 나눠준다.

슬라이드 6

→ 다음과 같이 말한다.

　　◆ 이제 내가 나눠준 작업계획 양식을 보세요. 거기에는 각 집단용 2페이지짜리 양식과 각 개
　　　별집단 구성원용 1페이지짜리 양식이 있습니다. 그것들을 보세요.

→ 학생들로 하여금 조용히 작업계획 양식을 읽도록 시킨다.

슬라이드 7

→ 다음과 같이 말한다.

　　◆ 성공적인 탐구 프로젝트는 개인과 집단 둘 다의 노력과 함께 각각의 명백한 결과를 요구합
　　　니다.

　　◆ 그래서 여러분은 여러분이 속한 집단 구성원들이 스스로 무엇을 할지, 여러분의 학습과 어
　　　떻게 협동적으로 결합하여 작업할지 및 그것을 다른 사람들과 어떻게 공유할지 등을 정확
　　　하게 구체화할 필요가 있습니다.

→ **주의** : 여기에서의 중요한 요점은 개인과 집단의 책임감 원리이다. 각 구성원은 더 큰
　　조사연구의 일정 부분을 완료해야 하며, 이는 그 사람이 자기가 속한 집단과 학급 선
　　생님에게 책임져야 하는 일이다. 그러나 각 집단은 또한 함께하는 동안 구성원 서로를
　　지지하며, 나중에는 집단의 전반적 학습을 강조하는 팀 수행력을 만들어내야 한다. 이
　　것이 즉 집단 책임감이다. 소집단 프로젝트가 작동하기 위해서는 이 두 가지의 책임감
　　이 동시에 필요하다.

슬라이드 8

→ 집단 계획부터 시작한다.

→ 여기에서 보여주는 집단 작업계획 양식을 통해 학생들에게 이야기해주고 질문이 있는지 물어본다.

슬라이드 9

→ 다음과 같이 말한다.

◆ 여러분이 속한 팀과 작업하면서, 여러분의 계획을 이야기하고 집단 작업계획 양식을 채워넣으세요.

◆ 우리는 진행 과정에서 새로운 정보, 좋은 단서, 일정 변경 등이 튀어나온다는 것을 알고 있습니다. 이것이 바로 우리가 프로젝트를 시작하면서 이 양식을 사용하여 '중간 수정'을 하는 이유입니다.

→ 집단들이 만나서 그들의 집단 작업계획 양식에 주의사항 등을 적는 것을 허용한다.

→ 교사 여러분이 집단들을 돌면서 지원하는 데는 10분 이상이 걸릴 것이다.

→ 학생들이 전반적인 주제를 개인별 하위 주제로 분리하는 방식에 특별히 주의를 기울인다 ─ 그것들은 기본적이고도 균형적이어서 모든 구성원들이 참여하고 도전받을 필요가 있다.

→ 아마도 학생들이 처음에는 이 양식을 완료하지 못할 수도 있다. 교사 여러분은 그들을 격려하여 계속되는 각 모임 때마다 명쾌화, 수정, 개정 등을 하도록 한다.

슬라이드 10

→ 진행 과정에 관한 논의를 하도록 초청한다.

→ 그런 다음, 만일 그들이 추가 시간이 필요하다면, 그 작업을 하라고 해준다.

→ 시간이 다 되었을 때, 학생들의 서명 의식 절차라는 큰 계약을 한다. 학생들 서로 및 교사 여러분과 계약을 한다는 비유는 이 계획 과정에 더욱더 결속된 느낌을 줄 것이다.

→ 학생들로 하여금 그 계약서 양식을 교사 여러분의 동의를 받아 제출하도록 한다(그리고 나중에 사용하기 위해 복사본을 만든다).

슬라이드 11

→ 이번에는 다른 양식을 해봅시다.

→ 학생들에게 슬라이드로 보여주는 '개별 집단 구성원 작업계획' 양식에 대해 이야기해주고 질문이 있는지 물어본다.

슬라이드 12

이제 여러분이 오늘 갖고 있는 정보에 근거해 개별 집단 구성원 양식을 써 넣으세요.

우리는 진행 과정에서 새로운 정보, 좋은 단서, 일정 변경이 튀어나온다는 것을 알고 있습니다.

그것이 바로 여러분이 계속해서 이 양식을 개정하고 다시 찾는 이유입니다.

➔ 다음과 같이 말한다.

◆ 이제 여러분 스스로 작업하면서, 프로젝트에서 여러분 자신이 맡은 부분 — 여러분 자신의 하위 주제 또는 탐구 질문 — 에 관해 생각해보세요.

◆ 오늘 받은 정보에 근거해서 '개별 집단 구성원 작업계획' 양식을 기입하세요.

◆ 우리는 진행 과정에서 새로운 정보, 좋은 단서, 일정 변경 등이 튀어나온다는 것을 알고 있습니다.

◆ 그것이 바로 여러분이 계속해서 이 양식을 개정하고 다시 찾는 이유입니다.

➔ 교사 여러분의 지원하에 약간의 조용한 시간을 제공한다.

슬라이드 13

여러분은 개별 집단 구성원 작업계획 양식으로 어떻게 할 건가요?

질문? 문제? 제안?

여러분이 준비되었을 때, 양식에 서명하고 날짜를 쓰세요.

➔ 진행 과정에 관한 논의를 하도록 초청한다.

➔ 만일 그들이 추가 시간이 필요하다면, 그 작업을 하라고 한다.

➔ 학생들로 하여금 그 계약서 양식에 서명하고 교사 여러분의 동의를 받아 제출하도록 한다(그리고 나중에 사용하기 위해 복사본을 만든다).

슬라이드 14

여러분 조사 프로젝트를 시작할 때, 이 서류들을 모두 여러분의 프로젝트 폴더에 함께 보관하세요.

◆ 탐구 프로젝트 달력
◆ 집단 작업계획
◆ 구성원 작업계획
◆ 조사 일지

➔ 최종 체계적인 팁 : 여러분의 연구와 관련된 모든 것을 한 곳에 보관하세요.

➔ 걱정하지 마세요. 연구일지는 바로 다음에 나올 겁니다.

레슨 33   개별 프로젝트 일지 기록하기

왜 사용하는가?

모임 활동, 성공, 목표, 책임감을 기록하는 일은 모든 구성원들이 참여하고 책임감을 느끼는 우수한 방식이다.

책임감은 확장된 집단 연구 프로젝트 및 독서 클럽이나 문학 서클처럼 현재 진행되고 있는 구조에서 가장 큰 문제점일 수 있다. 구성원들은 자신들의 모임의 질이 고통스럽다고 보며(일부 구성원들은 너무 많은 일을 하고, 다른 일부는 너무 안 한다) 그 문제를 해결하는 데 무력감을 느낀다. 목표와 책임감뿐만 아니라 모임 활동과 성공을 기록하는 일은 모든 구성원이 참여하고 책임감을 느끼는 우수한 방식이다. 또한 프로젝트가 예정되어 있고, 각 학생은 자기가 속한 집단이나 최종 산물에 자신이 기여한 것을 기록해야 할 경우 일지를 쓰기가 수월해진다.

언제 사용하는가?

프로젝트 일지를 소개하는 논리적인 시간은 그 학년의 첫 번째 기본적 집단 프로젝트의 시작 시기 가까이에 있다. 그런 다음 이 집단들이 만날 때마다, 구성원들로 하여금 저번 모임 이후의 성취를 검토하도록 하여 이번 의제에 시간을 쓸 수 있고 현재 모임의 목표를 정할 수 있으며 다음 모임 전에 수행되어야 할 각 과제에 누가 책임질 것인지를 결정할 수 있다.

이 레슨은 몇 가지 짧은 부분으로 나뉘는데, 단계와 단계 사이에 학생들은 소집단 과제 작업을 하게 된다. 이 레슨은 집단들이 얼마나 많은 작업에 도전하느냐에 따라 며칠에 걸쳐 진행될 수도 있다.

준비

만일 교사 여러분이 앞의 두 레슨(레슨 31, 32)을 이미 가르쳤다면
- 학생들은 프로젝트 일지 등록을 할 때마다 테이블 위에 아래의 도구들을 올려놔야 한다. 이 재료들은 그들로 하여금 개별적 결정과 집단 과제를 가까이에서 추적할 수 있게 해주어 작업의 속도와 질을 높게 유지해준다.

  - ◆ 평가 기준(레슨 31)
  - ◆ 작업계획과 달력(레슨 32)

- 학생들이 어떤 종류의 일지(작문 노트, 스프링 노트, 기타)를 쓰기 원하는지 결정한다. 학생들이 수업시간에 그것을 준비했는지 확인한다.
- 스탬프와 스탬프 패드는 일지 등록을 빠르게 점검하기에 편리하다.

레슨

슬라이드 1

제목 : **개별 프로젝트 일지 기록하기**

슬라이드 2

➔ 다음과 같이 말한다.

◆ 한 집단의 프로젝트 일지는 그들의 작업에 대한 기록입니다.

슬라이드 3

➔ 프로젝트 일지는 한 집단이 조직적으로 과제를 하도록 유지해줍니다. 왜냐하면 집단 구성원들은 항상 프로젝트 계획이나 그들이 함께 협상한 의제에 따라서 작업하기 때문이에요.

슬라이드 4

➔ 프로젝터로 슬라이드를 보여주면서 큰 소리로 읽어준다.

슬라이드 5

➔ 일지는 누가 어떤 과제를 해야 하는지를 명쾌하게 보여주고, 모든 구성원이 집단에 대해 책임지도록 하며,

슬라이드 6

➔ 오해를 없애줍니다.

슬라이드 7

일지 등록
모임 시작
1. 날짜와 구성원의 출석을 기록하세요.

➜ 이 슬라이드는 학생들이 새로운 일지에 등록할 일련의 단계들을 보여준다. 학생들에게는 모두 이 단계들을 일지에 기록해야 한다고 말해주고, 그러면 매번의 모임마다 참조할 수 있다고 말해준다.

➜ **단계 1 : 날짜 및 출석자들을 기록한다.** 다음과 같이 말한다.

   ◆ 여러분의 일지는 여러분이 속한 집단 및 그 구성원 각자의 수행을 기록할 것입니다. 집단들은 각 모임의 시작과 끝에 그 정보를 모으기 위해 일지 등록을 합니다.

   ◆ 첫 번째 단계는 날짜 및 출석자들을 기록하는 것입니다. 지금 바로 기록하세요.

➜ 모두가 첫 등록을 제대로 시작했는지 확인하고 모니터한다.

➜ 만일 교사 여러분이 그 집단의 최종 산물과 함께 완료된 일지를 모으고 싶다면, 지금이 바로 이야기할 때다.

슬라이드 8

일지 등록
모임 시작
2. 만약 어느 구성원이라도 결석하면, 빠진 구성원과 접촉해 모임에 대한 정보를 제공하고 개별적 책임감을 알려줄 사람이 누군지 기록하세요.

➜ **단계 2 : 어떤 결석이라도 기록한다.** 슬라이드를 읽어주고 집단들에게 바로 그렇게 하라고 지시한다.

➜ 결석한 구성원이 있는 집단들을 점검하고, 그들이 결석한 구성원 대신에 누군가에게 필요한 정보를 줬는지 확인한다.

➜ **주의** : 첫 모임에서는 집단 구성원들이 휴대전화 번호나 이메일 주소와 같은 접촉정보를 교환한다(전통적인 방식). 그러므로 구성원이 결석하면 누군가가 그를 접촉할 수 있다. 흔히 결석했던 학생들은 "나는 결석했었어"라고 말하면서 자기 책임을 피하려고 한다. 집단은 책임감이 2개의 길이라는 것을 이해할 필요가 있다. 결석한 구성원과 접촉을 유지하는 것은 집단의 의무이며, 변명을 하는 것보다는 집단이 필요로 하는 작업을 해내는 것이 결석한 구성원의 의무이다.

슬라이드 9

일지 등록
모임 시작
3. 오늘의 프로젝트 모임 목표의 목록을 적으세요.
◆ 여러분은 오늘 무엇에 대해 말할 것인가요?
◆ 계속할 것인가요?
◆ 성취하는 데 여러분은 무엇이 필요한가요?

➜ **단계 3 : 다음 모임을 위한 과제목표를 설정한다.** 슬라이드를 읽어주고 집단들에게 바로 그렇게 하라고 지시한다.

➜ 학생들이 일단 자신들 모임의 목표를 정했으면, 본론으로 들어가는 것은 그들의 자유이다. 왜냐하면 그날 등록의 나머지는 나중에, 즉 모임의 끝에 가서 완료되기 때문이다.

➜ 집단들이 나머지 슬라이드를 볼 필요가 있을 때까지 여러분은 전기를 아끼기 위해 LCD 프로젝터를 끄고 있어도 된다.

집단 모임 후에

슬라이드 10

일지 등록
모임 끝
1. 오늘의 여러분 프로젝트 모임 목표를 검토하세요.
여러분이 달성한 것을 체크하여 제외하세요.

➜ 학생들에게 각 집단의 모임 후에 그들이 해야 할 다음 단계를 기록하라고 말해준다. 첫 번째의 3단계는 자신이 속한 집단과 함께 만드는 일지 등록이다. 학생들로 하여금 집단 숙고라는 표제하에 이 단계들을 목록으로 만들도록 시킨다.

➜ **단계 1 : 오늘의 프로젝트 모임의 목표를 검토한다.** 슬라이드를 읽어주고 학생들로 하여금 과제목표를 검토하고, 자신들이 완료한 것들을 점검한다.

➜ 집단들이 모임에서 자신들이 성취한 것들을 검토할 때 그들의 대화를 모니터한다.

슬라이드 11

일지 등록
모임 끝

2. 다음 모임 전에 달성해야 할
   목록을 만드세요.
   각 과제를 누가 책임지고
   완수할지를 쓰세요.

→ **단계 2 : 여러분이 수행할 필요가 있는 것들의 목록을 만든다.** 슬라이드를 큰 소리로 읽어주고 학생들로 하여금 그 목록들에 대해 함께 작업하도록 시킨다.

→ 학생들이 자기들의 목록을 완료했을 때, 다음과 같이 말해준다.

◆ 이제, 중요한 과제들을 각 집단 구성원에게 부과하세요. 여러분의 목표는 공평과 평등입니다. 이는 모두의 어깨에 프로젝트라는 짐이 골고루 지워짐을 뜻합니다. 어느 누구도 책임감 없이 벗어나서는 안 되며, 어느 누구도 자기 혼자 모든 것을 다 해야 한다고 느껴서 벗어나서도 안 됩니다.

→ 교사 여러분은 과제 부과를 모니터하면서, 집단들이 애매모호하고 일반적인 서술문이 아닌 구체적인 용어로 말하는지 지켜본다. 만일 애매모호하고 일반적인 서술을 하면 거기서 대화를 중지시키고, 구성원들에게 그 과제를 좀 더 구체적인 용어로 서술하도록 요구한다. 예를 들면, '의상 발견'이 무엇을 뜻하는가? 각 사람이 가족 옷장을 살펴보는 것을 뜻하는가? 중고품 할인상점 방문을 뜻하는가? 이들 의상들은 무엇처럼 보이는가? 학생들이 계획을 짤 때 구체적으로 짜지 않으면 오해와 좌절이 나타날 수 있다.

슬라이드 12

일지 등록
모임 끝

3. 빠진 구성원과 접촉해 모임에
   대한 정보를 제공하고
   개별적 책임감을 일러줄
   책임을 누가 맡을 것인지
   검토하세요.

→ **단계 3 : 빠진 집단 구성원을 누가 접촉할 것인지 검토한다.** 슬라이드를 큰 소리로 읽어주고 학생들로 하여금 이를 신속하게 수행하도록 한다. 학생들이 이전에 그런 일에 동참하기로 했음을 상기시킨다.

→ 학생들에게 다음과 같이 말해준다.

◆ 이 단계는 모두의 이익과 관련되어 있습니다 — 한 구성원이 결석했다고 해서, 이번 모임과 다음 모임 사이에 그가 어느 작업도 할 필요가 없다는 것은 아닙니다.

슬라이드 13

일지 등록
모임 끝
개별적 반성

1. 여러분이 오늘 모임에서 한
   구체적 공헌을 적으세요.
   여러분은 과제를 안 하거나
   거저 편승하는 것과
   대비하여 어떻게 모임을
   촉진했나요?

→ 이제 학생들은 집단 관련 등록을 만드는 작업에서 개인 숙고 작업으로 전환하게 된다. 학생들로 하여금 개인 숙고라는 표제하에 아래 단계들을 목록으로 만들도록 지시한다.

→ **단계 1 : 오늘 모임에서 여러분 자신의 기여를 구체적으로 목록화한다.** 슬라이드를 읽어주고 학생들로 하여금 자신들의 목록을 쓰도록 한다.

→ 모든 학생들을 격려하여 오늘의 모임에서 그들이 한 모든 기여를 상세하게 목록으로 만들도록 한다. 그것들은 구체적이어야 함을 고집한다. '나는 아이디어를 냈'고 쓰는 것은 아무런 정보가 되지 않는다. 다음과 같이 쓰도록 한다. "나는 우리가 이번 토요일에 예술회관의 Ryerson 연구소 도서관에서 만나자고 제안했다. 거기에는 (미국) 남북전쟁 시대부터 현재까지의 의상 잡지들이 모여져 있어 우리의 의상 디자인에 큰 도움이 될 것이다"고 쓰면 실제적인 생각을 보여준다.

슬라이드 14

일지 등록
모임 끝-개별적 반성

2. 여러분의 책임을 완수할 계획을
   세우세요.
   ◆ 여러분은 이 일을 언제 할 것인가요?
   ◆ 여러분은 시간이 얼마나 필요한가요?
   ◆ 그 일이 이루어지려면 여러분은
     어떤 도움/자료/조사가
     필요한가요?

→ **단계 2 : 여러분 자신의 책임을 완수하는 계획을 만든다.** 슬라이드를 읽어주고 다음과 같이 말해준다.

◆ 나는 여러분 각자가 자기가 속한 집단에 대한 책임을 검토하기 바랍니다. 다음 모임 전까지 여러분은 무엇을 성취할 건가요? 전과 마찬가지로, 계획은 구체적이어야 합니다. 이것이 일이 잘 되고 다음의 집단 모임을 향상시키는 핵심입니다.

➔ 만일 학생들이 프로젝트 평가 기준을 사용한다면, 어떤 프로젝트 계획이든 그것은 기준과 직접적으로 연결되어야 한다고 강조한다.

➔ 교사 여러분의 도움이나 조언이 필요한 학생들에게 손을 내미는 것뿐만 아니라 구체성에 대한 모니터링은 계속한다.

슬라이드 15

➔ **단계 3 : 집단 모임을 향상시키기 위해서 여러분은 다음에 무엇을 할 수 있는가?** 슬라이드를 읽어주고 다음과 같이 말해준다.

  ◆ 끝으로, 나는 여러분 각자가 집단의 다음 모임을 어떻게 향상시킬 것인가에 대해 생각하기 바랍니다.
    - 여러분은 좀 더 준비하고 올 필요가 있나요?
    - 좀 더 적극적으로 참가할 필요가 있나요?
    - 좀 더 많은 질문을 할 필요가 있나요?
    - 좀 덜 말할 필요가 있나요?
    - 모두가 참여하도록 유지할 필요가 있나요?
  ◆ 여러분의 행동은 다른 사람들에게 영향을 준다는 것을 기억하는 것이 중요합니다.

➔ 학생들이 명확하게 노트하도록 시킨다. 다시 모니터하고, 학생들이 향상하기 위한 구체적인 계획을 가진 것을 확인한다.

➔ 강력한 권고 : 매번 모임 사이의 휴정기 동안에 등록부를 점검한다. 이는 교사 여러분이 교실을 모니터하면 쉽게 할 수 있다.

➔ 각 학생의 책상 앞에 서서, 빠르게 훑어본 다음, 여백에 스탬프를 찍어준다.

➔ **주의** : 점검이 없으면, 학생들은 프로젝트 예정일 바로 전날 밤에 자신들의 일지 등록을 하려 하거나 아예 하지 않을 것이다. 그 두 가지 행위 모두 초기 슬라이드에서 서술했던 프로젝트 목적을 깨는 것이다.

슬라이드 16

➔ 모임이 끝나기 전에 구성원들은 그들 개인의 책임을 확인하는 이야기를 하고 언제, 어디서, 어떻게 일을 끝낼 것인지를 논의할 필요가 있다.

➔ 구성원들은 또한 자기들이 어떤 집단 기술을 잘 사용하는지 이야기하고, 각 구성원이 다음 번에는 무엇을 좀 더 잘할 수 있을지 이야기해야 한다.

➔ 만일 시간이 허락한다면, 각 집단으로 하여금 다음 모임 전에 자기네 구성원들이 무엇을 수행할 계획을 세웠는지 학급의 나머지 학생들에게 짧게 보고하도록 요구한다. 공개적으로 계획을 공유하는 것은 그것들을 굳건히 하는 데 도움이 된다.

슬라이드 17

➔ 협동적인 상호작용은 서로 간의 감사와 칭찬으로 완성된다!

레슨 34 **중간 수정**

왜 사용하는가?

중간 수정은 숙련된 집단이 지속적으로 그리고 적극적으로 어떻게 자신의 진행 과정을 모니터하는지를 극적으로 보여준다…. 이는 '학력준비생과 경력준비생'들이 실제 매일 행해야 하는 방식이다.

복잡하고, 여러 날(또는 여러 주) 걸리는 탐구 프로젝트는 흔히 학생들이 학교에서 경험해보는 가장 기억에 남는 경험이다. 그러나 규모가 크면 클수록 프로젝트는 더욱더 세심하게 모니터될 필요가 있다. 때때로 선생님들은 모두에게 동일한 방식의 구조와 일정을 만들어 조직을 확인하려 한다(3×5인치 크기의 흰색 노트카드를 구입하세요. 금요일까지 10개의 각주를 모아오세요).

우리는 학생들이 자기 자신을 위해 이러한 결정과 다투기를 바라며, 자신들의 기록을 유지하고, 자기숙고와 협상을 통해 스스로의 길을 발견하기 바란다. 그런 마음에서 우리는 이미 프로젝트 일지, 작업계획, 평가 기준 등을 제공하였다. 이제 우리는 중간 수정이라고 부르는 하나의 숙고 과정을 추가한다. 이것은 숙련된 집단이 지속적으로 그리고 적극적으로 어떻게 자신의 진행 과정을 모니터하는지 극적으로 보여준다(개인으로서도, 팀으로서도). 이는 '학력준비생과 경력준비생'들이 실제 매일 행해야 하는 방식이다.

언제 사용하는가?

이 레슨은 학생들이 소집단 탐구 프로젝트를 하고 있다고 가정하고 있는데, 그 가정은 학생들이 함께 하는 서로를 반응 테스트의 대상으로 여기지만 동일한 주제를 같이 연구하는 사이는 아닌 개별적 연구 프로젝트에도 쉽게 적용된다.

준비

- 이 수업이 진행될 것임을 하루 전에는 학생들에게 알려주고, 다음과 같은 준비물들을 갖고 올 수 있도록 한다.
    - ◆ 프로젝트 일지
    - ◆ 개별 작업계획과 집단 작업계획
    - ◆ 탐구 프로젝트 달력
    - ◆ 평가 기준

레슨

슬라이드 1

제목 : **중간 수정**

슬라이드 2

→ 학생들이 계속해서 진행하도록 하기 위해서는, 우리는 항상 이 일을 확장된 프로젝트 기간 동안에 적어도 한 번은 해야 한다(흔히는 몇 번 해야 한다).

슬라이드 3

→ 이것은 다룰 것들이 많다. 여유를 갖고 학생들 모두가 가져온 것들을 꺼내서 책상 위에 놓을 때까지 기다린다.

→ 이것은 조사연구와 작업이 진행되는 동안에 모든 구성원이 함께 하고 있는지를 확인하기 위해서 우리가 정기적으로 하는 것이라고 설명한다 — 필요시에는 적응하기 위해서.

슬라이드 4

→ 학생들이 꺼낸 양식들을 검토한다.

슬라이드 5

→ 학생들로 하여금 이 질문들을 복사해서 그들의 조사연구 일지나 노트에 담은 다음, 각 질문에 대해 답을 쓰라고 한다.

슬라이드 6

➔ 더 많은 질문을 기록하고 대답한다.

슬라이드 7

➔ 이제 여러분이 속한 집단으로 눈을 돌립시다. 차례로 여러분 개인의 개별적인 진행사항을 공유하세요.

➔ 가장 중요한 이슈를 요약하세요.

➔ 각자 1분씩을 쓰세요.

➔ 파트너들은 사려 깊은 추가질문을 함으로써 서로 도우세요.

➔ 이 단계에서는 시간관리가 중요하다. 각 학생이 말할 것들은 엄청 많을 것이므로, 교사가 그들을 도와 자기 집단에 보고할 것들을 선택적으로 하도록 한다.

슬라이드 8

➔ 이 단계에서는 학생들로 하여금 집단 작업계획 양식을 꺼내어 준비하게 한다. 그들은 쓰고 말할 때 그것을 참조하게 될 것이다.

슬라이드 9

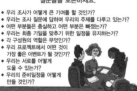

➔ 개인적 목표 목록에 관해서는, 학생들에게 이 질문들을 그들의 연구 일지나 노트에 복사해 놓은 다음 거기에 응답을 적으라고 한다.

슬라이드 10

➔ 다시 한 번 더 말하면, 학생들은 그들이 말하고 쓰는 것들에서 선택적일 필요가 있다. 이에 대해서는 적극적으로 코치를 하는 것이 좋은데, 심지어 시간을 잘 활용하는 것에 대한 빠른 제안을 할 때는 집단 회의를 약간 방해하더라도 괜찮다.

슬라이드 11

→ 각 집단은 짧게 보고한다.

→ 이것은 전체 학급이 모여서 하는 일이며, 학생들을 초청하여 어떤 전형적인 진행 과정이나 문제점, 계획 등을 공유하는 자리이다.

→ 학생들에게 다음과 같이 말해준다.

  ◆ 자기들 연구의 위치를 공유하세요.

  ◆ 다음에 무엇을 할지를 공유하세요.

→ 청중들에게는 도움이 되는 질문을 하라고 격려한다.

→ **주의** : 야심찬, 장기적인 프로젝트는 항상 일정성 유지, 재이해, 재일정, 과제의 생략 및 추가 등을 필요로 한다.

슬라이드 12

→ 감사하는 것은 언제나 필요하다.

레슨 35　경청하는 관중 되기

왜 사용하는가?

우리는 학생의 발표가 모두에게 진정한 배움의 기회가 되기를 바란다 — 이는 모두가 참여하고 생각해야 한다는 것을 의미한다.

프로젝트(개인 또는 집단 프로젝트)는 흔히 공개 발표나 활동으로 끝이 난다. 잘 준비하고 재미있게 하는 것은 발표자의 의무지만, 경청하고 배려하는 것 또한 관중의 의무이다. 이러한 기대를 명백하게 정의하는 것은 어떤 학생도 자신의 집중을 간섭하는 행동에 의해 방해받아서는 안 되기 때문이다. 그리고 무엇보다도, 우리는 학생의 발표가 모두에게 진정한 배움의 기회가 되기를 바란다 — 이는 모두가 참여하고 생각해야 한다는 것을 의미한다.

언제 사용하는가?

이 레슨은 학급 발표가 시작되기 하루 전에 가르치는 것이 좋으며, 학생들이 전체 학급을 대상으로 수행될 때마다 관중 기술차트를 참조한다.

준비

- 파트너를 어떻게 짝지을 것인지를 미리 결정한다.
- 학생들이 자신들의 노트에 어떻게 기록할 것인지를 결정한다.

레슨

슬라이드 1

제목 : **경청하는 관중 되기**

슬라이드 2

➡ 학생들에게 다음과 같이 말해준다.

◆ 조사에 의하면, 사람들은 공개적으로 말하는 것을 죽음 다음으로 가장 두려워한다고 합니다.

슬라이드 3

➡ 우리가 어떻게 서로를 지원할 것인지에 대해 이야기한다.

◆ 우리는 서로의 팀에 속한 구성원입니다.

◆ 우리는 서로의 팬입니다.

◆ 홈코트의 이점이 특별히 관련이 있습니다. 왜냐하면, 이제 곧 여러분은 서로에 대한 관중 －그리고 팬－이 될 것이기 때문입니다.

슬라이드 4

➡ 프로젝터로 슬라이드를 보여주고 큰 소리로 읽어준다.

슬라이드 5

➡ 다음과 같이 말해준다.

◆ 여러분 모두는 결국 교실의 앞에서 일어서야 하며, 관중들은 여러분이 어떻게 수행하느냐 에 큰 영향을 미칠 것입니다.

◆ 다른 친구들이 수행하고 있을 때 여러분은 관중의 일부입니다. 우리 모두는 같은 팀으로서 수행하며, 모두가 최선을 다하기를 원합니다. 그러므로, 우리는 경청하는 관중이 된다는 것 이 무엇을 의미하는지에 관해 이야기할 필요가 있습니다.

슬라이드 6

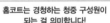

➡ 학생들이 잘 따라 하도록 종이를 접고 이름을 붙이는 방법을 보여준다.

슬라이드 7

→ 이 슬라이드를 읽어준다.

→ 우리는 곧 경청하는 관중들의 신체언어를 조사하게 될 것임을 강조한다.

슬라이드 8

→ 신체언어 서술내용을 파트너가 적는 것을 모니터한다. 긍정적인 행동에 초점을 맞추라고 상기시켜준다.

슬라이드 9

→ 공유와 목록화가 시작되기 전에, 학생 서기를 임명하여 교사 여러분은 자유롭게 학급이 공유하는 것을 섞거나 모니터하고 코치할 수도 있다.

→ 학급의 전체 목록에 기여하는 짝들을 방문할 때는, 모든 행동들을 칠판에 기록한다. 또는, 이상적으로는, 프로젝터로 비출 수 있는 워드프로세서를 이용한다. 이런 방식으로 교사 여러분은 그 목록의 영구적인 복사본을 가질 수 있다.

→ 만일 칠판에 직접 써 놓았다면, 지우기 전에 스마트폰을 이용하여 완료된 '~처럼 보인다' 목록을 사진을 찍어둔다.

→ 학생들로 하여금 그들의 '~처럼 보인다' 목록에 새로운 아이디어를 추가하여 완성된 목록을 갖도록 지도한다.

→ 전형적인 목록에는 다음과 같은 것들이 포함될 것이다.

◆ 흥미 있는
◆ 사려 깊은/경청하는
◆ 반듯이 앉기
◆ 미소 짓기, 끄덕이기
◆ 수행 즐기기
◆ 무슨 말인지 경청하기
◆ 눈 맞추기
◆ 책상 깨끗이 치워 놓기
◆ 노트할 때 빼고는 빈손인 채로 있기

슬라이드 10

→ 이제 경청하는 관중은 '~처럼 들린다'에 관해서 이야기할 시간이다.

→ 이는 학생들이 만든 다른 '~처럼 들린다' 목록과는 약간 다른데, 왜냐하면 경청하는 관중은 수행 동안에는 말을 하지 않기 때문이다. 그러나, 그들은 어떤 적당한 소리는 낸다.

슬라이드 11

→ 파트너들로 하여금 그들의 종이를 오른쪽 끝 칸에 맞춰 접도록 하고 거기에 '~처럼 들린다'라는 이름을 붙인 후, 브레인스토밍을 시작하게 한다.

슬라이드 12

→ 학생들로 하여금 그들의 '~처럼 들린다' 목록에 새로운 아이디어를 추가하여 완성된 목록을 갖도록 지도한다.

→ 전형적인 제안에는 다음과 같은 것들이 포함될 것이다.

◆ 경의를 표하는

◆ 말 없는

◆ 박수(적합할 때)

◆ 웃음(적합할 때)

◆ '크리켓'

→ 여러분이 '~처럼 보인다' 목록과 '~처럼 들린다' 목록을 비교할 때, 둘 다에서 신체언어가 결정적인 역할을 한다는 것을 지적한다. 수행 동안에 관중의 주요한 일이 면밀하게 듣는 것이므로, 이는 완벽하게 의미가 통한다.

슬라이드 13

→ 학생들로 하여금 자신의 파트너에게 돌아가서 경청하는 관중의 행동이 어떻게 그들이 작업을 수행하는 데 집중하도록 돕는지에 대해 짧게 이야기하도록 시킨다.

→ 파트너들의 이야기가 끝났으면, 학급 구성원들에게 어느 누군가가 정신을 흐트러뜨리거나 고의로 정신을 '무너뜨린' 적이 있었는지 물어본다.

→ 이런 일이 여러분이 발표를 하거나 말을 하는 동안 누구에게라도 발생한 적이 있나요?

→ 만일 일부 학생들이 그런 일이 있었다고 하면, 그들을 초청하여 그들이 겪은 일을 나머지 학급 구성원들과 공유한다.

슬라이드 14

→ 만일 학생이 어떤 무서운 이야기를 듣게 되었다면, 만일 그것을 관중 중 한 사람이 고의적으로 수행자를 흐트러뜨리고 약화시킬 목적으로 했다면 그것은 결코 홈코트 행동이 아니라는 것을 명확하게 한다.

→ 이 교실 내에서 모두는 친구이며 서로를 지지한다.

슬라이드 15

→ 어떠한 협동작업이든 그 끝은 항상 감사하는 일로 마무리되어야 한다.

레슨 자료

레슨 13 약속시계

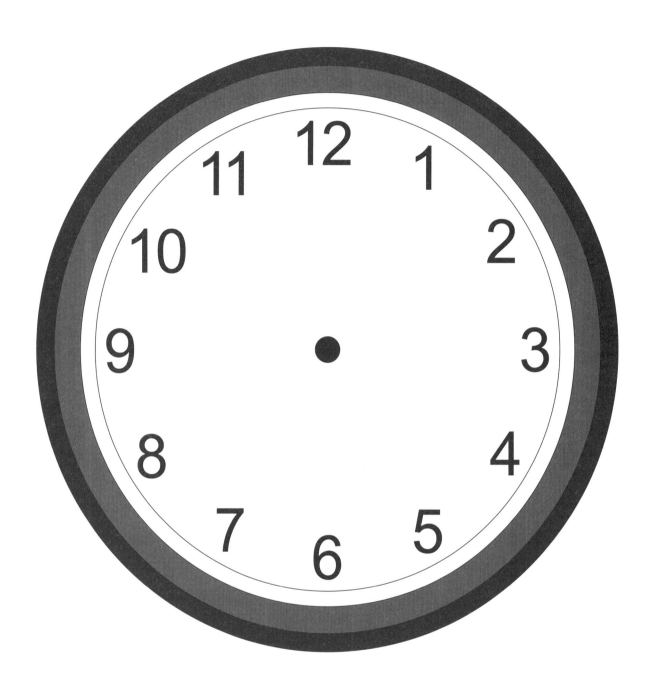

레슨 15   멤버십 그리드

이름 : _____

날짜 : _____   시간 : _____

주제 및 날짜	구성원 이름	구성원 이름	구성원 이름	구성원 이름

레슨 22   집단 모임 절차

모임이 시작할 때

- ☐ 참석하여 누가 빠진 구성원을 만나 상황을 알게 하고 그들의 맡은 책임을 알려줄 것인지 결정하세요.

- ☐ 기본 규칙을 검토하세요.

- ☐ 집단이 누구든 준비 없이 온 사람을 통합하는 방법을 결정하세요.

- ☐ 과제 행동 외 촉발 요인 차트를 살펴보세요.

- ☐ 집단이 사용하고 실천하려고 계획한 토론 기술들을 살펴보세요.

- ☐ 테이블 카드를 전시하세요.

모임이 끝날 때

- ☐ 기본 규칙을 검토하고, 집단이 기본 규칙들을 얼마나 잘 따랐는지 토론하세요. 그리고 어떤 변화가 이루어질 필요가 있는지 결정하세요.

- ☐ 과제 외 행동 촉발 요인 차트를 검토하고 해결책들이 어떻게 작용했는지 토론하세요.

- ☐ 집단의 눈에 띄는 토론 기술을 검토하고 각각의 기술들이 집단 구성원에 의해 얼마나 잘 사용되었는지 토론하세요.

- ☐ 그날의 모임을 검토하여 오늘 모임의 강점 목록을 만드세요. 어떤 것이 잘 이루어졌나요? 토론의 어떤 부분이 가장 흥미로웠나요/정보를 주었나요/생산적이었나요?

- ☐ 그날의 모임을 검토하여 토론을 향상시킬 미래 모임에 대한 한두 가지 목표를 토론하세요.

- ☐ 다음 모임에 필요한 각 구성원의 작업 완수 책임을 검토하세요.

- ☐ 테이블 카드를 상자에 잘 넣어 다음 모임을 위해 보관하세요.

레슨 31　얇은 크러스트 치즈 피자 항목표

구성요소	C	B	A
도우 질감 향미 색깔			
소스 질감 향미 색깔			
치즈 질감 향미 색깔			

레슨 31 프로젝트 평론표

구성요소	C	B	A

레슨 32 집단 작업계획 양식

성명

1.

2.

3.

4.

5.

(더 큰 집단은 둘로 길게 나누세요.)

여러분의 **일반적 탐구 주제**를 말하세요.

여러분이 알아보려고 계획한 구체적인 **질문**은 무엇인가요? 때로는 주 주제를 다른 구성원들에게 여러 개의 질문이나 소주제로 나누어주고 전문적으로 다루게 하는 것이 집단에는 효과가 있습니다.

여러분은 어떤 **조사자원**을 사용하길 바라나요? (인터넷, 도서관, 인터뷰 등)

(계속)

여러분은 교사나 다른 어른들로부터 어떤 종류의 **도움**이 필요한가요? 성공적인 탐구 프로젝트는 개별적 노력과 전체 집단의 노력 모두를 요구합니다. 이것은 각각에게 확실한 성과를 수반해야 합니다. 그러므로 여러분은 각 구성원이 혼자 할 것이 무엇인지 그리고 여러분이 여러분의 학습을 다른 사람과 어떻게 협업적으로 공유할지를 분명하게 구체화할 필요가 있습니다. 이러한 계획들은 여러분 조사가 이루어짐에 따라 변할 수 있어요. 그러니 나를 붙여 놓고 그에 따라 작업계획을 수정하세요.

각 사람의 **개별적인 확실한 성과**는 개별적 집단 구성원 작업계획 양식에도 기록되어야 합니다.

우리 모두는 집단의 **최고 이벤트**를 만들기 위해 어떻게 함께 작업할 것인가요?

집단 공유 계획 : 여러분의 새로운 학습을 학급에 있는 다른 사람들과 어떻게 공유/수행할 것인가요?

서명 : 개요와 같이 우리는 이 탐구를 할 것을 약속합니다. 우리는 우리 선생님과 정기적으로 논의하며 필요하면 중간 수정을 할 것입니다.

_____   _____

_____   _____

_____   날짜 : _____

레슨 32　개별 집단 구성원 작업계획 양식

성명 :

날짜 :

집단 주제 :

여러분의 소주제, 탐구 질문, 또는 잘하는 것 :

여러분은 어떤 **조사자원**을 사용할 것인가요?

여러분의 개별작업에 어떤 **도움**이 필요할 수 있나요?

여러분의 **개별적인 확실한 성과**는 무엇이 될까요?(에세이, 보고서, 비디오, 팟캐스트, 예술작품, 퍼포먼스 등)

집단의 **최고 이벤트**에서 여러분은 어떤 역할을 할 것인가요?

나는 계획된 바와 같이 이 탐구 프로젝트에서 나의 맡은 부분을 할 것을 약속합니다. 작업이나 스케줄에서의 어떤 변화에 대해서든 나는 나의 집단과 선생님과 함께 논의할 것입니다.

_____　　날짜 : _____

참고문헌 및 더 읽을거리

Allington, Richard, and Rachael Gabriel. 2012. "Every Child, Every Day." *Educational Leadership*. Vol. 69, No. 6. March.

American Institutes for Research. 2013. *Meaningful Measures: School Discipline That Improves Outcomes*. Washington, DC: American Institutes for Research.

American Psychological Association. 2013. "Teen Suicide Is Preventable." Retrieved from https://www.apa.org/research/action/suicide.aspx

Bradford, Leland. 1978. *Group Development*. San Diego, CA: University Associates.

Breaking Schools Rules: Statewide Study of How School Discipline Relates to Students' Success and Juvenile Justice Involvement. 2011. Retrieved from http://knowledgecenter.csg .org/kc/system/files/Breaking_School_Rules.pdf

Bryk, Anthony, Penny Bender Sebring, Elaine Allensworth, Stuart Luppescu, and John Q. Easton. 2010. *Organizing Schools for Improvement*. Chicago, IL: University of Chicago Press.

Bryk, Anthony, and Barbara Schneider. 2002. *Trust in Schools: A Core Resource for Improvement*. Chicago, IL: Consortium for Chicago Schools Research.

Carter, Carol J. 2013. "How Soft Skills, Passion, and Connection Can Promote Learning, Competence, and Employability." *The Huffington Post*. October 21.

Centers for Disease Control. 2013. "Youth Violence: Facts at a Glance." Retrieved from http://www.cdc.gov/violenceprevention/pdf/yv-datasheet-a.pdf

Cichan, Christine. 2012. "Baltimore City Public Schools' School Discipline Reform Efforts." Retrieved from http://www.fixschooldiscipline.org/toolkit/educators/ baltimore

Committee for Children. 2011. Second Step K–5 Program. Retrieved from http://www .cfchildren.org/Portals/0/SS_K5/K-5_DOC/K-5_Self-Regulation_Skills.pdf

Common Core State Standards for English Language Arts & Literacy in History/Social Studies, Science, and Technical Subjects. 2010. National Governors Association Center for Best Practices and the Council of Chief State School Officers.

Danielson, Charlotte. 2011. *The Framework for Teaching Evaluation Instrument*. Princeton, NJ: The Danielson Group.

Darling-Hammond, Linda, Brigid Barron, P. David Pearson, Alan H. Schoenfeld, Elizabeth K.Stage, Timothy D. Zimmerman, Gina N. Cervetti, and Jennifer L. Tilson. 2008. *Powerful Learning: What We Know About Teaching for Understanding*. San Francisco, CA: Jossey-Bass.

Deutsch, Morton, P. T. Coleman, and E. C. Marcus. 2006. *The Handbook of Conflict Resolution: Theory and Practice*, 2nd edition. San Francisco, CA: Jossey-Bass.

Durlak, Joseph, Roger Weissberg, Allison Dymnicki, Rebecca Taylor, and Kriston Schellinger. 2011. "The Impact of Enhancing Students' Social and Emotional Learning: A Meta-Analysis of School-Based Universal Interventions." *Child Development*. Vol. 82, No.1. January/February, pp. 405–432.

Hanson, Phillip. 1982. *Learning Through Groups*. San Diego, CA: University Associates.

Haynes, Norris M., Michael Ben-Avie, and Jacque Ensign, eds. 2003. *How Social and Emotional Development Add Up: Getting Results in Mathematics and Science Education*. New York: Teachers College Press.

Heitlin, Liana. 2013. "Teachers Use Social-Emotional Programs to Manage Classes." *Education Week*. October 5.

Holland, Sally. 2012. "U.S. Report Finds Inequalities in Courses and Discipline for Minority Students." CNN Online. Retrieved from http://schoolsofthought.blogs .cnn.com/2012/03/06/u-s-report-finds-inequalities-in-courses-and-discipline-forminority-students

Jacques, James. 1995. *Learning in Groups*. London: Kogan Page.

Johnson, David, and Roger Johnson. 1987a. *Classroom Conflict*. Edina, MN: Interaction Book Company.

Johnson, David, and Roger Johnson. 1987b. *Learning Together and Alone*. Edina, MN: Interaction Book Company.

Johnson, David, and Roger Johnson. 1989. *Cooperation and Competition: Theory and Research*. Edina, MN: Interaction Book Company.

Johnson, David, and Roger Johnson. 2009. "An Educational Psychology Success Story: Social Interdependence Theory and Cooperative Learning." *Educational Researcher*, Vol. 38, No. 5, pp. 365–379.

Johnson, David, Roger Johnson, and Edythe Holubec. 2008. *Cooperation in the Classroom*. Edina, NM: Interaction Book Company.

Joyce, Bruce, Marsha Weil, and Emily Calhoun. 2003. *Models of Teaching*, 7th edition. Englewood Cliffs, NJ: Prentice Hall.

Kahn, Jennifer. 2013. "Can Emotional Intelligence Be Taught?" *New York Times Magazine*. September 11.

Kapp, Diana. 2013. "Raising Children With an Attitude of Gratitude: Research Finds Real Benefits for Kids Who Say 'Thank You.'" *The Wall Street Journal*. December 23, 2013.

Kluth, Paula, and Alice Udvary-Solner. 2007. *Joyful Learning: Active and Collaborative Learning in Inclusive Classrooms*. Thousand Oaks, CA: Corwin.

Lewin, Kurt. 1948. *Resolving Social Conflicts: Selected Papers on Group Dynamics*. New York: Harper and Brothers.

Lundy, Kathy, and Larry Swartz. 2011. *Creating Caring Classrooms: How to Encourage Students to Communicate, Create, and Be Compassionate of Others*. Portland, ME: Stenhouse.

National Governors Association Center for Best Practices and the Council of Chief State School Officers. 2010. *Common Core State Standards for English Language Arts & Literacy in History/Social Studies, Science, and Technical Subjects*.

Performance Descriptors: Social Emotional Learning. 2003. Illinois State Board of Education.

"Report Tallies Up Inequities in School Discipline Policies. Meaningful Measures: School Discipline That Improves Outcomes." 2013. *Education Week*. November 5.

Schmuck, Richard, and Patricia Schmuck. 2001. *Group Processes in the Classroom*. New York: McGraw-Hill.

Sharan, Schlomo. 1999. *Handbook of Cooperative Learning*. Westport, CT: Greenwood.

Skiba, Russell, Robert S. Michael, Abra Carroll Nardo, and Reece L. Peterson. 2002. "The Color of Discipline: Sources of Racial and Gender Disproportionality in School Punishment." *The Urban Review*. Vol. 34, No. 4. December.

Slavin, Robert. 1994. *Cooperative Learning: Theory, Research, and Practice*. Boston: Allyn and Bacon.

Sparks, Sarah. 2013. "Report Tallies Up Inequities in School Discipline Policies." *Education Week*. Vol. 33, No. 11. November.

Steineke, Nancy. 2002. *Reading and Writing Together: Collaborative Literacy in Action*. Portsmouth, NH: Heinemann.

Texas Essential Knowledge and Skills for English Language Arts and Reading. 2008. Chapter 110. Subchapter C. High School.

Thapa, Armit, Jonathan Cohen, Ann Higgins D'Allessandro, and Shawn Guffey. 2012. *School Climate Research Summary*. New York: National School Climate Center.

Weissberg, Roger P., and Jason Cascarino. 2013. "Academic learning + social-emotional learning = national priority." *Phi Delta Kappan*. October, Vol. 95, No. 2, pp. 8–13.

Yazzie-Mintz, Ethan, Director, High School Survey of Student Engagement. 2009. *Charting the Path From Engagement to Achievement: A Report on the 2009 High School Survey of Student Engagement*. Bloomington: Center for Evaluation & Education Policy, Indiana University.

Zemelman, Steven, Harvey Daniels, and Arthur Hyde. 2012. *Best Practice: Bringing Standards to Life in America's Schools*, 4th edition. Portsmouth, NH: Heinemann.

저자 소개

Harvey "Smokey" Daniels · Nancy Steineke

오랜 협업자인 Harvey "Smokey" Daniels와 Nancy Steineke는 6권의 책을 함께 저술하였고 모든 주요 교육 컨퍼런스의 상임 공동 강사이다. 두 사람 모두 공립학교 교사였으며, 현재 국가자문 위원으로 일하며 학교와 교육구가 청소년들을 위한 친절하고, 지지적이며, 협업적 분위기를 만드는 것을 돕고 있다.

삽화가 소개

Satya Moses

뉴햄프셔 출신의 젊은 화가이자 디자이너다. 그는 글쓰기, 낙서하기, 고향인 뉴잉글랜드에서의 야생탐험을 좋아한다. 그는 또한 세계여행가가 되고 싶어 하며 언젠가 모든 대륙을 방랑하고 싶어 한다. 아무도 출판하려 하지 않은 초등학교 시절에 편집한 것들을 제외하고는 이 책이 그가 삽화를 그린 첫 번째 책이다.

역자 소개

송길연

서울대학교 심리학과 문학석사
중앙대학교 심리학과 문학박사
세종대학교 겸임교수, 서울대학교, 중앙대학교, 가톨릭대학교 강사 역임

현재 한국심리학회 산하 발달심리학회 전문가 자격관리위원
　　　 아이캔! 인지학습발달센터 소장

유봉현

서울대학교 심리학과 문학석사
충북대학교, 한양대학교 강사 역임

현재 아이캔! 인지학습발달센터 공동대표